Comprendre et interpréter les rêves

Données de catalogage avant publication (Canada)

Bergeron, Nicole, 1950-

Comprendre et interpréter les rêves

Nouv. éd.
(Collection Psychologie)

ISBN 2-7640-0444-3

1. Rêves - Interprétation. I. Titre. II. Collection.

BF1092.B47 2000   135'.3   C00-940502-X

LES ÉDITIONS QUEBECOR
7, chemin Bates
Outremont (Québec)
H2V 1A6
Téléphone: (514) 270-1746

© 2000, Les Éditions Quebecor
Bibliothèque nationale du Québec
Bibliothèque nationale du Canada
ISBN 2-7640-0444-3

Éditeur: Jacques Simard
Conception de la page couverture: Bernard Langlois
Photo de la page couverture: Andrew Judd/Masterfile
Révision: Sylvie Massariol
Infographie: Jean-François Ouimet, JFO DESIGN

Nous reconnaissons l'aide financière du gouvernement du Canada par l'entremise du Programme d'Aide au Développement et l'Industrie de l'Édition pour nos activités d'édition.

Nicole Bergeron

Comprendre et interpréter les rêves

LES ÉDITIONS
Quebecor

A

Abaisse-langue : vous êtes animé d'un élan nouveau. Vous faites la synthèse de ce que vous avez vécu ces derniers jours. Vous clarifiez votre esprit et faites un choix parmi les événements ; vous opterez pour celui qui est le plus urgent.

Abaisser : *s'avilir* : vous êtes très orgueilleux et vous n'acceptez guère de faire des excuses, surtout à une personne du sexe opposé.

Abandonner : *être abandonné* : idée de grandeur, de succès et de supériorité. Vous espérez être une personnalité intelligente, influente, qui éveille l'admiration et le respect ;

abandonner les autres : votre indépendance est soumise à de fortes pressions lorsqu'on s'oppose à vos idées et aux projets que vous concevez. Vous les entreprenez toujours dans le but de les mener à bonne fin.

Abat-jour : *couvrant une lampe* : vous avez le vent dans les voiles. Mais attention, votre technique de séduction pourrait être mal interprétée !

Abattre : *quelqu'un ou quelque chose* : une affaire de cœur exige de la diplomatie, alors calculez bien vos paroles. Adaptez-vous à votre milieu. Ne cherchez pas toujours l'affrontement. Il faut être plus souple que d'habitude. Il faut vous sacrifier pour que tout aille mieux avec l'être aimé ; vous vous sentirez beaucoup plus à l'aise.

Abbaye : vous avez l'impression d'être mis à part de votre famille, de ne pas en faire partie. Sans vous en rendre compte, c'est vous qui vous excluez pour des raisons que votre imagination façonne.

Abbé : dans votre entourage, une histoire d'amour fait jaser. Ne vous en mêlez pas, à moins que vous ne soyez impliqué indirectement. Il faudra alors prendre l'intéressé à part et lui expliquer que l'amour, c'est personnel et non à être claironné à tout le monde.

Abcès : vous vous sentez triste, mais ne pouvez expliquer cet état d'âme. Même votre corps vous semble plus lourd. Il supporte déjà suffisamment de tensions et de stress ! Il doit s'en libérer.

Abdiquer : vos intuitions sont puissantes, suivez-les.

Abdomen : *douleurs abdominales* : il est possible qu'on essaie de vous soutirer un service ou des biens en jouant sur vos cordes sensibles, en faisant pitié. Attention, aider quelqu'un qui ne s'aide jamais, c'est l'entretenir dans la dépendance;

abdomen exposé: ne critiquez pas l'autre, mais ne supportez pas ses remarques déplaisantes. Vous allez découvrir qu'on vous met à l'épreuve afin de tester votre degré d'amour et d'honnêteté.

Abeille: énergique et tenace, vous ne voulez pas vous laisser influencer par votre entourage. Mais faites attention, il n'est pas toujours facile de maintenir l'harmonie dans la famille!;

tuer des abeilles: ce que vous accomplissez maintenant se répercutera dans votre vie pendant longtemps. Donnez le maximum de vous-même à toutes vos tâches, même les plus ennuyeuses. Ne signez rien à long terme si vous avez des doutes ou craignez une fraude. Par contre, si vous accomplissez un bon coup, votre réputation s'étendra;

cire d'abeilles: votre besoin d'indépendance, de liberté et de succès s'oppose à vos aspirations de tolérance et de justice;

ruche d'abeilles: vous haïssez les difficultés financières, vous voulez vous débarrasser de vos dettes afin de réussir en affaires, par vos propres moyens et selon vos idées personnelles;

ruche vide: c'est bien d'être conscient de ses qualités, de ses valeurs, de ses forces. L'ego a besoin de cette nourriture psychologique, de ces affirmations pour poursuivre sa route. Par contre, répéter que quelqu'un a réussi ceci ou cela grâce à soi, c'est gonfler son ego au risque de le faire exploser.

Aberration: à l'intérieur de vous, vous avez l'impression de vivre un chaos, de descendre des montagnes russes.

Abîme: votre travail, votre carrière, votre manque de temps pour l'autre peut être l'objet de reproches.

Abîmer: si vous êtes à la recherche de l'amour, un emballement pourrait n'être qu'une illusion. Par contre, si une personne vous est présentée par la famille ou par de grands amis, il y aura quelques espoirs.

Ablation: vous êtes envahi par un sentiment de solitude ou par la sensation de ne pas vivre votre vie selon vos choix.

Abolir: au travail, en général, vous obtenez des résultats positifs malgré vos doutes et certaines apparences troublantes.

Abondance: ne critiquez personne, un collègue n'apprécierait pas vos remarques même si votre but est de l'aider. Il faut vous occuper de vos affaires. Ne surveillez pas les autres. Lorsque quelqu'un se sent épié, il devient agressif.

Abordage : aider une autre personne à réussir peut vous rapporter beaucoup. Il faudrait réfléchir à cet aspect de votre travail.

Aboutir : au travail, vous aurez du mal à respecter vos horaires. Il y a toujours quelque chose de plus à faire ici et là, et finalement, vous négligez l'essentiel de la journée.

Aboyer : *des chiens qui aboient et que l'on voit* : excellente période pour réaliser vos objectifs, rencontrer les gens de votre entourage, ceux qui vous encouragent à poursuivre vos projets et qui vous aident.

Abracadabrant : des gestes du passé refont surface et doivent être réparés. C'est le bon moment pour prendre un engagement social plus grand.

Abrasif : L'heure est aux restrictions. Heureusement, comme vous appartenez à la catégorie des optimistes, vous n'irez pas crier tout haut que ça va durer toute une éternité. Il faut encourager ceux qui traversent une période difficile.

Abreuvoir : vouloir être efficace ne suffit pas pour le devenir. L'imprévisible est souvent au rendez-vous. Apprenez à devenir plus philosophe dans la vie.

Abri : *vous y trouver* : côté cœur, il y a des explications dans l'air. Vous ferez une mise au point si votre couple est instable ou traverse une période de crise. L'ajustement se fera harmonieusement ;
   chercher un abri et le trouver : dans votre milieu de travail, fuyez les tensions, n'écoutez pas les bavardages sur les uns et les autres. Ne jugez pas une personne sur les apparences, elles sont souvent trompeuses ;
   chercher un abri et ne pas en trouver : sur le plan amoureux, vous vous inventez parfois des histoires. Vous imaginez les réactions de l'être aimé. Si celles-ci ne se produisent pas selon votre scénario, vous le critiquez.

Abribus : baisse de vitalité. Votre corps émettra des signaux de détresse si vous dépassez vos limites.

Abricot : vous avez un penchant à décider, à juger trop vite d'une situation et, malheureusement, à accepter une idée contraire à la réalité.

Abrupt : vous avez un problème d'argent. Qu'importe, vous aurez quand même du mal à résister à un achat et trouverez une bonne raison pour faire une acquisition.

Abruti: vous êtes émotif et vulnérable; n'argumentez pas sur un sujet que vous ne connaissez pas.

Absence: *d'un ami ou d'un conjoint:* le niveau d'énergie est bas. Vous avez la larme à l'œil pour une joie, une déception, un souvenir, une surprise.

Absorber: vous avez de l'énergie à revendre, alors pourquoi ne pas offrir vos services aux démunis?

Abstinence: vous êtes exécrable, insupportable, vos amis vous fuient; c'est le temps d'une réconciliation.

Abstrait: au travail, vous avez à subir la distraction de certaines gens ou vous vivez des conflits au sein de votre famille.

Absurdité: malgré quelques contrariétés, vous réussirez à tirer avantage, ou du moins de l'agrément, de ce que vous avez à vivre.

Abus: vous êtes créatif, vous aurez des inspirations très spéciales et très originales.

Accabler: un problème vous tracasse. La solution vous viendra soudainement. Par contre, si vous avez tendance à être jaloux, vos doutes augmenteront.

Accalmie: vous êtes créatif, vous êtes original, votre magnétisme retient l'attention, vous séduisez. Mais attention, on retient ce que vous dites!

Accélérer: vous avez davantage besoin qu'on vous aime. Pourquoi ne feriez-vous pas d'abord les premiers pas? Commencez par expliquer votre degré d'attachement.

Accentuer: au travail, discutez avec vos patrons ou essayez de tirer profit d'une situation. Par contre, ne critiquez personne, même si la langue vous chatouille.

Accepter: il est possible qu'un ami vous donne un bon conseil au sujet de vos affaires présentes. Méfiez-vous.

Accès: les événements ne se déroulent pas selon vos prévisions. Vos humeurs changent vite, selon les gens que vous rencontrez. Sans vous en rendre compte, vous absorbez les vibrations ambiantes.

Accessoire: bonne période pour tenter votre chance à la loterie. Vous êtes bien inspiré.

Accident: vous avez besoin d'amour. Vous pensez que le fait de vous affirmer ferait changer l'opinion que l'autre a de vous. Attention, un mot, une simple remarque de votre partenaire pourrait vous toucher et même vous blesser! Surtout, évitez les questions d'argent.

Acclamation: votre perception du monde extérieur paraît un peu sombre. Cela découle probablement de votre attitude mentale dépressive surpeuplée d'une pléiade de pensées négatives.

Accolade: vous croyez que c'est toujours à vous que le pire arrive ou, au contraire, vous flottez dans un monde intérieur féerique. Vous serez porté à raconter comment cela se passait autrefois ou comment vous avez vécu tel événement.

Accommoder: le sentiment d'insécurité est le cousin de l'angoisse, mais aussi celui de la remise en question salutaire.

Accompagner: parler à l'autre d'amour, de sentiments ou de vos besoins émotionnels n'est pas si simple. Mais vous devez le faire si vous tenez au bonheur.

Accomplir: vous pourriez reprendre contact avec des personnes que vous n'avez pas vues depuis fort longtemps.

Accord: vous êtes vibrations et vous attirez ce que vous ressentez ou faites ressentir. Vos pensées deviennent actualité, réalité. Quoi qu'il arrive, pensez à une porte de sortie et non à une impasse.

Accordéon: *en jouer*: vous rencontrerez des gens qui vous raconteront ce qu'ils vivent. Vous échangerez vos expériences;
en entendre jouer: vous ne savez pas si vous devez laisser cours à l'impulsion ou la freiner. Vous sentez qu'il est temps de dire ce que vous pensez, mais en même temps, vous craignez de blesser quelqu'un.

Accorder: baisse de vitalité, surtout si vous ne vous sentiez déjà pas bien les jours précédents.

Accoster: ne faites aucun achat sur un coup de tête. Vous allez rencontrer des personnes rusées qui essaieront d'obtenir beaucoup sans rien donner en retour.

Accoter : vous pourriez avoir des montées d'agressivité sans pouvoir les expliquer. Vous serez en colère contre des injustices qu'on a pu commettre contre vous et qui, de toute façon, ne seront jamais réparées, malgré vos efforts.

Accouchement : symbole du recommencement ; vous irez de l'avant. Vous aurez des idées originales et aucune peur de les représenter. Vous opposerez aussi une résistance farouche à quiconque irait à l'encontre de vos désirs.

Accouplement : il existe un rapport très étroit entre vos chances de réussite professionnelle, votre capacité à vous investir dans votre couple ou vos amours et votre foi en vous-même. Toutefois, cette dernière vous fait souvent défaut. Faites-vous un peu plus confiance.

Accoutumer : votre comportement sentimental, quoique empreint d'une certaine réserve, est sincère et sans ambiguïté, et les initiatives que vous prenez en ce domaine sont bonnes et constructives.

Accrocher : vous prenez des initiatives très raisonnables ou vous suivrez les conseils avisés de personnes compétentes. Vous vous assurez aussi d'une vitalité saine, stable et énergique.

Accroître : vous pouvez prendre des initiatives dynamiques et positives pour clarifier votre état de santé, et dominer ainsi tous vos doutes et toutes vos inquiétudes en ce domaine.

Accroupir : vous bénéficiez d'une énergie vitale intense, contenue, concentrée, qui vous rend prudent et résistant. Vous savez prendre toutes les précautions nécessaires à la préservation de votre stabilité.

Accueil : *être accueilli par une femme :* il y a de la compétition autour de vous. Restez ferme, continuez de croire à ce que vous faites. Maintenez votre attention et votre souci de perfection. Les jaloux s'éloigneront ;

être accueilli par un homme : il serait sage de garder vos secrets pour vous. Ne répétez pas non plus ceux qu'on vous a confiés. Vous comptez toujours sur les autres pour terminer ce que vous commencez, ou si vous avez sans cesse besoin d'être approuvé

Accumuler : votre caractère stable et prudent vous permet d'assumer vos obligations et vos responsabilités sans contraintes et d'avoir ainsi une situation familiale solide et épanouie.

Accusation : *être accusé :* soyez conscient des répercussions de vos actes avant que l'on vous donne une inoubliable et désagréable leçon ;

accuser quelqu'un : si l'amour ne répond pas à vos attentes, pourquoi ne pas faire une liste de pour et de contre. Dans une colonne, inscrivez ce qui vient tout droit de votre imagination et dans l'autre, ce que l'on vous a réellement dit et promis.

Acharnement : vous semblez être un peu victime de vos sentiments et de vos désirs. Vous vous comportez d'une manière plus instinctive que réfléchie.

Achat : *en faire :* votre magnétisme est puissant. Vous êtes maître de votre destin ou du moins, vous avez un certain contrôle ;

perdre votre achat : des conflits familiaux pourraient vous perturber. Ou encore, la décision d'un membre de votre famille vous paraît insensée.

Acné : vous avez le courage, la volonté et la détermination nécessaires à l'évolution de votre situation actuelle. Agissez avec fermeté, dirigez bien votre action et vous obtiendrez ce que vous voulez.

Acompte : répondez fermement aux propositions qui vous sont faites, ou faites vous-même des propositions concrètes qui seraient susceptibles de renflouer une affaire ou de renouveler une situation.

Acquérir : vous allez devoir approuver, soutenir ou favoriser un changement, un renouveau, une reconsidération de votre situation familiale actuelle qui mettrait fin ou préviendrait un certain désordre relationnel, matériel ou moral.

Acquisition : votre intelligence est vive, vous avez du flair, mais la chance ne peut pas être toujours là si vous faites exprès de jouer contre ce qui est dans votre intérêt.

Acquitter : vous avez tendance à commettre des abus, de nourriture ou d'alcool ; attention aux maux d'estomac ou de tête !

Acrobate : un conflit d'autorité pourrait se dérouler autour de vous. Si vous n'êtes pas directement touché, restez en dehors de tout cela, même si vous vous sentez l'âme d'un justicier et que vous avez la meilleure des idées pour en arriver à une entente.

Acteur : *si vous êtes acteur :* excellente période pour vous réaliser sur le plan financier. Vous êtes habile dans vos transactions. Si vous avez des choses à écrire, les mots couleront d'eux-mêmes ;

si d'autres sont acteurs : vous ferez une prise de conscience concernant vos origines. Vous ferez également un grand ménage dans l'éducation et les principes reçus au cours de votre enfance.

Actif : vous aurez de nombreuses discussions ou vous trouverez facilement des points de désaccord, surtout si vous ne voulez pas écouter les opinions d'autrui.

Addition : l'exagération, cela vous connaît bien. Vous aimez les états extatiques, l'emballement, la passion, autrement dit tout ce qui vous place au-dessus de l'ordinaire.

Adieu : *faire des adieux* : vous pouvez comprendre ceux qui souffrent. Si vous avez besoin de vous libérer, vous trouverez une oreille attentive et aurez des réponses. Cela vous aidera à placer les pièces du casse-tête de la vie.

Administrer : vous possédez un charme fou. Vous avez le vocabulaire qui touche et qui atteint directement la cible.

Admiration : vous avez un travail urgent à faire, ne vous laissez pas distraire et allez jusqu'au bout.

Admirer : *quelqu'un ou quelque chose* : un choc amoureux ou une soudaine sensation d'insécurité peut surprendre. Votre relation amoureuse est instable. Vous y attendiez-vous ?

Adoption : *d'un enfant* : vous entendrez parler des excès que font certaines personnes, des risques et des pertes subies et d'un nouveau projet financier qui, selon vous, les remettra dans la même situation que jadis.

Adorer : vous aurez la chance de connaître progressivement les joies d'un amour possible et heureux.

Adresse : *donner son adresse* : depuis quelque temps, les potins se portent bien. Les oreilles vous bourdonnent. Vous ne devez pas croire tout le monde. D'autant plus que plusieurs ne sont jamais allés à la source de ce qu'ils avancent.

Adultère : *si vous le commettez* : symbole d'angoisse et de violence. N'allez pas dans des lieux où vous êtes susceptible de croiser des gens sans scrupule. Ne cherchez pas non plus les confrontations ;
si vous résistez à l'adultère : vous ressentez le besoin d'exprimer ce que vous êtes, mais il y a aussi mille et une façons de le faire. Si vous avez envie d'une fantaisie, assurez-vous qu'aucun risque n'est inclus ;

si c'est l'autre qui commet l'adultère : belles inspirations. Vos intuitions vous guideront si vous acceptez d'écouter votre voix intérieure. Pour y arriver, il faut taire votre esprit qui raisonne constamment : il ne ressent pas mais analyse merveilleusement, ce qui est correct si les donnés sont parfaites au point de départ ;

si l'autre résiste à l'adultère : vous avez le cœur tendre. Vous ne pourrez vous empêcher de faire un don à une personne défavorisée.

Adversaire : vous ferez montre de plus de maturité et il vous sera très facile de développer votre sens de l'humour. Cette habileté vous amènera à rencontrer de nouvelles personnes.

Aérer : au travail, n'oubliez pas que tout le monde porte un masque. Faites appel à votre sens de l'observation et ne soyez pas trop crédule.

Aéroport : vous adorez le romanesque. N'oubliez pas que l'amitié engendre l'affection. Il faut voir les choses sous leur vrai jour.

Aérosol : ne comptez pas sur les autres pour garder un secret. Il serait mieux, dans votre intérêt, de garder pour vous-même les informations privilégiées que vous détenez.

Affaiblir : une grande joie d'ordre sentimental vous attend à la condition d'éviter de critiquer ce qui se passe autour de vous.

Affaires : *réussies* : si on essaie de vous faire fâcher, on réussira. Votre colère sera théâtrale et inoubliable. Vous serez prompt, empressé d'avoir des réponses ou d'obtenir ce que vous demanderez. Vous serez impatient ;

manquées : au travail, vous désirez être le leader. Avez-vous envie de toutes ces responsabilités et de toutes ces heures supplémentaires, même si vous envisagez de demander une augmentation de salaire ?

Affecter : la confiance que vous avez en vous-même n'est pas toujours appréciée par votre entourage.

Affectueux : un projet qui vous tient à cœur pourrait bien se concrétiser et vous rapporter beaucoup intellectuellement.

Affiche : *voir une affiche* : vous vivez une période empreinte de naïveté. N'achetez pas un service ou un produit dont vous n'avez pas vraiment besoin.

Affirmation : vous ne supportez pas la médiocrité. Vos amis vous trouvent un peu maniaque. Accordez-vous des moments de détente et sortez. Vous pourriez avoir d'agréables surprises.

Affliction : si l'on vous fait une proposition de voyage, acceptez-la. Ne pensez pas à ce que vous laissez derrière vous, regardez plutôt ce que l'avenir peut vous apporter.

Affreux : faites ce que vous avez à faire et oubliez les paroles malveillantes de certaines gens. D'autant plus qu'un conflit pourrait ternir vos relations avec vos collègues de travail ou avec des parents proches.

Affront : *en recevoir un :* vous vous laissez distraire. Si vous avez un travail de précision à produire, éloignez les bavards pour éviter de commettre une erreur;

en infliger un : vous avez une grande force de persuasion. On va probablement admirer votre ténacité, voire votre entêtement.

Agacer : l'être aimé traverse une période difficile et vous devez lui injecter une bonne dose d'optimisme.

Agate : vous vous trouvez en face de difficultés imprévues. Recherchant d'abord votre bien-être et votre agrément, vous souhaiteriez mener une existence tranquille dans une atmosphère douillette et intime, au sein d'un groupe social ou auprès d'une personne dont vous vous sentiriez aimé et qui vous protégerait;

offrir ou recevoir une agate : vous manquez de dynamisme pour affronter la vie, vous n'avez pas le goût du risque et vous hésitez à quitter le connu pour le mystère.

Âgé : *vous-même :* vous séduisez malgré vous. Tout peut réussir selon vos plans. Par contre, vous ne cherchez que votre intérêt, parfois au détriment de celui des autres;

d'autres personnes âgées : vous aurez des moments de panique passagers. Vous raisonnerez sur une ambition. Vous ressentirez de l'anxiété au sujet de votre entourage.

Agence : *matrimoniale :* ne perdez pas votre réputation en déclarant que tout va aller sur des roulettes, alors que vous n'en savez encore rien. On mettrait alors en doute vos capacités et votre sens des responsabilités.

Agenouillement : *être à genoux :* vous avez besoin de vous isoler, de réfléchir et de récupérer vos énergies;

voir une personne agenouillée : dans votre entourage, vous vous apercevrez qu'une personne ment depuis longtemps. Vous craindrez ainsi qu'elle ne dévoile des secrets que vous lui avez déjà confiés.

Agent : vous dites ce que vous pensez, sans détour. Vous serez aussi porté aux bavardages et parlerez des uns et des autres. Vous révélerez peut-être même un secret qu'on vous avait confié. Attention, tout se sait et vous pouvez en payer le prix !

Aggraver : tout paraît complexe et vous ne tenez rien pour acquis. Vous ne faites confiance qu'après de longues observations et hésitations.

Agitateur : vous souffrez d'une grande insécurité et de solitude, et vous êtes incapable de vous en sortir. N'étant pas très sensible à ce qu'éprouvent les autres, qu'ils soient étrangers ou proches, vous êtes exclusif dans le choix de vos affections et exigez, la plupart du temps, une fidélité parfaite.

Agitation : au travail, vous devrez être entêté pour obtenir ce que vous désirez, car rien ne viendra aisément. Votre paie y passera si vous n'y prenez pas garde ; ce qui amuse, délasse l'esprit, peut s'avérer dispendieux.

Agneau : vous êtes à la croisée des chemins. Vous manifestez une volonté merveilleuse d'être heureux et vous souhaiteriez qu'elle déteigne sur la personne mélancolique qui vous est chère ;
manger de l'agneau : vous avez envie plus que jamais de vous prendre en main. Votre jugement est excellent et vous avez de très bonnes idées pour améliorer votre qualité de vie.

Agoniser : désireux de goûter à toutes les joies de la vie, vous saisissez avidement les objets de plaisir qui se présentent, sans vous y accrocher de façon durable dans le but d'éviter les problèmes affectifs. Votre attitude ne favorise pas une réelle intégration au milieu et vous vous sentez isolé. De plus, vous avez tendance à ruminer ces insatisfactions.

Agrafer : vous ressentez probablement une grande fatigue dont vous avez du mal à vous secouer. Contrairement à d'habitude, une certaine nervosité vous aidera à surmonter cette période difficile.

Agrandir : vous foncez tête première sur tout ce qui bouge. Tout votre entourage en prend pour son rhume. Au travail, vous faites preuve de beaucoup d'autorité, et gare à ceux qui ne vous suivent pas.

Agraphie: *impossibilité de s'exprimer par l'écriture :* vous vivez certains déboires sur le plan sentimental. Vos préoccupations professionnelles nuisent à votre comportement amoureux. Essayez d'expliquer la situation à la personne concernée. Dites-lui que vous avez besoin de recul et d'espace pour retrouver votre bien-être.

Agréable: côté sentimental, vous trouverez des moyens originaux pour vous faire remarquer, pour manifester votre affection.

Agression: *en être victime :* l'argent est nécessaire pour vivre et pourvoir à vos besoins. Toutefois, il se peut que vous ne parliez que de cela. Plus vous en causez, plus vous vous sentez démuni;
en voir une : la plupart de vos besoins ne sont qu'une fabrication de votre esprit, qui cherche constamment à se rassurer en agrippant ce qu'il peut.

Agriculteur: au travail, évitez les gestes trop brusques et les prises de bec, même si vous êtes certain d'avoir raison. Il pourrait s'ensuivre des accrochages qui finiraient par avoir raison de vos ambitions, à court ou à long terme.

Agrumes: vous avez tendance à décider, à juger trop vite d'une situation et, malheureusement, à accepter une idée contraire à la réalité.

Aider: après avoir traversé vents et marées, votre couple évolue en paix. Votre caractère original réserve encore d'heureuses surprises à votre conjoint.

Aïeul: un peu de vague à l'âme habite votre esprit. Vous voyez le futur avec un peu d'appréhension. Cette pensée pessimiste découle probablement d'un excès de travail. Changez-vous les idées, reposez-vous et vous verrez que les choses ne vous sembleront plus aussi déprimantes.

Aigle: votre milieu de travail requerra beaucoup de réflexion. Sachez éviter toute discussion superficielle et allez plutôt droit au but. Vous avez tout à y gagner. Gardez également la maîtrise de vos instincts belliqueux qui se font fortement sentir.

Aigreur: les amitiés seront approfondies et on vient se confier à vous.

Aiguille: *enfiler aisément une aiguille :* on fait valser vos idées, on vous étourdit. On sème le doute dans votre esprit. Il y a de la compétition dans l'air et même des mensonges;
enfiler une aiguille avec difficulté: une erreur commise il y a parfois longtemps refait surface dans votre mémoire. Vous vous sentez de

nouveau coupable, comme si cela se passait maintenant. Vous avez tendance à noircir le tableau de votre passé;

se piquer avec une aiguille : il y a en vous un grand désir de paix, d'amour et de tendresse. Vous êtes affectueux. Vous le démontrez à ceux que vous aimez d'une manière originale, inattendue.

Aiguiser : *des couteaux* : le niveau d'énergie physique est bas. Par contre, vous êtes extrêmement perceptif.

des patins : vous ne placez pas vos énergies là où elles devraient être. À vous d'en prendre conscience et de ne pas faire vivre à autrui ce que vous supporteriez mal.

Ail : *sentir l'ail* : vous prêtez à des collègues ou à des membres de votre famille des intentions qu'ils n'ont pas. Si vous êtes dépressif ou facilement déprimé, fuyez tout ce qui mine vos humeurs;

manger de l'ail : votre grand désir d'amour profond est un idéal merveilleux et devrait vous aider à réaliser vos projets sur le plan sentimental.

Aile : *avoir des ailes* : excellente période pour la correspondance. Vous recevrez des réponses à vos demandes et plusieurs appels. On vous fera des propositions intéressantes.

Aimant : votre humeur n'est pas à son mieux. Vous aurez des périodes de mélancolie. Faites un peu d'effort pour vous changer les idées.

Aimer : un regain d'enthousiasme vous habite. Vous serez persuadé, et souvent à juste titre, de pouvoir imposer votre manière de voir les choses. Cela pourrait provoquer quelques étincelles dans votre entourage, mais vous vous sentirez au-dessus de ces vétilles. Sur le plan sentimental, vous ne reviendrez pas sur vos engagements initiaux, même s'il devait parfois vous en coûter.

Air : *manquer d'air* : de petits problèmes de famille peuvent vous obliger à réduire vos heures de travail. Il est possible qu'on se plaigne pour rien, ou presque, juste pour retenir votre attention;

air de chanson ou de musique : période de réflexion et grand intérêt pour les sciences occultes. Vous aurez besoin d'évaluer plusieurs aspects de votre vie. Pour cela, vous aurez sans doute besoin de l'aide d'une personne compétente.

Aisance : *cabinet d'aisances* : le réconfort que vous espérez trouver en amitié se fera sans doute attendre. On ne comprend pas encore très bien ce que vous désirez et ce que vous vivez.

au sens de richesse : vous vous sentez insouciant, et tout effort de volonté vous semble désagréable. Vous n'êtes pas en mesure de forcer la note. Laissez la vie suivre son cours.

Ajuster : vivre et laisser vivre, voilà votre philosophie. Vous sentez un besoin de relaxation et de voyage. Les écarts de conduite ou de langage de votre entourage vous laisseront indifférent, car vous devinez qu'il ne s'agit de rien de sérieux.

Alarme : une brève période de réflexion vous permettra de faire le bilan de vos projets et de vos activités. Cette prise de conscience vous aidera à vous pencher sur votre bien-être et à planifier votre vie en conséquence.

Albinos : *en voir un* : vous devez faire de gros efforts pour ne pas être stressé. Votre impulsivité ne vous causera pas d'ennuis à condition que vous conserviez votre calme et que vous acceptiez d'écouter l'opinion des autres.

Alcool : *avec modération* : vous vivez une période de négation ou trop d'orgueil. Il faut rester neutre, être humble, ne rien prétendre. Vous êtes transparent comme un livre ouvert. On vous perçoit, on vous devine ;

boire de l'alcool en quantité excessive : dans votre vie sentimentale, ne concluez rien si vous n'êtes pas certain. L'imaginaire triche. Laissez l'autre exprimer ses sentiments et essayer de voir la réalité en face.

Algue : vous entrez dans une période de magnétisme, tenace, où vous aurez une forte emprise sur votre entourage. Votre activité sociale sera très intense et vous n'hésiterez pas à vous servir de vos pouvoirs de séduction pour capter l'attention d'une personne qui vous intéresse.

Aliment : *agréable au goût* : un peu de folie et d'excentricité, surtout si vous occupez un emploi où il est accepté d'être original, de se démarquer ;

désagréable au goût : c'est un moment de félicité dans votre vie amoureuse.

Allaiter : les humeurs varient rapidement, parfois d'une heure à l'autre. Les imprévus dérangent votre horaire : des gens à qui vous ne devez absolument rien s'imposent, des dossiers sont désordonnés ou inachevés, la correspondance n'arrive pas à temps et on s'en plaint. Tout cela vous mettra à l'envers.

Allécher : le cœur et la raison sont en désaccord. Vous serez susceptible et impulsif, causant ainsi des froissements avec votre entourage.

Alléguer : ne dites rien qui pourrait occasionner l'irréparable. Essayez de vous détendre et envisagez l'avenir avec plus de sérénité.

Aller : *dans le sens de marcher :* représente la régénération, la pulsion sexuelle et le désir amoureux. Un grand succès vous attend si vous êtes audacieux. Ne discutez pas pendant que les autres passent à l'action.

Alliance : *au doigt :* il y a de la compétition dans l'air. Cela pourrait être amusant ou très désagréable si vous avez affaire à des prétentieux qui se prennent au sérieux ;
la perdre : vous vivez une période où votre conscience est ébranlée. Vous faites une révision de vos désirs et de vos valeurs. Durant cette phase, l'égocentrisme et la générosité se tiraillent.

Alligator : vous aurez enfin droit à une petite folie. Si vous êtes à la recherche de l'amour, une rencontre amicale se transformera peut-être lentement en une liaison passionnée et durable.

Allonger : un certain travail vous paraîtra ennuyeux, mais il vous sera profitable.

Allumette : *allumée :* au travail, détective malgré vous, vous savez qui abuse et qui est parfaitement honnête. Il vous sera facile de faire la différence et de prendre une décision au sujet de l'offre qu'on vous fait ;
allumette éteinte : sautes d'humeur, instabilité émotionnelle, colère. Bref, vous subissez l'orage de la part de votre entourage. Ou encore, vous provoquez par des réflexions acides.

Aloès : *plante médicinale :* avertissement contre des décisions peu sages. Vous êtes dans l'impossibilité de concilier les tensions contradictoires qui vous oppressent. Vous ressentez de violentes émotions prêtes à exploser, mais votre conscience les réprouve et les refoule. Il en résulte une pénible sensation d'anxiété proche de la panique, à laquelle vous ne trouvez pas d'issue ou de dérivatif.

Alphabet : vous faites l'évaluation d'un système de valeurs acquis dernièrement. Vous vous posez des questions car, récemment, vous avez rencontré une personne si plaisante qu'elle vous chavire dès que vous y pensez.

Alpiniste : vous avez tendance à vous replier un peu trop sur vous-même ces derniers jours. Des échanges d'opinions avec vos amis vous seraient bénéfiques.

Altérer : sur le plan sentimental, soyez plus souple. Des changements indépendants de votre volonté peuvent vous obliger à prendre des décisions.

Alterner : l'amitié qui vous lie aux proches est stimulante et spirituelle. Vous êtes revigoré.

Amaigri : en affaires, vous aurez davantage de succès en faisant vos propres recherches et enquêtes, mais il ne faut pas trop compter sur un aboutissement rapide.

Amande : vous vivez une période de distraction. Des malaises physiques sont possibles, par exemple une digestion difficile, surtout si vous subissez de la pression. Nourrissez-vous plus légèrement ;

amande amère : prenez conscience de ce que vous entretenez dans le plus profond de vous-même. Vous devez vous servir sagement de votre magnétisme et de votre puissance de projection.

Amant/amante : vos plans et vos projets amoureux sont bons, mais il serait souhaitable d'attendre un peu pour les mettre à exécution. Mettez toute votre énergie à créer un climat de bonheur autour de vous.

Amarrer : sur le plan des finances, tout s'arrange petit à petit après les déboires que vous avez connus. Soyez attentif pour ne pas retomber dans le même panneau.

Amasser : vous devrez traverser un sentier semé d'embûches avant de voir les résultats de vos efforts. Mais votre volonté est tenace.

Amazone : vous dites ce que vous pensez, sans détour. Vous serez aussi porté aux bavardages et parlerez des uns et des autres. Vous révélerez peut-être même un secret qu'on vous avait confié. Attention, tout se sait et vous pouvez en payer le prix !

Ambassadeur : vous avez un besoin immense de solitude durant cette période. Les événements des dernières semaines vous ont fatigué. Vous avez besoin de repos et de tranquillité. C'est enfin le temps de vous permettre les lectures et les réflexions que vous vouliez faire depuis longtemps.

Ambigu : votre carrière vous tient à cœur même si vous ne travaillez pas. Vous pourriez être appelé à déménager afin d'améliorer votre sort.

Ambroisie : votre orgueil vous porte à croire que vous détenez la vérité absolue.

Ambulance : vous voulez réviser votre budget. Vous réduirez vos dépenses. Enfin, c'est ce que vous déciderez, mais cela ne veut pas dire que vous le ferez longtemps.

Améliorer : vous vous sentez dynamique et plein de vitalité pour entreprendre tout nouveau défi. Développez vos facultés d'adaptation, elles pourront vous être utiles.

Aménagement : *paysager :* les changements que vous vivez actuellement vous incitent à faire un tour d'horizon de votre vie. Il se peut que vous alliez encore plus loin et que vous décidiez de changer certaines choses dans votre vie personnelle.

Amende : *recevoir une amende :* votre besoin d'indépendance et de liberté risque fort de vous jouer de mauvais tours.

Amener : attention aux passions dévorantes ! Ne commettez pas de folies, car vous pourriez le regretter.

Amertume : une mauvaise nouvelle au sujet de vos affaires risque de vous rendre d'humeur massacrante. Vous auriez avantage à vous retirer dans un endroit calme enfin de retrouver votre équilibre.

Ameublement : vous êtes convié à arrêter vos dépenses et à mettre de l'ordre dans votre vie.

Ami : au travail, si vous oubliez d'être diplomate dans une situation délicate, vous devrez payer la facture de votre intolérance. En le sachant, vous serez plus souple et en retirerez des profits plutôt qu'une pénible attente.

Amincir : vous accordez plus d'attention à votre travail qu'à votre vie sentimentale. Vous devrez faire un effort pour apprendre à rétablir vos priorités, sinon vous risquez de vous retrouver seul.

Amitié : période idéale pour exprimer vos sentiments à la personne aimée. Vous êtes favorisé par l'expression de la sensualité et de l'affection.

Amoindrir : dans vos discussions avec les gens, il serait préférable que vous les laissiez s'exprimer librement et que vous évitiez de porter des jugements.

Amollir : vous êtes porté à vous plaindre. Peut-être que votre situation familiale n'est pas parfaite. Des réajustements sont nécessaires surtout quand vous sentez qu'il est essentiel de faire des mises en garde à un enfant.

Amour : vous vivez une mauvaise période. Vous vous heurtez à un mur d'incompréhension. Vous ne pouvez pas non plus compter sur les appuis promis. Réagissez en organisant votre temps pour en retirer le plus de satisfaction possible.

Amoureux / amoureuse : vos pensées se cristallisent. Votre idéal prend forme. Les gens qui se disent vos amis prouvent qu'ils le sont, et inversement, vos ennemis se déclarent. Vous saurez où sont vos intérêts. Une prise de conscience vous permet de faire un pas de plus dans votre recherche du bonheur.

Amplificateur : vous avez tendance à être dans la lune. Diverses questions personnelles vous tourmentent.

Ampoule : si vous vivez en couple et avez été fidèle jusqu'à maintenant, l'occasion de tromper votre partenaire sera droit devant vous. Ce sera à vous de choisir.

Amputation : *sur vous :* vous découvrez en vous vos forces, vos faiblesses, celles qui relèvent de votre logique formée par l'expérience et les événements de votre vie. Vous reconnaissez la réalité de votre émotivité. Cette objectivité vous servira dans l'avenir ;
amputation sur d'autres : voici un moment pour vous échapper, pour vivre plus librement. Le bonheur n'est jamais total. Mais on peut lui voler des parcelles, des instants qui se fixent en nous et qui permettent de se réfugier, d'y retourner quand rien ne va plus.

Amuser : si vous avez des problèmes de santé ou si certains malaises persistent, n'hésitez plus à consulter un médecin.

Amygdalite : votre générosité est bien connue. On prend avantage de votre bonne nature. On essaiera de jouer sur vos sentiments pour obtenir ce qu'on désire de vous.

Analyse : si vous faites un achat, surveillez votre monnaie. On pourrait commettre une erreur qu'il vous serait par la suite difficile à prouver.

Anatomie: *votre propre corps dans les rêves représente votre ego:* ne refermez pas la porte à vos émotions. Si vous continuez à garder en vous tout le poids de vos frustrations et de vos peines, votre équilibre physique et psychologique s'en ressentira.

Ancêtre: attention, vous avez tendance à ne voir qu'à travers votre expérience! Du même coup, quelques personnes autour de vous secouent votre système des valeurs. Elles vous mettent en face de vos expériences et de vos réalisations. Cette réalité vous paraîtra dure.

Ancien: *les choses anciennes représentent les souvenirs:* vous éprouvez une grande solitude malgré vos nombreuses activités. Vous n'avez sans doute pas ce que vous désirez de la vie. Faites un examen approfondi des besoins nécessaires à votre bonheur et les efforts pour pouvoir les combler, du moins en partie.

Ancre: vous pourriez souffrir de l'indifférence de votre conjoint. Au lieu de vous en formaliser et d'en faire un drame, voyez quelle pourrait être la raison de cet éloignement apparent.

Âne: vous êtes perceptif, vous devinez les intentions d'autrui. Vous voyez les conséquences de vos actes et de ceux des membres de votre famille ou des amis.

Anéantir: si vous avez un poste clé, soyez attentif, ordonné et entièrement concentré sur votre travail. On vous surveille plus qu'à l'habitude.

Anesthésie: méfiez-vous du mépris que vous affichez pour une idée en laquelle vous n'avez aucune confiance. Elle pourrait s'avérer géniale et très rémunératrice.

Anévrisme: vous vous sentez contrarié. Vous avez l'impression de ne rien obtenir de ce que vous avez désiré ou, au contraire, de voir tous vos souhaits réalisés.

Ange: excellente période pour le commerce, la vente, les relations avec le public et les rencontres au gré du hasard avec des gens honnêtes, que d'ailleurs vous attirez.

Angelus: de lourdes préoccupations vous empêcheront de fonctionner comme vous le devrez. Il y a de fortes chances que votre concentration en soit affectée.

Anglais : *rêver en anglais :* un climat de discorde éloigne de vous certaines personnes de votre entourage que vous aimez et qui sont habituellement très proches de vous. Ne vous en désolez pas trop. Les malentendus ne tarderont pas à s'effacer. Restez ouvert aux concessions.

Angoisse : il y aura des confrontations et des tensions dans votre entourage. Il pourrait s'agir de discussions au sujet de fréquentations avec des gens louches. Faites attention ! On sait quand on déclare la guerre, mais on ne sait jamais quand elle prend fin.

Anguille : vous avez des moments d'hésitation qui pourraient vous faire perdre des occasions d'affaires. Mais n'en soyez pas trop amer, car en d'autres occasions, votre besoin de réflexion vous guidera à trouver la bonne solution. On ne peut pas toujours réussir, il faut en laisser pour les autres.

Animal : *calme :* vous ne connaissez pas tout, c'est vrai pour tout le monde. Aussi, n'affirmez pas ce dont vous n'êtes pas certain à cent pour cent. De plus, vous risquerez d'offenser un supérieur si vous lui faites une remarque, si anodine soit-elle, sur la façon dont il mène l'entreprise ;
animal hostile : soyez diplomate dans des situations délicates. Soyez tolérant envers ceux qui n'ont pas votre vitesse d'esprit, sinon vous subirez un échec en vous révoltant contre tout et contre ceux qui ne partagent pas votre avis.
la mort d'un animal : vous souhaitez ne pas être dérangé. Vous voulez avoir suffisamment de temps pour parfaire un travail déjà commencé. Vous demandez beaucoup à votre entourage.

Animateur : des rendez-vous peuvent être remis, et c'est tant mieux, vous n'êtes pas en forme. Lors de vos rencontres, soyez à l'écoute et observateur, vous y apprendrez beaucoup.

Animosité : vous aurez de la chance dans vos démarches si vous désirez un changement dans votre travail. Si vous cherchez un emploi, offrez vos services.

Anneau : *de valeur :* vous vous trouvez face à des difficultés imprévues. Recherchant d'abord votre bien-être et votre agrément, vous souhaiteriez mener une existence tranquille dans une atmosphère douillette et intime, au sein d'un groupe social ou auprès d'une personne dont vous vous sentiriez aimé et qui vous protégerait ;
anneau fantaisiste : vous voudriez vous libérer des contraintes qui pèsent sur vous, donner libre cours à votre fantaisie ;

offrir ou recevoir un anneau : vous manquez de dynamisme pour affronter la vie, vous n'avez pas le goût du risque et vous hésitez à quitter le connu pour le mystère.

Anniversaire : vous êtes angoissé parce que des personnes de votre entourage semblent tout faire pour bousculer vos habitudes. Ne soyez pas trop sévère. Chacun fait ce qu'il peut et de la meilleure façon possible, ce qui, dans les circonstances, n'est pas tellement facile.

Annonce : *petites annonces* : sur le plan sentimental, des confrontations sont à prévoir. Vous êtes parfaitement logique, mais vous avez tous deux une vision bien particulière pour solutionner un problème. Dès que vous sentirez la tention monter, persuadez-vous de la valeur du calme et de l'harmonie ;

publicité : ceux qui se lamentent sur leur sort sont portés vers vous. Ils ont besoin d'être encouragés, ou encore ils désirent se faire plaindre. Ils connaissent votre sensibilité et savent que vous sympathiserez.

Annoncer : les relations dans votre couple peuvent être plus tendues qu'à l'accoutumée. Chacun accuse l'autre de ne pas en faire assez ou de n'être pas suffisamment attentif.

Annulation : au travail, la compétition est très féroce quand plusieurs personnes postulent un poste ayant plus de pouvoir et un plus gros salaire.

Anomalie : au travail, les gens sont pressés et nerveux. Ils demandent sans même remercier. Vous n'avez qu'à faire comme eux.

Anorexie : *si vous en souffrez* : vous avez tendance à être soupçonneux et constamment sur vos gardes, ce qui vous rend nerveux.

Anse : vous êtes très attirant, mais également vulnérable. Si une rencontre fait battre votre cœur, calmez-le. Prenez un peu de recul avant de vous emballer sérieusement.

Antenne : des amis tiennent à vous. Ils vous diront franchement ce qu'ils pensent de certains de vos comportements. Écoutez-les. Cela vous sera utile pour votre avenir matériel et émotif.

Anticiper : beaucoup d'émotions. Votre vie intérieure est agitée. Vous remettez en question votre orientation, mais vous ne pouvez trouver la réponse maintenant.

Antipathie : il est peut-être sage de rompre certaines relations qui ont déjà trop duré. Soyez cependant diplomate et évitez de déclencher l'agressivité de votre entourage. Tenez-vous à l'écart des personnes qui vous font du mal.

Antiquité : *regarder des antiquités :* votre intuition est puissante. Vous devinez les gens même à distance. Par contre, la dépendance, tant émotive que matérielle, vous guette. Vous devrez lutter pour qu'elle s'élimine de votre vie, pour votre bien et celui d'autrui ;

acheter des antiquités : vous bénéficiez d'un magnétisme hors du commun. Durant cette période, vous ferez la paix après certaines guerres et tensions ;

vendre des antiquités : c'est le temps de clarifier une situation financière. C'est aussi le moment d'avoir une franche discussion sur le déroulement de l'affaire en cours avec d'autres personnes responsables du projet auquel vous vous acharnez.

Anxiété : vous êtes audacieux dans vos paroles et charmeur. Si vous travaillez dans la vente, on achètera votre produit en double. Si vous avez des services à offrir, foncez !

Apaiser : vous êtes créatif et original ; votre magnétisme retient l'attention ; vous séduisez. Mais attention, on retient ce que vous dites !

Apéritif : si vous faites une promesse que vous ne pouvez tenir, on pourrait vous en vouloir et votre réputation en prendrait pour son rhume.

Aphasie : *perdre la parole :* ne vous laissez pas trop envahir par vos émotions. Conservez une attitude réaliste et tenez-vous loin des prophètes de malheur.

Aphrodisiaque : vous devrez faire connaître vos sentiments. Vous devrez aussi formuler de façon plus objective certains de vos désirs et certaines de vos ambitions. La personne aimée ne comprend pas toujours ce que vous voulez.

Apiculteur : *élever des abeilles :* attention aux retards qui pourraient vous coûter cher ! Contrôlez mieux votre emploi du temps et prenez votre horaire au sérieux.

tuer des abeilles : bien qu'ils soient très réalistes, votre fougue et votre goût de la démesure, du grandiose, des solutions entières et spectaculaires s'ajoutent à vos talents variés. Toutefois, ils pourraient vous entraîner dans des activités trop diversifiées, ce qui provoquerait la dispersion de vos efforts et de vos énergies ;

cire d'abeilles : votre besoin d'autonomie, d'indépendance et de succès se heurte à votre désir de justice et de tolérance ;

ruche d'abeilles : vous détestez les contraintes, vous voulez vous débarrasser des traditions afin de vous réaliser par vos propres moyens et selon vos idées personnelles ;

ruche vide : vous tenez à créer des liens affectifs durables et solides avec votre famille.

Aplatir : vous êtes plus ouvert à autrui, plus généreux. Si vous aimez donner, vous recevrez beaucoup.

Apocalypse : vous avez le choix entre, d'une part, l'exubérance, le plaisir de vivre, la joie de travailler parce que vous participez au bien-être d'une communauté et, d'autre part, la déprime en étant mécontent de tout ce qui vous arrive.

Apocryphe : *textes religieux dont l'authenticité est controversée* : ne suivez pas plusieurs routes à la fois. Vous ne pourriez être très efficace si vous vous dispersez trop.

Apparition : *claire et précise d'une personne connue* : période de grandes réflexions existentielles. Il se peut qu'il y ait un débat au travail. Si vous appartenez à un clan, faites attention ! Tous pourraient faire une erreur sur un sujet précis et, à la fin, vous seriez perdant ;

apparition d'une personne inconnue : dans votre entourage, il y aura un réajustement important au sujet de votre famille. Il n'est pas facile de dire toute la vérité quand on veut ménager la sensibilité d'une personne. Dites-vous que, généralement, on sous-estime la force d'autrui pour se donner du pouvoir.

Appartement : *chercher et visiter un appartement* : bonne période pour affirmer vos droits, pour faire part de vos sentiments à votre entourage.

Appel : *de votre nom* : vous avez tendance à dramatiser ou à vous sentir mis de côté. Vous aurez l'impression de ne pas être écouté. Attention, ne prenez pas ces attitudes comme un manque de considération pour vous ! On a tout simplement pas le temps de vous en donner plus ;

appel d'un autre nom : il est facile de parler des malheurs du monde. Y apporter sa part demande de l'effort, du détachement de soi. C'est beau en paroles et en imagination, mais rien ne change si aucun geste n'est fait ;

appel téléphonique : essayez de voir en face ce qui est vrai et ce qui n'est que pure imagination. Vous êtes émotif. Vous avez donc plus de difficulté à juger clairement. Vos perceptions sont faussées. Soyez vigilant, ne prenez pas de décision en vous fiant aux apparences.

Appeler : des reproches, parfois des menaces, se font pour des riens. Un lourd silence, un retrait faisant sentir à ses proches qu'on n'est pas bien traité, qu'on mérite mieux, mais que personne ne décèle.

Appétissant : votre imagination peut vous envahir, semblable à une fuite de la réalité trop cruelle, trop pénible à supporter. Il est important de se rappeler «qu'après la pluie, le beau temps».

Applaudir : *être applaudi* : ceci est fréquent quand on n'a pas l'autorité de changer ce qui devrait l'être, quand on ne peut faire justice dans un milieu où trop de gens abusent du système et bloquent ceux et celles qui désireraient l'améliorer pour le bien de la communauté;
s'applaudir soi-même : votre mémoire est tenace, les souvenirs ressemblent aux actualités, de quoi vous rendre triste si vous regardez sans cesse en arrière. Réveillez-vous, allez de l'avant et vivez le moment présent. Le hasard vous permettra de croiser des gens optimistes qui vous aideront à trouver votre sérénité.

Apporter : vous retrouvez vos énergies, le goût d'aller de l'avant, d'ouvrir de nouvelles portes, d'être parmi d'autres et de participer au mouvement qu'est la vie.

Apposer : vous atteindrez les objectifs que vous vous êtes fixés avec, en prime, des agréments surprenants.

Appréhension : malheureusement, vous avez décidé de vivre en vous révoltant contre tout ou presque. Faites attention ! Vous risquez de vous retrouver seul avec votre ego.

Apprendre : si vous avez eu des embarras au cours des journées ou des semaines précédentes, vous serez dans l'obligation de les réparer à toute vitesse. Sinon, votre situation risque de s'aggraver.

Apprivoiser : à la maison, s'il y a des tensions, ne soyez pas cynique. Vous pourriez menacer sérieusement votre vie de couple.

Approcher : vous êtes dynamique et généreux. Quelque part, un rayon de soleil juste pour vous et plus brillant que pour n'importe qui d'autre vous attend.

Appuyer : la réflexion est nécessaire afin de préserver votre équilibre. Notre société valorise le succès au détriment de la qualité de vie. Vous vous faites prendre à ce jeu, vous aussi.

Aquarelle : *peindre une aquarelle* : à votre philosophie pessimiste, vous essayez de substituer l'espoir de vous faire valoir, d'être apprécié, de retrouver un peu de confiance en la vie et de renouveler votre vitalité déficiente.

Aquarium : les rapports entre les gens sont agressifs, compétitifs, complexes aussi. Si vous êtes susceptible, il vaut mieux que vous le reconnaissiez. Lors d'une remarque désagréable, vous réagirez mieux.

Araignée : votre magnétisme est puissant, mais vous n'en êtes pas toujours conscient. Les gestes que vous ferez auront des répercussions pendant longtemps. Aussi, calculez le mieux possible les conséquences que vous devrez endosser.

Arbitre : les changements que vous vivez seront une occasion de mieux comprendre le dépassement de soi. Écoutez votre voix intérieure, contrôlez votre pensée et vos actions qui nuisent à votre évolution personnelle.

Arbre : *avec feuilles* : vous jugez vite les situations, mais vous y mettez beaucoup d'émotions. Seule la logique devrait dominer. Vous êtes persuadé de ce que vous faites ;

arbre sans feuilles : une avalanche d'émotions à laquelle vous êtes habitué, surtout si vous répétez le même scénario de vie depuis longtemps. Faites attention ! Vous aurez tendance à faire les mêmes vieux reproches à votre conjoint.

arbre foudroyé, mort ou déraciné : ne dramatisez pas s'il survient des changements notables dans votre vie domestique : ceux-ci font partie d'un scénario prévisible. Faites preuve d'un peu de patience.

Arc : vous serez en mesure de donner à votre destinée affective une nouvelle dimension de stabilité.

Arc-en-ciel : sur le plan sentimental, l'être cher ne semble pas vous écouter. De quoi vous faire enrager ! Si cela vous arrive, prenez conscience qu'en agissant ainsi, en racontant vos peines et vos frustrations, vous restez dans le passé et paralysez l'avenir.

Architecte : vos idées de grandeur pourront vous jouer de mauvais tours dans la poursuite de vos ambitions. Agissez avec lucidité et ne vous laissez pas envahir par des projets inaccessibles. Cela risquerait de vous coûter beaucoup d'argent.

Ardeur : tous vos efforts des dernières années commenceront à être récompensés. Vos revenus iront en augmentant et vous serez en mesure de mettre de l'argent de côté.

Ardu : des personnes de votre entourage auront besoin de votre indulgence et de votre appui, car vous êtes de ceux qui peuvent assez facilement affronter toutes sortes de difficultés.

Arène : les médisances et les calomnies vont bon train dans votre entourage. Il serait sage de votre part de ne pas prendre pour argent comptant tout ce que vous entendez dire. Ne vous mêlez pas aux discussions inutiles et évitez de trop raconter ce que vous savez.

Arête : les circonstances seront plus positives, mais il ne faut pas vous disperser ; apprenez plutôt à vous discipliner. Ne ressassez pas toujours les vieilles rancunes, apprenez à pardonner.

Argent : *faire de l'argent :* les idées noires abondent. Ne les laissez pas vous envahir. Vous seriez alors le perdant. Vous aurez des intuitions, des perceptions. Vous devinerez qu'il est temps d'appeler un ami ;

monnaies : vous ne devez pas vous emporter contre une personne diamétralement opposée à vos projets. Le calme et les sourires feront tomber la méfiance et l'agressivité autour de vous ;

objets en argent : cela représente de la fatigue. Vous devez vous reposer le plus possible, ne rien prendre au tragique et ne pas aller au-delà de vos limites.

Argument : votre seuil de tolérance est très bas. Même si vous avez beaucoup de difficulté à couper avec votre passé, cela ne vous empêchera pas de rompre des amitiés ou des relations où on profiterait de votre générosité.

Arme : des émotions fortes vous envahissent. Elles provoquent une explosion face à des gens surpris de tant d'exclamations. Si vous êtes du type qui souffre d'insécurité, vous vous concentrerez sur l'argent et serez affolé par la peur d'en manquer.

Armée : vous regardez les autres agir en vous questionnant sans jamais entrer dans l'action. Mais un événement vous bousculera et vous serez alors obligé d'affirmer votre opinion, soit pour une question de travail, soit sur le plan de votre vie sentimentale.

Armoire : si vous vous attendiez à un avancement ou à des changements, vous jouirez d'excellentes conditions.

Arôme : vous devrez vous attendre à quelques mauvaises surprises, ce qui pourrait déstabiliser provisoirement votre équilibre financier.

Arracher : le temps des angoisses est chose du passé et vous vous sentez en confiance avec vous-même.

Arranger : lorsqu'on est en remise en question, c'est souvent la vie affective qui est la première à en subir les effets. Il est très probable que vous renégocierez votre entente avec votre conjoint.

Arrestation : *être arrêté :* il est facile de trouver des défauts à l'être cher. Si vous le faites, c'est pour cacher vos propres faiblesses. Vous êtes porté à la critique.

Arriver : votre moral est à toute épreuve, votre vie sentimentale se porte beaucoup mieux, même qu'elle atteindra des niveaux presque paradisiaques.

Arrogance : vous avez la grande qualité de vouloir toujours aller plus loin, mais ces dernières années vous ont imposé des limites. Il est grand temps de retrouver votre optimisme et de foncer.

Arroser : *des plantes :* vous avez tendance à crier à l'injustice sans lever le petit doigt pour réparer la situation présente. Cela vous porte à rejeter ce qui ne vient pas de vous et à ne pas accepter les idées des autres ;
arroser les autres : l'être cher sera de mauvais poil. Il vaut mieux vous taire, attendre que l'orage passe plutôt que de vous emporter pour une affaire dans laquelle vous n'y voyez pas très clair.

Art : *peindre un tableau :* à votre philosophie pessimiste, vous essayez de substituer l'espoir de vous faire valoir, d'être apprécié, de retrouver un peu de confiance en la vie et de renouveler votre vitalité déficiente.

Artère : vous avez tendance à refouler vos émotions et vos déceptions. Apprenez à parler, à vous exprimer. Dramatisez moins les problèmes, cela vous épargnera de nombreux désagréments.

Artichaut : *manger des artichauts :* de nature soumise, vous ne cherchez pas à dominer votre entourage, à vous imposer. Au contraire, vous manquez souvent de courage pour affirmer ou pour défendre vos droits. Vous préférez la tranquillité et l'anonymat. Cependant, vous aimeriez avoir un caractère plus ferme, une forte volonté.

Articulation : votre grand besoin d'indépendance vous a souvent créé des ennuis. Vous n'accordez pas assez d'importance aux conseils de votre entourage. Prenez le temps d'écouter et de réfléchir avant de faire un geste.

Artificiel : ne cachez pas la vérité à la personne aimée. Vous avez des idées de vagabondage, alors parlez-lui-en et vous agirez ensuite en fonction de sa réaction.

Artiste : *peintre :* dans votre milieu de travail, n'avancez rien dont vous ne seriez pas certain à cent pour cent. Ne révélez pas un secret qu'on vous a confié. Ne dites pas tout ce que vous pensez, les murs ont des oreilles.

Ascenseur : il n'y a pas d'ennui, mais du mouvement. C'est ainsi que progresse la vie. Refuser d'avancer, c'est faire du sur-place et creuser sa peine, ses douleurs.

Asile : les gens seront attirés vers vous parce que vous leur inspirez confiance. Gardez-vous de prendre trop à cœur leurs problèmes dans le but de vous éviter des angoisses inutiles. Les autres doivent vous aimer non pas pour ce que vous leur avez donné, mais pour ce que vous êtes.

Asperge : vous n'êtes pas seul dans ce monde, à moins que vous ne vous en soyez persuadé et que vous ayez les yeux fermés sur cette réalité. Toutefois, le succès de votre vie ne dépend que de vous. Ne faites pas faire aux autres ce qui vous revient.

Asphalte : une de vos forces réside dans votre vivacité d'esprit : vous voyez ce que les autres ne voient pas.

Asphyxier : vous savez vous battre pour garder ou obtenir quelque chose qui vous semble juste. Stimulé par le désir de réussite, vous recherchez des personnes compétentes qui vont dans la même direction que vous.

Aspirateur : vous êtes excellent dans tout ce qui touche l'organisation des choses et des événements. Mais vous ne pouvez supporter le moindre pépin. Cela vous pousse souvent à afficher une certaine impatience.

Assaillir : votre dynamisme naturel est un atout de taille dans votre réussite, car il vous donne la volonté d'aller plus loin. Cependant, vous avez parfois tendance à vous surestimer.

Assaisonner : idéaliste, vous cherchez la perfection dans à peu près tout.

Assassiner : vous prenez de plus en plus conscience de la personne que vous êtes. Dirigez vos énergies vers un seul but à la fois plutôt que de vous éparpiller.

Assécher : vous vous imposez parfois des règles qui ne correspondent pas toujours à votre tempérament. Vous avez tendance à ne penser qu'à vous-même.

Assembler : bien souvent, vous n'osez pas vous aventurer hors des sentiers battus parce que vous manquez de confiance en vous. Acceptez de petites responsabilités différentes, cela vous permettra de comprendre que vous avez beaucoup plus de talent que vous ne le pensiez.

Assiette : votre grande force réside dans votre polyvalence. On dit que l'on a les forces de nos faiblesses, mais cela est aussi vrai en sens inverse. Vous vous emballez vite, ce qui peut vous obliger à revenir sur vos pas.

Assister : vous progressez beaucoup sur le plan professionnel. Certaines personnes pensent que vous vous êtes dédoublé tellement vous êtes partout à la fois.

Assoiffer : persévérez dans votre démarche qui vise à éliminer vos peurs, souvent issues de votre imagination. Vous faites des pas de géant face à vous-même. C'est un apprivoisement total vis-à-vis de vous. Développez plus de fermeté dans vos convictions.

Assommer : *quelqu'un* : vous réfléchissez à ce que vous désirez garder ou éliminer de votre personnalité. Plus vous développez une bonne perception de vos valeurs, plus vous avez confiance en vous ;
être assommé : vous êtes capable d'entraîner dans votre sillon ceux et celles qui partagent vos convictions et vos ambitions. Vous avez beaucoup d'autorité.

Asthme : décidé à préserver votre autonomie personnelle, vous avez une parfaite maîtrise de vous, de vos désirs. Vous n'êtes pas obsédé par la recherche de sensations fortes. Mais fier de votre moralité, vous ressentez secrètement d'inquiétantes sensations. Le refoulement et le refus de tendresse pourraient susciter des désordres sexuels que vous pourriez ne plus contrôler.

Astrologue : *en consulter un* : vous figurez sur la liste des promotions. De plus grandes responsabilités vous attendent. Vous devrez alors sacrifier une partie de votre vie privée, de vos loisirs, afin de relever le défi qu'on vous propose.

Astronaute : vous voulez toujours aller plus vite pour faire connaissance avec des gens. Mais si vous n'avez guère de barrières, d'autres en ont et il faut que vous en teniez compte.

Athlète : vous recherchez la stabilité et l'équilibre dans vos relations avec les autres. Pour y arriver, vous devrez contrôler vos émotions.

Atlas : vous rencontrerez des gens qui se croient malins. Vous les détecterez et éviterez ainsi de tomber dans le piège matériel qu'ils vous tenderont.

Âtre : *feu dans l'âtre du foyer :* des inconnus que vous croiserez peuvent entrer dans votre vie. Il pourrait ensuite s'établir une belle communication amicale.

Attacher : *quelqu'un :* vous mettrez toute votre énergie à réussir vos tâches. Plus vous en accomplirez, plus on vous en demandera. Cela vous donnera un sens de perfection, le désir d'aller plus loin, l'ambition de vous dépasser ;

être attaché : vous avez besoin d'un miroir qui mime avec exactitude ce qui est irrévocable en vous. Au fond, vous savez très bien ce qui vous convient.

Attaquer : vous n'êtes pas capable de vivre seul et bien souvent votre hypersensibilité vous empêche de communiquer facilement. Dramatisez moins et tout ira mieux.

Attelage : vous avez le goût de prendre congé, de vous esquiver, de trouver de bonnes raisons pour vous absenter, pour fuir vos responsabilités. Si vous le faites et savez que vous êtes essentiel au travail en cours, une perte vous attendra au détour.

Attendre : *quelqu'un vainement :* le succès et ses conséquences vous font peur. Il serait temps d'y réfléchir. Quand on pleure sur son sort, c'est facile de trouver une oreille attentive. Tandis que la réussite, elle, n'attire le plus souvent que la jalousie et la mesquinerie des perdants.

Attendrir : vos sentiments peuvent brouiller votre sens critique et vous pousser à vous engager dans des relations peu valorisantes pour vous.

Attirer : votre résistance physique vous permet d'abattre beaucoup de travail. Vous vivez une stabilité matérielle et financière.

Attraper : vous aspirez à consolider vos acquis. L'aventure n'est pour vous qu'un moyen de vous réaliser. Vous aurez avantage à persévérer dans l'organisation méthodique de votre vie.

Aubaine : attention de ne pas vous replier sur vous-même. Ouvrez votre esprit et votre cœur aux autres. Le partage est une source de bonheur et de joie.

Au-delà : idéaliste, vous cherchez la perfection dans à peu près tout. Des parents proches se manifesteront en cherchant à vous ouvrir les yeux sur vos problèmes. En plus, ils sont susceptibles de vous faire découvrir de nouvelles avenues dans le domaine où vous œuvrez.

Augmenter : vous ne tenez plus en place et la routine vous pèse terriblement. Défoulez-vous dans des secteurs d'activités où vous vous dépenserez physiquement.

Aumône : évitez les intrigues, les phrases à demi formulées, les suppositions. On interpréterait mal vos paroles. Votre réputation pourrait en être affectée.

Aura : si personne ne répond à vos questions, c'est sans doute qu'il n'y a pas de réponse pour le moment. Faites preuve de patience, n'essayez pas de brûler la chandelle par les deux bouts. Les choses arriveront en temps et lieu.

Auréole : vous êtes influencé par les autres, vous devenez dépendant d'eux. Vous devez arriver à affirmer vos idées et vos convictions.

Aurore : vous êtes plus vulnérable, plus fragile, moins certain de vous. À la moindre remarque, vous vous imaginez pire que vous ne l'êtes. On ne peut être aimé par tout le monde. Vous le savez, il faut l'accepter.

Autel : il y a de l'affolement dans l'air. Chacun pense qu'il a le droit d'exiger de l'autre. Si vous avez une nature autoritaire, vous l'admettez rarement. Vous ne vous voyez pas ainsi.

Auteur : *écrivain :* laissez-vous aller au rire, à un peu de folie, cela vous détendra. Lors d'une réunion, vous apprendrez que certains ont une façon de vivre très opposée à la vôtre, mais que cela fonctionne quand même.

Autobus : *en voir un :* si vous êtes un être attentif, dévoué, vous serez étonné de l'attention qu'on vous portera ou d'un cadeau que vous recevrez ;

monter dans un autobus : vous aurez des intuitions spontanées. Faites taire votre esprit, votre raisonnement vous induit parfois en erreur ;

manquer l'autobus : en affaires, vous pourriez être en face d'un ennemi. Vous le pressentirez et contournerez sa stratégie.

Automate : affirmez votre personnalité. Vous aurez l'occasion de faire entendre votre opinion, et ce, dans des circonstances très heureuses pour votre avenir. Par conséquent, soyez sans cesse en éveil et ne manquez aucune des conversations importantes qui se dérouleront autour de vous.

Automne : *paysage automnal* : vous avez l'impression qu'on abuse de votre bonne nature. Mais n'êtes-vous pas responsable de cet état de choses ? À vouloir trop bien faire, vous n'avez sans doute pas indiqué à votre entourage qu'on devait respecter une certaine limite.

Automobile : le symbole de l'image de soi ;
automobile conduite par un autre : les choses simples deviennent complexes. Il semble que la vision des gens soit égocentrique. Votre entourage vous laisse tomber. Vous ne devez vous fier qu'à vous ;
mauvais conducteur : vous êtes susceptible, les occasions de vous emporter ne manqueront pas. Vous aurez même l'impression que certains feront tout pour vous contredire ;
manquer d'essence : attention, il y va de votre propre vision des choses ! Il y a des jours où on dramatise à cause d'un trop-plein de frustrations accumulées. Il faut en prendre conscience.

Autoroute : on peut vous complimenter, car vous êtes de ces personnes qui savent respecter leurs engagements face à une autre personne. La confiance est un élément important pour vous.

Auto-stop : *faire du pouce* : vous devrez surmonter quelques inconvénients, mais cela ne vous dérangera pas tellement. Vous aurez de la facilité à supporter ces changements avec patience et humour, ce qui vous aidera à traverser cette période avec sérénité.

Autruche : on vous donnera ce que l'on croira être de bons conseils. Mais ne vous y fiez pas plus qu'il ne faut. Votre jugement est encore le meilleur et vous savez ce dont vous avez besoin. Refusez avec tact l'aide que l'on vous offrira.

Avalanche : *en voir une* : vous aurez des résultats plutôt satisfaisants à la suite de vos démarches. Dans l'ensemble, les gens sont plus calmes, plus rassurés, plus raisonnables en ce qui concerne leurs droits et leurs actions ;
être enseveli sous une avalanche : soyez original sans choquer, sans imposer votre propre fantaisie et sans condamner ceux qui ne vous suivent pas. Vous avez tendance à aller à contre-courant, à vouloir vous distinguer, à développer une pensée qui va à l'encontre de la majorité ;

voir d'autres personnes ensevelies sous une avalanche : sur le plan sentimental, vous obtiendrez l'harmonie en comprenant vos vrais besoins et ceux de l'être aimé. Souvent, un conflit se déclare parce qu'on n'a pas su identifier ses attentes et celles de l'autre.

Avaler : cherchez en vous le côté positif et évitez de sombrer dans le négativisme en jouant le martyr. Vous éprouverez alors un sentiment de fierté, qui vous donnera l'énergie de vous battre.

Avancer : vous avez besoin de vous isoler pour faire le bilan de votre vie. Vous allez prendre conscience que votre travail doit avoir une dimension humaine. Sans viser de changements majeurs, vous envisagez une orientation différente dans vos activités.

Aventure : ne confiez pas vos secrets professionnels ou personnels. Les bavards et les méchantes langues jalouses de votre succès se feront un plaisir de vous démolir vis-à-vis des autres.

Avenue : on vous félicite, car vous êtes une personne qui sait respecter ses engagements face aux autres. La confiance est un élément important pour vous.

Averse : retenez votre langue si vous avez quelques bêtises ou de sévères reproches à faire à une personne distraite. Vous pourriez commettre une injustice et vous attirer des foudres pires que vos paroles.

Avertir : comme toute personne qui possède de multiples talents, vous avez également de nombreux défauts, le plus important étant l'orgueil. Cela vous joue de mauvais tours et vous aveugle dans vos activités quotidiennes.

Aveugle : vous serez porté à juger ce que vous voyez ou entendez. Cela vous choquera, mais vous ne connaissez pas toute l'histoire, même pas le commencement.

Avion : sur le plan sentimental, rien n'est certain dans votre couple, et des discussions vives rendront la situation encore plus fragile. La décision finale vous incombe. Vous freinez l'impulsion négative. Vous faites un effort pour voir clairement et sagement où vous en êtes.

Avironner : *se voir avironner* : vous prenez les choses en main, une idée vous conduira loin, vous avez plus de vitalité et votre foi en vous vous permettra de puiser des forces nouvelles.

Avocat: il vous faudra juger une situation peut-être bien dramatique. Soyez objectif. Détachez-vous de vos convictions personnelles qui n'ont aucune référence avec la raison.

Avortement: vous aurez un contact avec une personne que vous n'aimez pas particulièrement pour un motif que vous n'arrivez pas à saisir, mais qui peut vous apporter beaucoup sur le plan des valeurs spirituelles et même en ce qui concerne l'équilibre de votre vie intérieure.

Avouer: vous serez plus détendu après avoir compris que vous n'êtes pas vraiment menacé par votre environnement.

Axe: ne prenez pas trop au sérieux les serments d'amour qu'on pourrait vous faire. On est sincère, mais certaines personnes sont simplement amoureuses de l'amour. Faites en sorte de ne pas souffrir d'une déception sentimentale qui risquerait de vous laisser avec une trop grande déception.

Azalée: représente la richesse et les honneurs;
azalée pâle: vous vous demandez si vous n'avez pas construit votre vie sentimentale sur de fausses bases;
azalée de couleur vive: ardeur exaltée, violente, audacieuse; réalisation des possibilités latentes.

B

Babiole: vous ressentez une certaine paresse. La routine vous rebutera et vous n'aurez pas le goût au travail. Il vous faudra beaucoup de volonté pour ne pas céder à l'indifférence qui aurait des conséquences fâcheuses pour la conservation de votre emploi.

Bactérie: c'est le moment de reprendre tous vos esprits, de mettre les choses au clair. Vous ne faites pas votre vie, vous menez celle que les autres veulent bien vous imposer. Réveillez-vous!

Badaud: vous tenez à votre dignité personnelle et, pour l'assurer, vous vous êtes fixé un but, vous organisant avec méthode pour ne rien perdre de ce que vous aviez investi: argent, temps et énergie.

Badge: beaucoup d'activité au travail. Vous devrez avoir la tête partout à la fois. Votre souci de perfection, d'absolu, sera mis à rude épreuve.

Bagage : *porter des bagages :* contretemps, rendez-vous remis, papiers égarés, divers retards ; tout cela a toujours été inclus dans votre vie. Toutefois, il y a des jours où tout arrive en même temps ;

faire ses bagages : attention à des ententes qui n'offrent aucune garantie. Ne laissez rien au hasard, surtout s'il est question d'argent.

Bagarre : vous aimeriez bien aider certaines personnes. Cependant, elles refusent vos conseils et préfèrent se faire plaindre. Ne vous acharnez pas à sauver une personne qui ne veut pas être sauvée.

Bague : vous recevrez de bonnes nouvelles que vous attendiez depuis un bon moment. Vous serez satisfait en ce qui concerne votre productivité.

Baguette magique : *faire de la magie :* vous devez modérer votre élan, surtout si un événement complique les choses ;

voir faire de la magie : l'agitation grandit chez l'autre sexe. Pesez les faits avant d'agir.

Bahut : si vous vous attendiez à un avancement ou à des changements, vous jouirez d'excellentes conditions.

Baie : les horizons lointains vous attirent. Vous prospectez des possibilités et prenez de bonnes dispositions pour y arriver. Mais ne vivez pas uniquement pour demain ; vivre aujourd'hui est aussi important.

Baignade : votre désir de changement vous empêche de vous concentrer sur votre travail. Pis, vous vous interrogez sur la validité de vos efforts. Il faut lutter contre ce doute, sinon rien de valable ne sera accompli.

Baignoire : *vide :* sur le plan sentimental, s'il y a des tensions, mais que vous teniez à poursuivre votre union, ne les alimentez pas par des insinuations et des attaques, si minimes soient-elles. Soyez délicat dans la façon d'exprimer vos désirs et vos besoins ;

baignoire pleine : vous aurez la sensation de vous égarer sur une autre planète, mais d'y trouver une impression de bien-être, de faire des choses nouvelles, des découvertes, tant sur vous-même que sur les autres.

Bâillement : vous avez l'esprit agile et la répartie facile. Rien ne vous arrête quand vous croyez à ce que vous faites.

Bain : *voir* Baignade.

Baiser: *embrasser:* période de votre vie où tout se passe rapidement. C'est comme si vous étiez la seule personne disponible et responsable. Votre entourage sait qu'il peut se fier sur vous;

éviter un baiser: vous pourriez être sec, même intolérant à certains moments. Surveillez vos réactions quand on ne répond pas à votre demande. Un peu plus de diplomatie avec un beau sourire et on vous répondra par l'affirmative;

embrasser des enfants: vous vous questionnerez sur vos valeurs, sur vos expériences, en ce qui concerne, par exemple, votre travail, votre vie amoureuse. Les réponses vous parviennent du plus profond de votre âme.

Bal: *prendre part à un bal:* une personne s'intéresse à vous tout particulièrement et vous en êtes ravi.

Balade: *avoir de la difficulté à marcher:* on peut y voir l'expression du complexe d'abandon, souvent accompagné de la peur de la vie et du désespoir;

se balader: représente la régénération, la pulsion sexuelle et le désir amoureux.

Balai: bonne période pour observer autrui, surtout ceux qui ont du succès, pour savoir comment ils s'y prennent. Vous apprendrez beaucoup. Des petits trucs permettent parfois de prendre une avance ou d'avoir un avantage.

Balance: période de réflexion et d'intériorité. Vous avez du mal à communiquer avec l'extérieur, à moins que vous ne rencontriez des gens compréhensifs qui ressentent ce remous intérieur qui vous envahit jusqu'à vous empêcher de vous comprendre vous-même.

Balançoire: vous avez le choix entre venir en aide à quelqu'un ou vous sauver devant les peines d'une personne que vous connaissez ou d'un inconnu qui réclame votre générosité.

Balcon: *vue du balcon:* vous réfléchissez sur certaines de vos dépendances, parfois sur l'amour de l'autre sans lequel vous ne pourriez survivre;

le balcon s'effondre: un peu de folie dans l'air. Vous désirerez revoir vos amis, fêter avec eux. Si vous les avez délaissés ces derniers temps, ils se feront prier, mais ils finiront par accepter si vous insistez.

Baleine: vous avez peut-être l'impression de perdre le contrôle face aux événements qui se bousculent à un rythme qui dépasse votre entendement. Devant cette escalade, vous serez tenté de prendre le large à toute vitesse. N'en faites rien. Il s'agit de vos responsabilités, prenez-les et foncez. Les résultats seront très positifs.

Ballet: nouveaux amis, réussite sociale, extase, identification à l'unité; force cosmique à la fois génératrice et destructrice.

Ballon: vous aurez des problèmes si vous laissez l'impulsivité vous dominer et dicter votre conduite. Il est facile de s'emporter. Vous trouverez les mots pour justifier une colère contre un proche.

Baluchon: vos amours sont au mieux et le resteront si vous savez échapper aux écueils de la jalousie et de la possessivité. Votre conjoint vous aime et vous respecte. Vous pouvez lui faire entièrement confiance.

Balustrade: vous vous découvrez une force de récupération qui vous étonnera. La vie vous semblera plus belle et vous vous mettrez à faire des projets de toutes sortes.

Bambocher: vous ressentirez les choses de façon très nette et vous ferez des gestes que les autres ne comprendront pas, mais qui réussiront au bout du compte. Laissez-vous guider par votre instinct, qui est votre meilleur atout actuellement.

Banane: *manger une banane:* l'ego vous chatouille et vous retient, vous empêchant de communiquer avec des gens de valeur. Prenez conscience de ce qui se produit en vous et autour de vous. Cessez de croire que ce que vous désirez pour vous, les autres le veulent aussi.

Banc: *s'asseoir sur un banc:* période de votre vie où vous êtes plus serein. Vous pouvez même calmer une tempête en vous. Vous ne luttez pas. Vous vous laissez emporter par la vague qui vous dépose gentiment là où vous vouliez aller.
grimper sur un banc: vous avez du succès dans vos négociations grâce à la souplesse et à des arguments forts, énoncés en douceur.

Bandage: de nouvelles personnes font leur entrée dans votre vie professionnelle. Les ententes se feront rapidement. Vous savez écouter et respecter le rythme sur lequel sont branchés ces nouveaux arrivants.

Bande: c'est avec beaucoup de joie que vous retrouverez un ami que vous n'aviez pas vu depuis longtemps. Mais vous ne pourrez vous empêcher de constater combien le temps l'a changé.

Bandeau: prenez le temps de renouer et de cultiver vos relations interpersonnelles afin de vous permettre d'exprimer votre sincérité et votre assurance. La personne chère sera nerveuse et irritable de sorte que vous devrez faire preuve de patience.

Bander : *dans le sens d'attacher :* accomplissez vos tâches avec persévérance. Ne franchissez pas le mur qui sépare votre travail de votre vie privée.

Bandit : *attraper un bandit ou voir un bandit :* vous souffrez d'une grande insécurité et de solitude, et vous êtes incapable de vous en sortir. N'étant pas très sensible à ce qu'éprouvent les autres, qu'ils soient étrangers ou proches, vous êtes exclusif dans le choix de vos affections et exigez la plupart du temps une fidélité parfaite.

Banque : *retirer de l'argent de son compte en banque :* ne signez rien si vous n'êtes pas totalement persuadé de l'offre que l'on vous fait. De beaux parleurs vous courtisent ;
    déposer de l'argent : sur le plan sentimental, vous êtes séduisant. L'amour devrait s'installer solidement dans votre vie si cela n'est pas déjà fait. Et il sera question d'enfant.

Banqueroute : *voir* Faillite.

Banquet : vos humeurs ont tendance à varier rapidement. Vous confondez l'attaque et la moquerie. Au travail, vous serez plus impatient, intolérant, pressé, sans savoir pourquoi.

Banquise : la meilleure façon de prendre vos responsabilités est encore d'y voir vous-même. Ne déléguez pas trop. On ne saurait donner à ces tâches l'importance que vous-même leur accordez.

Baptême : votre esprit est vif. Il vous donne des intuitions et même des déductions précises provenant de votre subconscient. Vous avez une bonne mémoire. Il se peut que vous retrouviez une personne, par hasard, de qui vous n'aviez plus de nouvelles depuis longtemps. Vous vous souviendrez alors de tout ce qui s'est passé à cette époque.

Bar : vous vivez une période où il est facile de rompre sur un faux prétexte, juste parce que la liberté chatouille. Si vous avez déterminé vos besoins affectifs, vous êtes bien avec vous-même et savez qui les satisfera.

Barbe : *longue :* vous pourriez être agacé au travail. Malgré tout, vous donnerez un très bon rendement, dont on sera entièrement satisfait ;

se raser la barbe : vous êtes en pleine réorganisation de votre vie personnelle ou professionnelle. Vous remuerez en vous mille idées contradictoires. Les réponses à vos questions viendront plus tard;

tailler sa barbe : il n'est jamais facile de se défaire de mauvaises habitudes. Vous dépenserez une grande énergie pour vous débarrasser d'une d'entre elles. Quand vous aurez réussi, vous pousserez les gens à en faire autant.

Barbecue : évitez les bavardages inutiles. N'écoutez pas les commérages. Si vous les entendez, oubliez-les. N'allez surtout pas y ajouter votre petit mot. On le retiendrait. Vous seriez vite qualifié de commère, alors même que vous avez si peu participé à une diffusion plus négative que positive.

Barbier : vous avez subi des frustrations et vous avez envie de vous offrir un luxe qui pourrait dépasser votre budget. Ou encore, vous désirez acheter un cadeau à une personne qui n'en mérite pas tant parce que, tout à coup, vous avez l'impression de lui devoir beaucoup.

Barboteuse : *se baigner dans une barboteuse* : représente la pureté, la vertu et la chasteté.

Barbouiller : la personne qui vous aime sera portée aux impatiences, à l'irritation et se montrera agacée devant la répétition de certains propos.

Barioler : *voir* Barbouiller.

Barmaid : votre sensualité est très vive. Mais essayez de ne pas devenir victime de vos rapports avec le sexe opposé. La personne qui vous intéresse pourrait se rendre compte de votre faiblesse et en abuser pour mieux vous dominer.

Barman : sur le plan sentimental, vous êtes actuellement dans une période de compréhension et de tolérance. Ce qui vous agaçait au plus haut point vous laisse maintenant indifférent.

Baromètre : risque de conflits entre l'argent et les sentiments. Vous devrez faire face à un dilemme qui sera peut-être déchirant. Ne perdez pas de vue vos priorités et faites des sacrifices s'il le faut.

Barque : votre entourage ne vous secondera pas tellement. Prenez le temps de réfléchir avant d'entreprendre quoi que ce soit. Peut-être vous engagez-vous dans une voie dangereuse. Soyez sur vos gardes.

Barrage : au travail et à la maison, il y aura de l'action. Vous auriez plutôt envie de tranquillité. Participez aux rires. Il y en aura ici et là malgré vos sombres réflexions sur la vie courante et un quotidien pas toujours facile.

Barre : ceux qui ont besoin de vous seront enchantés par vos manières extrêmement simples et bienveillantes, qui inspirent la confiance.

Barreau : vous êtes plongé dans la réalité et la compétition s'annonce féroce. Ne jouez pas le jeu de l'agressivité. Restez simple, mais ferme. Gardez votre contrôle mental malgré des attaques souvent insignifiantes.

Barrière : vous accordez à vos semblables le plus grand crédit et vous ne mettez aucunement en doute leurs paroles, leurs pensées ou leurs sentiments.

Bas : *féminins* : représentation sexuel du désir : l'amour est au rendez-vous. Comment pourriez-vous poursuivre sainement votre vie sans un échange amoureux ? Il y manquerait cet autre qui peut vous répondre quand vous questionnez ;

lorsque les bas sont déchirés : vous êtes inspiré d'une grande sagesse, vous trouverez des solutions douces à vos problèmes avec de la patience face à ceux qui cherchent le conflit et les discussions vives ;

bas masculins : vous attirez les séducteurs, mais ce n'est jamais eux qui éteindront l'incendie qu'ils auront provoqué dans votre cœur. Ils s'en tireront toujours en vous laissant une petite blessure à guérir.

Basculer : tout est tellement figé que vous trouvez la vie passablement ennuyante. Par contre, sur le plan financier, c'est un peu trop agité à votre goût.

Baseball : *jouer au baseball* : c'est un plaisir pour vous que le travail en ce moment. Vos nombreuses réussites font que même un excès de travail peut vous être salutaire. Évitez cependant les excès d'autorité qui pourraient vous faire perdre d'excellentes collaborations.

Basilic : votre côté sociable reprend le dessus. Il vous est maintenant facile d'entrer en contact avec des gens que vous n'aviez pu joindre pendant quelques jours.

Basilique : *en voir une* : vous cherchez la sécurité ;

entrer dans une basilique : vous retrouvez votre confiance ;

prier dans une basilique : vous êtes en quête de spiritualité profonde ;

voir brûler une basilique : vous avez de mauvaises intentions.

Basse-cour: vous découvrirez de nouvelles façons de vous faciliter l'existence, ce qui poussera votre entourage à vous traiter d'excentrique. Mais cela vous laissera totalement indifférent.

Bassin: une personne du sexe opposé vous influencera beaucoup sur toutes les questions qui vous trottent dans la tête.

Bataille: vous avez tendance à vous réfugier dans votre routine quotidienne. Vous aspirez à la solitude, mais il ne sera guère facile d'y accéder pour différentes raisons.

Bateau: votre insécurité n'est en réalité que le fruit d'un esprit mal orienté, dont l'éducation le porte à tout prendre sans rien donner. Mais parfois, il faut un choc pour reconnaître que l'autre est aussi important que soi, et que sans lui on n'est rien.

Bâtir: vous pouvez espérer l'amélioration de vos finances. Le secteur professionnel garde toujours une place pour des êtres comme vous. Il est temps de montrer votre intelligence.

Bâton: vous devez adapter vos valeurs spirituelles. Les anciennes ne répondent plus à rien, sauf à une expérience par laquelle il fallait passer pour entrer dans une étape suivante.

Bavardage: vous avez le goût de construire des choses, mais la patience sera nécessaire, car cela prendra du temps à se matérialiser.

Baver: *en baver:* consolidez vos liens affectifs et montrez-vous moins distant avec l'être aimé. Votre relation de couple sera momentanément morose, mais la passion reviendra;
se faire baver: votre partenaire traverse une période difficile et vous devez lui injecter une bonne dose d'optimisme.

Beaux-parents: de joyeux événements sont dans l'air et cela fait galoper votre imagination effrénée. Vous ne manquerez pas d'énergie, au point même parfois de mal mesurer les conséquences de vos actes.

Bébé: *attirant:* la vie n'est que mouvement. Vous devrez poursuivre votre transformation, qui nécessitera des prises de conscience. Rien ne sert de vous accrocher à votre passé qui n'est plus qu'un souvenir;
bébé laid: vous cesserez de vous remémorer ce qui vous fait mal pour ne plus être affecté par votre conscience;

bébé abandonné: l'amour n'est plus interdit. Si vous avez été méfiant, l'éclaircissement se fait. Vous serez ainsi libre d'aimer et d'être aimé dans un beau partage;

bébé marchant: vous faites parler de vous. Vous aurez plusieurs invitations à vous joindre à des membres de votre famille. Vous irez également chez des amis très proches;

plusieurs bébés: vous avez le sens de l'initiative, le don d'arriver au bon moment et de rencontrer des personnes aimables et qui, en même temps, vous sont utiles pour atteindre votre objectif.

Bec: *en donner un*: un mystère se dissipe et vous vous rendrez compte tout à coup de ce qui se passe au bout de votre nez. Ne vous sentez pas idiot, mais prenez la décision d'être plus conscient de ce qui se passe autour de vous;

en recevoir un: une communication que vous recevez galvanise votre vitalité. Soyez sûr de ne pas épuiser vos ressources. C'est bien d'être dynamique, mais pas du tout de vous épuiser.

Bégayer: *soi-même*: vous prenez des décisions impulsives au sujet de votre vie sentimentale. Votre grand besoin d'être mêlé à des activités physiques, à la recherche du plaisir, pourrait vous pousser à exagérer et à nuire à votre santé;

voir quelqu'un d'autre bégayer: vous avez de nombreuses idées créatrices, mais vous éprouvez des difficultés en essayant de les imposer aux autres. Soyez sûr que ces idées sont très enrichissantes pour vous; à ce moment-là, tout deviendra facile.

Beignet: *appétissant*: vous découvrez que vous pouvez émouvoir les autres grâce à votre sincérité et à votre honnêteté;

manger beaucoup de beignets: votre attitude énergique et positive face à votre travail est remarquée. Cela vous valorisera bientôt.

Belvédère: *s'y retrouver et regarder le paysage*: période amoureuse très intense et nettement passionnelle. Chacun dans votre vie de couple retrouve naturellement sa place et tout se passe avec bonheur.

Bénédiction: *être béni*: très possessif sur le plan affectif, vous étendez ce besoin de conserver à tous les domaines de votre existence.

Bénéfice: vous avez tendance à sous-estimer la valeur du travail de vos collègues. Votre attitude peut aller jusqu'au dénigrement, ce qui pourrait provoquer certains conflits. C'est essentiellement le stress qui vous pousse à juger aussi sévèrement l'apport des autres.

Bénir: c'est en prouvant votre valeur, par la réussite sociale ou professionnelle, que vous espérez vous faire respecter, régner en maître sur votre entourage. Vous vivez actuellement dans un état de forte tension, puisque vous êtes uniquement préoccupé par la réalisation de cet objectif.

Béquilles: *s'en servir*: vous obtenez beaucoup de succès, mais votre agressivité fait que les autres vous en veulent. C'est avec tact et considération que vous obtiendrez de meilleurs résultats;
voir quelqu'un d'autre se servir de béquilles: vous êtes très romantique et il est possible que vous soyez entraîné dans une nouvelle aventure sentimentale.

Berceau: les gens qui vous entourent sont plutôt stimulants mais par moments, vous les trouvez un peu trop envahissants.

Berceuse: il est temps de mettre un petit grain de folie dans votre couple. Des occasions inespérées vous aideront à briser la routine.

Béret: *en mettre un*: vous vous activez avec persévérance dans le but d'augmenter votre autorité et votre influence sur votre entourage. Si votre amour de l'indépendance vous inspire les moyens d'échapper aux jougs les plus pressants, vous possédez l'art de subjuguer;
enlever un béret: bien que vous soyez peu tendre, vous avez besoin d'affection, de caresses et de considération. Aussi adoptez-vous un comportement séduisant, en surface... sans pour autant sacrifier vos ambitions ou votre liberté. Car, en réalité, vous êtes plutôt égoïste et indifférent au bonheur des autres;
perdre son béret: angoissé à la pensée de voir s'écrouler la situation à laquelle vous êtes parvenu et qui vous apporte estime et considération, vous feignez l'indifférence et manifestez une certaine sécheresse à l'égard des autres afin de ne pas laisser transparaître votre intention de défendre jusqu'au bout vos positions.

Besogner: les efforts que vous avez déployés afin d'améliorer le sort de la communauté ou votre situation domestique commencent à porter fruit.

Bête: votre santé s'améliore, car il y a moins de conflits et de tension autour de vous. Votre entourage est plus réceptif à vos idées et à vos décisions.

Bêtise: le charme que vous démontrez arrangera bien des choses. Vous serez enthousiaste et tellement plus disponible pour l'être cher.

Betterave : *manger des betteraves :* de nature soumise, vous ne cherchez pas à dominer votre entourage, à vous imposer. Au contraire, vous manquez souvent de courage pour affirmer ou pour défendre vos droits. Vous préférez la tranquillité et l'anonymat. Cependant, vous aimeriez avoir un caractère plus ferme, une forte volonté.

Beurre : vous pourriez devenir plus ambitieux, dynamique et déterminé. Vous êtes irrité parce que les choses n'avancent pas assez vite. Vous risquez d'ailleurs de vous laisser emporter. Votre jugement est erroné parce que vous êtes trop impulsif.

Beuverie : *prendre part à une beuverie :* une personne s'intéresse à vous tout particulièrement et vous en êtes ravi.

Bévue : le charme que vous exercez arrangera bien des choses. Vous serez enthousiaste et tellement plus disponible pour l'être cher.

Biberon : cette période est faite d'optimisme et de gaieté. Vous êtes particulièrement agréable et plein de tact. Vous exprimez facilement votre amour et votre affection.

Bible : *lire un passage de la Bible :* l'être cher apprécie votre délicatesse et vos attentions touchantes. Habituez-vous à satisfaire vos petits désirs quotidiens au lieu de les réprimer. Ayez confiance en la vie.

Bibliothèque : vous avez tendance à regarder le monde à travers des lunettes roses. Cela rend votre vie sociale très active. Vous risquez d'être mêlé à une nouvelle aventure sentimentale.

Biceps : *développer ses biceps :* votre besoin de bien paraître et votre goût de l'esthétisme vous feront faire des dépenses dans le but d'améliorer votre image. Vous êtes conscient de l'influence qu'une belle apparence peut avoir sur les autres.

Bicyclette : soyez plus compatissant et courtois envers votre entourage. Les paroles hâtives et les déclarations irréfléchies risquent de se retourner contre vous ;

pédaler : vous auriez tort de succomber à la tentation de serrer les cordons de la bourse. Vérifiez plutôt attentivement les petites dépenses inutiles que vous faites quotidiennement ;

difficulté à avancer : ne vous fiez à personne. Votre style personnel et votre approche originale sont la clé de votre réussite. Vous plaisez à beaucoup de monde et quelqu'un vous le fera savoir.

Bière : léger ralentissement dans votre vie. Une baisse de vitalité vous fait réduire vos activités à l'essentiel. Votre esprit est pratique et ne s'encombre pas de détails inutiles. Si vous n'êtes pas sage, des discussions dégénéreront en conflit, voire en dispute.

Bifteck : *manger un bifteck :* des améliorations au foyer. Votre bien-être et votre confort vous épanouissent.

Bifurcation : votre vie affective promet d'être mouvementée. Une liaison amoureuse passionnante est possible, mais elle devra rester secrète.

Bijou : *de valeur :* on compte sur vous pour trouver des solutions aux problèmes qui se présentent à la maison. On se fie sur vous pour corriger une situation. Un membre de votre famille a besoin de votre aide, il ne peut se fier à personne d'autre ;
bijoux de fantaisie : un peu d'agressivité dans l'air. Les gens sont pressés, parfois impolis, incorrects. Gardez le sourire, vous avez la liberté d'être un pacificateur ;
offrir ou recevoir des bijoux : à la maison, vous donnerez des ordres sans vous en rendre compte et créerez un climat rempli de tensions.

Billard : vous exprimez clairement vos idées. Vos demandes sont précises. Elles résultent des conséquences logiques aux divers déroulements des événements.

Billet : *contravention :* votre besoin d'indépendance et de liberté risque fort de vous jouer de mauvais tours ;
billet d'un spectacle : vous êtes passionné et rusé, affichant une nature énergique, audacieuse et charmeuse afin de conquérir l'attention d'autrui avec les plus beaux apparats.

Biner : votre sens pratique sera plus développé que vous voudrez bien le laisser croire, même si vous affichez une nonchalance en regard de certains aspects du quotidien.

Biscuit : *en manger :* vous parlez d'amour pour un tout ou pour un rien. Vous oubliez les nuances, la passion vous envahit ;
cuisiner des biscuits : vous aurez le don d'arriver au bon moment, d'être à la bonne place, en face de personnes influentes. Celles-ci apprécient ce que vous êtes et ce que vous faites.

Bisexué : *se voir porteur du sexe féminin et masculin en même temps :* le message est évidemment sexuel : soit un manque affectif ou sexuel compensé par des déviations sexuelles, soit des préoccupations tout à fait légitimes de satisfactions sexuelles.

Bizarre: des contacts enrichissants et des changements favorables seront très appréciés et très avantageux. Par contre, vous auriez avantage à éviter les excès de table qui constituent votre seul handicap.

Blafard: *avoir le teint blafard*: décidé à préserver votre autonomie personnelle, vous avez une parfaite maîtrise de vous et de vos désirs. Vous n'êtes pas obsédé par la recherche de sensations fortes. Vous êtes fier de votre moralité, mais vous ressentez secrètement d'inquiétantes sensations; le refoulement et le refus de tendresse pourraient susciter des désordres sexuels que vous ne pourriez plus contrôler.

Blague: votre ouverture d'esprit ne ment pas. Vous concevrez avec un rare bonheur l'idée créative qui vous fournira la solution à un problème épineux.

Blâmer: *être blâmé*: vous déciderez de consacrer un peu de temps aux gens en difficulté. Il soufflera un vent de solidarité dans votre vie. Il n'est pas nécessaire de réaliser de grandes œuvres pour être quelqu'un; il suffit de donner à ceux qui en ont besoin;
blâmer quelqu'un: les sujets de conversation seront sérieux. La vie vous rappelle qu'il faut vous protéger, vous mettre à l'abri pour l'avenir, pour la famille.

Blanc: représente la pureté et la perfection.

Blanchisseuse: *laveuse*: vous aurez envie de séduire et vous y arriverez très bien. Mais vous foncez sans vous poser de questions, car vous êtes toujours convaincu d'avoir raison. Cela agace votre conjoint.

Blé: votre vivacité d'esprit et votre intuition vous permettent d'orienter certaines décisions. Mais vous aurez à travailler plus fort que d'habitude.

Blessure: *être blessé*: votre profession pourrait vous mettre en face d'un menteur ou d'une personne qui compétitionne malhonnêtement en essayant de détruire votre réputation. Vous vous défendrez bien;
blesser quelqu'un: vos qualités sont évidentes, nul besoin d'en faire une démonstration. On vous approuve dès que vous apparaissez quelque part. Votre magnétisme est puissant.

Bleu: *pâle*: vous vous demandez si vous n'avez pas construit votre vie sentimentale sur de fausses bases;
bleu foncé: ardeur exaltée, violente, audacieuse, réalisation des possibilités latentes.

se faire des bleus : la vie vous conduit au monde pratique, organisé. La logique est essentielle dans bien des situations. Des gens s'émeuvent et perdent le contrôle autour de vous. Mais vous gardez la tête froide. Vous trouvez des solutions même si elles sont temporaires ;

avoir les bleus : vous êtes trop susceptible. La moindre petite injustice à votre égard et vous réclamez haut et fort réparation. Ou, au contraire, vous rentrez en vous-même et vous vous inquiétez pour tout. Le meilleur moyen de vous relaxer serait de faire un peu de sport ou des exercices.

Blinder : il peut vous arriver de vouloir aider une personne qui ne tient nullement à transformer sa situation. Au fond, elle préfère se plaindre plutôt que d'être forte et autonome. La meilleure leçon à donner, c'est de vous éloigner.

Bloquer : de lourdes responsabilités vous obligent à une gymnastique mentale intensive. Vous vous en tirerez assez bien malgré cet intense travail intellectuel.

Blouse : l'ambiance sera propice aux nouvelles rencontres. Vous avez besoin de vous changer les idées. Gardez l'esprit ouvert. La joie de vivre influence tous les aspects de votre vie.

Bœuf : votre imagination et votre esprit créatif seront mis en évidence. Vous surprendrez vos collaborateurs par votre vision nouvelle des choses et ils ne pourront qu'approuver vos idées.

Boire : votre jugement vous inspire dans vos affaires les plus compliquées et les plus urgentes. Vous avez le sens des décisions et de l'organisation ;

boire sans soif : si vous cherchez du travail, offrez vos services. Vous ne passerez pas inaperçu. On retiendra votre candidature, même si on ne vous donne pas immédiatement de réponse.

Bois : *fendre du bois* : vous êtes moins fatigué, cela vous permet de retrouver votre dynamisme et votre résistance. Vos idées jaillissent. Vous avez la répartie vive ;

brûler du bois : des discussions de couple sur l'argent pourraient se terminer en dispute si l'un des deux dépense plus que l'autre ne le voudrait ;

empiler du bois : au travail, vous serez combatif si vous croyez à une idée. Vous apporterez des preuves à vos affirmations, et parfois même devant des personnes de mauvaise foi ;

travailler le bois : vous voilà de nouveau maître de votre destin. Si vous avez le cœur à parler d'amour, vous aurez là le plus beau des discours.

Boisson : vous ferez briller votre étoile. On se bouscule pour obtenir vos faveurs. Mais une personne en particulier vous intéresse et vous ne voyez qu'elle. Essayez d'être plus objectif.

Boîte : *vide :* si vous travaillez, vous serez chargé d'un dynamisme extraordinaire. Vous pourriez remplacer une personne absente. Si c'est le cas, vous le ferez si bien que celle-ci craindra pour son poste ;
pleine : rien n'est gratuit, tout coûte quelque chose. Vous fabriquez votre chance en faisant des gestes, en agissant. Vous y mettrez du temps, des énergies et de la foi.

Boiteux : *se voir en boiteux :* vous n'avez pas besoin de faire d'effort pour plaire et charmer. Aussitôt que vous apparaissez, on ne peut plus détacher les yeux de vous ;
voir un boiteux : vous aurez de nombreuses discussions. Vous rencontrerez de nouvelles personnes. Ne portez aucun jugement sur les étrangers dont vous ne connaissez pas les antécédents ; vous pourriez vous tromper.

Bolide : vous souhaiteriez mener une vie plus intéressante, mais même si vous êtes attiré par la nouveauté et le changement, vous ne faites aucun effort pour satisfaire ce désir légitime. Vous préférez vous plonger dans la réflexion et approfondir la situation, refusant de vous confier ou de voir au-delà de votre univers immédiat.

Bombardement : l'amour passionné domine votre vie. Votre culte de la famille est très louable, même si on cherche à vous influencer pour que vous changiez votre philosophie de vie pour quelque chose de plus moderne.

Bombe : porté à l'amour exclusif et possessif, vous ne comprenez pas que l'on puisse vous abandonner pour quelqu'un ou quelque chose. Vous devrez apprendre à laisser plus de liberté à l'être aimé ; il vous en sera reconnaissant.

Bonbons : restez observateur, analytique et réceptif. Vous vivez une période favorable dans les domaines juridique et artistique. C'est aussi le temps de parler d'amour ou de faire une rencontre.

Bondir : des moments difficiles sur le plan financier pointent à l'horizon. N'attendez pas de l'aide de l'extérieur : fiez-vous à votre expérience.

Bonheur : *se sentir heureux :* vous fonctionnez au ralenti, bercé par une douce paresse qui, heureusement, n'aura aucune conséquence fâcheuse. Vous aurez le temps de vous organiser à votre guise.

Border : vous serez inspiré pour faire de bons choix et vous retiendrez ce qu'il est sage de préserver. Il y a et il y aura toujours des injustices dans ce monde.

Borgne : vous disposez de l'énergie pour épauler l'âme sœur, qui pourrait éprouver beaucoup de difficultés à passer au travers du chaos social et politique.

Bossu : *se voir bossu :* il y aura une remise en question des objectifs poursuivis. Le doute peut tout à coup vous assaillir. Vous êtes porté à voir les choses pires qu'elles ne le sont ;

voir un bossu : vos énergies, votre dynamisme vous permettront d'atteindre la forme maximale. Vous vous sentirez bien avec vous-même. Vous serez plus sûr de vous.

Botte : *les vôtres :* si vous êtes agressif, dommage pour les autres. Si vous bousculez des gens, vous pouvez vous attendre à ce qu'on vous fasse la même chose, ou pire ;

les bottes des autres : attention, vous aurez des moments d'épuisement si vous n'avez pas pris de repos depuis un bon moment ! Nourrissez-vous d'aliments énergétiques afin de tenir le coup.

Bouc émissaire : cela va beaucoup mieux que vous ne le croyez. En fait, jetez un coup d'œil autour de vous. Évaluez-vous vis-à-vis de tous les démunis qui vivent des problèmes beaucoup plus gros que les vôtres. Réveillez-vous ! Il y a beaucoup de choses devant vous.

Bouche : vous avez l'impression que votre existence peut devenir floue. Vous croyez que votre mental doit tout de suite trouver une réponse pour calmer votre crainte.

Boucher : *le commerçant :* vous constaterez que les affaires peuvent se mêler aux sentiments. C'est dans la collaboration que l'on se connaît ;

dans le sens de fermer : ne dédaignez pas les petits détails. Il y a loin du désir à la réalisation. L'autre sexe s'agitera parce que vous prendrez tout trop à cœur. Vous réagirez avec une tendance à tout dramatiser ce qui vous sera dit.

Bouchon : vous aurez envie de discuter de votre avenir avec des gens qui croient en vous et qui sont prêts à vous aider ou, du moins, à vous encourager. Regardez du côté de ceux qui sont restés près de vous depuis longtemps et qui ne vous ont jamais laissé tomber.

Boucles d'oreilles : si vous avez pris du retard dans votre travail, vous serez plus rapide, précis et très astucieux. Vous prendrez le bon raccourci et obtiendrez même un résultat supérieur à ce qu'on attendait de vous.

Bouclier : vos qualités sont reconnues. Des regards en disent long. On vous dévoilera des secrets de famille, mais il serait imprudent d'en discuter ensuite.

Bouder : comptez sur la sympathie de vos intimes. On vous encourage dans un projet. Les résultats dépasseront vos espérances.

Boudin : votre ingéniosité vous suggère des moyens inusités. Un point reste à éclaircir. Que votre imagination ne vous induise pas en erreur.

Boue : vous êtes capable de vous émouvoir devant la nature et d'en constater ses splendeurs. Vous reconnaissez qu'un tout-puissant se tient au-dessus de vous.

Bouée : vous passez des grandes questions existentielles aux aspects pratiques de la vie quotidienne. Vous vous organisez, vous faites des plans, vous agissez rapidement.

Bouffon : si vous suivez un régime alimentaire, vous serez tenté de tricher et l'occasion ne manquera pas de se présenter.

Bouger : c'est le moment de reprendre votre souffle, de réfléchir aux derniers événements. Il est peut-être temps de rectifier vos vues, de modifier l'organisation en cours, de vous aligner vers de nouveaux défis.

Bougie : *allumée :* votre satisfaction amoureuse renforce votre confiance en l'avenir ainsi que le sentiment de votre capacité à faire face aux difficultés et aux contrariétés ;

bougie éteinte : vous parvenez à maîtriser votre tendance à la moquerie ou à l'ironie. Vous dissimulez aussi vos véritables sentiments pour ménager la sensibilité de ceux qui vous entourent, parce que vous tenez à mériter leur estime et leur considération ;

cire coulante : vous avez une nature très vive, une intelligence subtile, un esprit pétillant. Vous n'êtes jamais à court d'arguments ;

cierge : votre goût de la liberté, du dialogue, des échanges peut s'exprimer dans votre profession. Tout en vous adaptant avec souplesse aux circonstances présentes, vous ne perdez pas de vue vos ambitions.

Bouilloire : *bouillante :* vous saurez exactement où vous voulez en venir lors d'une discussion et vous dirigerez les activités de manière à ce qu'on ne conteste pas vos idées ;

bouilloire vide : une personne pourrait commettre une bêtise au travail. Ne vous sentez pas obligé de la réparer à sa place. Cela pourrait vous mettre dans une situation difficile.

Bouillon : beaucoup de superflu vous entoure. Par contre, vous trouverez bientôt la solution à l'une de vos principales inquiétudes.

Boulanger : problème épineux. Prenez le taureau par les cornes. N'hésitez pas à raconter vos tracas à vos amis. Faites attention ! Même si le projet vous passionne, ne donnez pas votre assentiment trop vite.

Boule : bien que rien ne soit totalement parfait, vous êtes en bonne santé et vous vous arrangez fort bien avec le reste de la vie. De plus, vous serez là quand un ami aura besoin qu'on lui remonte le moral.

Bouleau : les petites vicissitudes de la vie n'auront pas de prise sur vous. Toujours épanoui, vous vous adapterez facilement aux nécessités du quotidien. Vous serez plus coquet et vous aimerez rompre avec la monotonie.

Boulet : *avoir un poids trop lourd sur les épaules* : vous êtes peu patient et peu tolérant, et les conseils des autres vous irritent. Cet entêtement et cette impatience vous nuisent et peuvent même perturber la bonne marche de vos affaires.

Bouleversement : vous êtes préoccupé par les détails. Vous aimeriez que tout soit en ordre, surtout si vous recevez des amis à la maison. Également, vous serez porté à la critique. Ne soyez pas trop surpris quand on vous répondra.

Bouquet : pour obtenir ce que vous voulez, vous devrez garder votre calme, mesurer la portée de vos actes et agir au moment où vous sentez que vous avez le contrôle de la situation. Comme vous êtes émotif, vous pourriez en dire plus qu'on ne vous en demande.

Bouquin : n'allez pas continuellement dire à votre partenaire quoi faire. Vous finirez par l'énerver et vous gâcherez de bons moments. L'amour se passe bien de quelques mots et se contente facilement de caresses et d'affection.

Bourdonnement : sachez vous arrêter quand vous êtes fatigué, surtout si votre tension artérielle n'est pas normale. Si vous manquez de souffle, ne faites pas le dur : consultez un médecin.

Bourgeon: l'autre sexe vous édifie, vous dévoile son cœur. N'hésitez pas à répondre à sa démarche.

Bourreau: vous voulez savoir ce que chacun fait en dehors de ses heures de travail. Ne cherchez pas à vous comparer à qui que ce soit. Lorsqu'on est bien avec soi-même, l'envie devient un sentiment inutile et même nuisible à l'équilibre personnel.

Bourse: *financière*: vous vous laissez facilement influencer. Ne perdez pas votre sens de l'équilibre, songez à votre avenir.

Boussole: si on vous pose une question, répondez le plus brièvement possible. Ne vous étendez pas. Soyez concis, précis et clair dans vos propos. Certaines personnes ne cherchent que des problèmes et des défauts à autrui. Vaut mieux éviter qu'elles soient sur votre route.

Bouteille: *pleine*: vous n'êtes pas d'humeur égale. Vous aurez tendance à vous emporter contre une personne qui commet une erreur par distraction. Comme vous n'aimez pas vous excuser, pensez à ce reproche que vous ferez;
bouteille vide: si vous êtes agressif de nature, vous aurez l'occasion de vous fâcher, le plus souvent pour un détail qui n'entre pas dans votre façon de faire;
bouteille renversée: vous aurez tendance à exagérer, à dramatiser une situation que vous trouveriez fort simple à d'autres moments.

Bouteur: au lieu de vous culpabiliser d'être négatif, essayez de faire de votre vie sentimentale un échange et non une lutte quotidienne parce que «qui veut la fin prend les moyens».

Boutique: *y entrer*: sur le plan sentimental, les communications sont bonnes, il y a de la place pour le plaisir;
voir la boutique fermée: on vous réclame ici et là. Vous serez pressé. Des ennuis de famille pourraient influencer votre rendement au travail.

Bouton: *neuf et brillant*: au travail, si vous assistez à une réunion, vous ferez une impression royale. Vos propositions seront écoutées religieusement. Vous hypnotiserez vos interlocuteurs;
bouton perdu: vous serez tenté de reculer devant une affaire que vous avez depuis longtemps jugée importante et même déterminante pour votre avenir professionnel. Ne vous fiez pas aux apparences.

Boyau: voilà du bon temps devant vous. Vous êtes plus dynamique, ce qui provoque un éveil de la conscience et vous permet de choisir ce qu'il y a de mieux à faire de votre vie. Vous ferez des choix sains, intuitivement.

Boxer : *se voir boxer :* on craint votre pouvoir, votre force. Soyez réceptif, ouvert à la réalité présente. Tirez vos conclusions, trouvez vos solutions ;

assister à un match de boxe : vous avez une baisse d'énergie physique. De plus, les émotions vous remuent et vous éloignent de votre principal centre d'intérêt. Efforcez-vous de vous concentrer.

Bracelet : *en recevoir un :* ce qui était compliqué et complexe se simplifie. Tout est continuité. Si vous avez vécu des moments pénibles, vous êtes maintenant en mesure de remonter la pente à toute vitesse ;

perdre son bracelet : vous avez tendance à conserver des attitudes, des modes de pensée qui ne correspondent plus du tout à ce que vous vivez actuellement.

Braise : sans doute vous faudra-t-il prendre d'importantes décisions au sujet de votre carrière. Vous aurez un profond sentiment de solitude, de manque d'aide. Une baisse de vitalité affecte votre moral.

Brancard : le travail est pour vous une priorité. Il est vrai que vous voulez régler vos problèmes d'argent. Vous orientez votre force, votre énergie et vos talents multiples vers la bonne direction. Vos efforts ne seront pas vains, non seulement l'argent rentrera, mais vous ferez des économies.

Branche : *en casser :* vous avez beau vous efforcer de vivre le moment présent, la peur de l'avenir vous reprend et vous faites de nouveau des plans. Vous essayez de prévoir ;

branche sans feuilles : ne vous précipitez pas sur le «rattrapage» si vous considérez avoir perdu du temps. Vos idées ne sont pas très claires.

Bras : sentimentalement, il se peut que vous soyez inquiet. Attention, vous êtes imaginatif et exagérez tout parce que votre partenaire ne vous fait aucune démonstration de ses sentiments ! Vous avez tendance à croire qu'il ne sait pas vous aimer ou même que son amour pour vous décline.

Brasier : *se débarrasser des impuretés, se régénérer :* témoignage d'une vie intense et puissante, mais cela indique aussi de l'inquiétude.

Brasser : tout baigne dans l'huile, mais vous devriez vous défaire de votre besoin de magie en matière de sentiments.

Brasserie : *y entrer :* on fait valser vos idées, on vous étourdit ;
voir la brasserie fermée : il y a de la compétition dans l'air et même des mensonges.

Braver : vos amours riment avec toujours. Pour le reste, votre recherche d'absolu vous pose parfois des problèmes. Mais la chance est souvent là pour vous sauver.

Brebis : cherchez des diversions à vos soucis. La musique ou la lecture sont d'excellents moyens pour vous relaxer, ou encore regardez les émissions culturelles à la télévision pour vous changer les idées.

Brigand : *attraper un brigand ou voir un brigand :* vous souffrez d'une grande insécurité et de solitude, et vous êtes incapable de vous en sortir. N'étant pas très sensible à ce qu'éprouvent les autres, qu'ils soient étrangers ou proches, vous êtes exclusif dans le choix de vos affections et exigez la plupart du temps une fidélité parfaite.

Briller : vous pouvez agir en toute confiance pour imposer et satisfaire vos volontés, et ainsi voir tous vos efforts largement récompensés.

Brique : vous retrouvez votre énergie. Vous êtes maintenant capable de cesser de visualiser vos déceptions. Vous pouvez entrevoir un meilleur avenir.

Briser : vous avez une telle volonté, et vous déployez tant d'efforts et d'énergie pour satisfaire vos désirs et obtenir à tout prix ce que vous voulez que rien ne semble pouvoir vous arrêter.

Brocheuse : *s'en servir :* un problème resté sans solution jusqu'à maintenant est résolu tout d'un coup, d'une manière très avantageuse pour vous, par un collègue ou un ami.

Brosse : une certaine innocence et une certaine pureté morale vous préservent des débordements passionnels sans que, pour autant, vous puissiez éviter un comportement possessif envers l'autre.

Brouette : vous êtes sous le coup d'une émotion. Vous vous attristez à tort. Attention, comme vous connaissez de graves secrets, la moindre indiscrétion pourrait vous nuire !

Brouillard : si vous avez tendance à être prompt et intolérant, vous ferez même subir vos frustrations à des personnes totalement en dehors de votre vie professionnelle ou personnelle.

Broussaille : vous pouvez tout changer si vous le désirez. Mais vous hésitez trop à montrer votre affection à l'être aimé.

Brouter : *voir des animaux brouter :* appliquez-vous à ne pas alimenter les potins. Vous vous laissez aveugler par des préjugés.

Bruit : *violent :* vous n'êtes pas exempt de la jalousie de certaines personnes, de collègues ou d'un ami qui aimeraient bien être à votre place. Ne le pouvant pas, ils deviennent cyniques envers vous.

Brûlure : si vous succombez facilement à la flatterie, prenez du recul. Ne buvez pas les paroles séduisantes de cette remarquable personne. Prenez le temps de la connaître avant de lui donner votre confiance.

Brume : vous pensez qu'un environnement paisible et harmonieux serait favorable au relâchement de la tension anxieuse qui vous accable et vous aiderait à surmonter votre morosité. Vous aimeriez pouvoir vous montrer plus sociable et moins intransigeant envers les autres.

Brun : *couleur chaude :* une aventure vous séduit, mais vous continuez à être sur vos gardes.

Bûche : il s'agit d'un moment idéal pour procéder à une lente mais profonde refonte de votre situation matérielle.

Buisson : vous pouvez tout changer si vous le désirez. Mais vous hésitez trop à montrer votre affection à l'être aimé.

Bulbe : une certaine plénitude affective et une intense harmonie vous incitent à vous dévouer spontanément et totalement à vos amours, à vous consacrer pleinement à votre vie sentimentale.

Bulldozer : *voir* Bouteur.

Bulle : *faire des bulles :* vous êtes très sceptique. Vous avez tendance à ne pas écouter les avertissements qui viennent de votre intérieur. Pourtant, ils n'ont pour but que de vous protéger d'une erreur que vous pourriez commettre en faisant un choix ou en prenant une décision qui, éventuellement, irait à l'encontre de vos intérêts.

Bureau : l'attention est sur vous, quoi que vous fassiez et où que vous alliez. Si vous êtes sûr de vous et avez choisi votre voie, vous allez directement au but. Mieux encore, des portes, fermées jusqu'à maintenant, s'ouvrent pour vous laisser passer.

Burnout: vous serez amené à prendre seul, et en connaissance de cause, des initiatives prudentes et utiles pour une prise de conscience qui vous permettra d'avoir une totale liberté d'action.

Butte: vous n'aurez d'autre choix que celui de vous adapter aux circonstances qui vous seront imposées et de vous en accommoder, même si votre équilibre reste précaire.

C

Cabale: *communication avec le monde des esprits :* idéaliste, vous cherchez la perfection dans à peu près tout. Des parents proches chercheront à vous ouvrir les yeux sur vos problèmes. En plus, ils sont susceptibles de vous faire découvrir de nouvelles avenues dans le domaine où vous œuvrez;
intrigues visant à faire échouer quelque chose : vous devriez, d'une manière délicate et habile, remettre en question vos sentiments les plus profonds. L'être aimé se rendra compte de vos efforts et cela améliorera le climat de votre vie amoureuse.

Cabane: *dans la forêt :* excellente période sur le plan financier. Si vous avez travaillé à un projet depuis un bon moment, vous obtiendrez un résultat positif. Vous pouvez également recevoir l'argent correspondant à vos efforts;
cabane délabrée : si vous avez une décision à prendre, sentimentale ou professionnelle, vous n'êtes pas très objectif en ce moment : vous êtes débordant d'émotions. Vous voyez les choses à votre façon, sous un angle qui n'est qu'une illusion ou un mauvais calcul.

Cabaret: la dualité profondément inhérente à votre personnalité se manifeste par une prise de conscience d'ordre moral. Vous jouez avec les sentiments des autres, mais faites attention ! Il pourrait bien vous arriver la même chose.

Cabinet d'aisances: baisse d'énergie. Nourrissez-vous bien. Essayez de vous détendre. Si vous avez des malaises persistants, consultez un médecin. Ne jouez pas les héros.

Cabine téléphonique: il faut mettre de l'ordre dans vos idées. Ne perdez pas l'essentiel de vue parce que votre chemin devient ardu. Il est important, dans vos démarches, d'apprendre à mieux soigner vos relations avec votre entourage.

Câble : perdu dans vos souvenirs, vous négligez vos affaires présentes et vous n'admettez pas d'être pris en défaut. Vos réactions sont impulsives et déroutent votre entourage.

Cachette : *si vous vous cachez* : au travail, vous subissez des pressions. Il faut vous isoler quelques minutes pour vous relaxer, sinon vous aurez du mal à vous y retrouver. Vous risquez de commettre des erreurs malgré votre bonne volonté de perfection ;
   si un objet est caché : une situation nouvelle exige que vous vous adaptiez rapidement. Vous devez réagir aux demandes avec fermeté. Faites attention de ne pas abuser de votre pouvoir ; des éléments sont en place pour vous faire prendre conscience que vous vous trompez.

Cachot : vous avez des moments de profonde perplexité. Vous êtes partagé entre un naturel altruiste et des inclinations plutôt égoïstes.

Cactus : *se piquer sur un cactus* : vous écoutez bien les conseils des autres tout en sachant discerner le bien du mal. Mais attention, ne faites pas trop de confidences, même à des gens qui vous comblent de compliments !

Cadavre : vous prendrez conscience de vos limites et des barrières qu'on place devant vous. On veut vous signifier que vous n'avez pas le droit de passer ni d'entrer ou de savoir.

Cadeau : *que l'on reçoit* : pour vous, la vie n'est que souffrances et frustrations. Pourquoi ne pas transformer vos désirs et souhaiter la lumière en vous et tout autour de vous ? Vous êtes très émotif ;
   cadeau que l'on donne : vous êtes individualiste. Vous avez l'habitude de tout décider, de sorte que votre partenaire, vos collègues ou vos amis ont la nette impression d'être contrôlés. Cela ne leur plaît guère.

Cadenas : prenez très au sérieux vos problèmes de tension artérielle et de circulation sanguine. Vous devrez vous reposer, car vous êtes fatigué. Cela provient de trop d'activités accumulées ;
   verrouillé : vous avez la mauvaise habitude de tout dramatiser et de monter en épingle ce qui vous contrarie. Vous êtes émotif.

Cadre : vous pourriez avoir des sautes d'humeur sans trop savoir pourquoi. Il s'agit d'une accumulation des frustrations que vous n'avez pas exprimées au moment où elles se produisaient, mais qui sont restées au-dedans et se manifestent avec soudaineté.

Cafard: *avoir les bleus* : vous êtes trop susceptible : la moindre petite injustice à votre égard et vous réclamez haut et fort réparation ! Ou, au contraire, vous vous repliez sur vous-même et vous vous inquiétez pour tout. Le meilleur moyen de vous relaxer serait de faire un peu de sport ou des exercices.

Café: au travail, votre concentration demande un effort supplémentaire. Dans l'ensemble, vous êtes gagnant dans les situations qui exigent logique et émotions ;

café renversé : en vous concentrant sur votre passion, vous éviterez de vous tourmenter et de vous angoisser à propos de tout ou de rien. Vous cesserez de voir votre seule personne pour constater combien le monde est grand et combien il y a de choses à découvrir.

Cage: *avec un oiseau à l'intérieur* : au travail, vous n'êtes pas organisé et tardez de faire des choses ;

cage vide : il y a un peu de folie dans l'air ; même si, au travail, tout doit être sérieux, les gens communiquent bien avec vous ;

être enfermé dans une cage : vous avez envie d'être capricieux, mais ce n'est surtout pas le moment. Vos exigences dépassent ce qu'on peut vous donner. Les paroles à votre endroit ne sont ni aimables ni flatteuses.

Cagoule: vos intuitions sont précises, comme si des images défilant dans votre tête vous permettaient de voir à l'avance ce que l'avenir réserve, à vous ou à vos proches.

Cahier: vous réussissez à contrôler vos émotions. En fournissant certaines preuves, vous éliminerez les reproches qui vous sont adressés.

Cahoter: *route cahoteuse* : une médaille a toujours deux côtés. Faites attention à vos relations d'affaires, surtout que votre famille saura vous ouvrir les yeux !

Caillou: vous n'avez généralement pas la langue dans votre poche. Vous dites spontanément ce que vous pensez. N'étalez pas publiquement les erreurs de certaines personnes. On ne vous le pardonnerait pas.

Caisse: ne comptez que sur vous-même pour défendre vos intérêts. Ne perdez pas de vue l'importance de faire connaître vos objectifs et d'entretenir divers contacts, ils vous seront précieux pour le futur.

Caissier: parce que vous êtes un passionné, vous vous précipitez tête première sur un coup de cœur. Sujet aux coups de foudre, vous ne supportez pas de vivre seul.

Cajoler: surveillez votre alimentation en mettant l'accent sur les fruits et les légumes, car votre foie est engorgé.

Calculer: vous voilà sûr de vous et bien inspiré pour réaliser vos objectifs. Si vous êtes généreux et que vous l'ayez toujours été, vous pourriez recevoir une marque d'appréciation d'une personne dont vous n'auriez jamais espéré un tel geste.

Caleçon: on tentera de vous pousser à commettre une action qui vous déplaît. Ne prenez aucune décision irréfléchie. Une personne vous observe afin de tirer profit de ses observations.

Calendrier: vous êtes dynamique et supportez mal ceux qui sont lents. Soyez un peu plus tolérant. Tout le monde n'a pas votre carburant pour s'alimenter.

Calfeutrer: vous vivez l'amour en mode d'intensité maximale; l'ennui n'a pas le temps de se glisser dans votre union tumultueuse.

Calice: de grâce, vivez donc au présent et évitez de faire des projets d'avenir. Vous manquez de patience et vous vous laissez émouvoir un peu trop facilement.

Califourchon: *être à califourchon*: vous avez un dynamisme et une vitesse d'esprit qui vous permettent de trouver une solution, temporaire ou permanente, aux problèmes de l'heure. Votre flair et vos réactions sont guidés à la fois par votre intuition et par votre instinct.

Calmant: avertissement contre des décisions peu sages. Vous êtes dans l'impossibilité de concilier les tensions contradictoires qui vous oppressent. Vous ressentez de violentes émotions prêtes à se décharger, à exploser, mais votre conscience les réprouve et les refoule. Il en résulte une pénible sensation d'anxiété proche de la panique à laquelle vous ne trouvez pas d'issue ou de dérivatif.

Calme: *être calme*: vous avez une forte nature qui parvient sans hâte et sans défaillance à ses buts. Par contre, vous êtes rancunier et vous vous réconciliez difficilement.

Calomnie: *être calomnié*: vous êtes tenace, méthodique, pondéré et d'une patience à toute épreuve, mais vous exigez les mêmes vertus de la part de l'être aimé, ce qui peut vous causer quelques ennuis.

Calvaire: *souffrir beaucoup*: le remède à votre désenchantement, vous tentez de le trouver dans une relation sentimentale exclusive, basée sur votre satisfaction personnelle. Vous estimez que l'on doit se soumettre avec amour à vos exigences et subir votre jalousie.

Calvitie: *être chauve* : sur le plan sentimental, il y aura de vives discussions à la maison. Votre partenaire ne sait pas très bien ce qu'il veut ou se montre tellement autoritaire qu'il en devient insupportable ;

calvitie des autres : si vous pensez au chantage émotif pour obtenir une faveur, cela ne fonctionnera pas ces jours-ci. On découvrira votre jeu, qui consistera à manipuler en jouant de la faiblesse.

Cambriolage: *être cambriolé* : vous êtes excessivement émotif et vous craignez de voir la réalité. Vous vous enfermez dans votre imagination et vous vous bercez d'illusions en attendant qu'on vienne vous sauver de vos peines ;

être le cambrioleur : dans votre milieu de travail, on vous envie. Vous avancez plus vite que bien d'autres qui n'ont pas remarqué le surplus de travail que vous faites depuis longtemps.

Caméléon: vous avez des moments de colère ou d'absence inattendus, mais vous reviendrez à de meilleurs sentiments si on aborde franchement les problèmes avec vous.

Camelot: vous accordez beaucoup d'importance à votre tenue vestimentaire et vous suivez avec intérêt les extravagances de la mode. Vous aimez vous faire remarquer et étonner les gens. Attention aux jaloux qui vous entourent !

Caméra: vous avez des ailes. Vous serez partout à la fois ou presque. On réclame vos compétences. Vous aurez l'impression d'être la seule personne responsable du groupe avec lequel vous travaillez.

Camion: *en voir un* : contentez-vous d'écouter lorsqu'on discute d'un sujet que vous ne connaissez pas à fond. Il est inutile d'ajouter un détail qui, selon vous, pourrait impressionner. Restez simple, il est permis de ne pas tout connaître ;

conduire un camion : vous aspirerez à vous reposer au milieu de votre famille. Vous avez besoin de vous ressourcer, de retrouver vos racines. C'est une manière de vous recentrer afin d'éviter l'éparpillement.

Camp: vos activités n'ont pas le dénouement que vous désiriez. Les contradictions et les déceptions peuvent abonder. De toute façon, ne négligez pas vos efforts, car ils finiront par porter fruit.

Campagne: ne laissez pas les compliments vous monter à la tête ; évitez la vanité. La personne qui vous aime n'oublie pas facilement.

Camping : *faire du camping :* ne pensez pas uniquement à votre travail, vous rendriez votre vie monotone et vos rapports humains en seraient troublés ;

tente en mauvais état : désorienté lorsque vous vous trouvez hors de votre milieu habituel, ou en présence d'étrangers, vous êtes fidèle à vos habitudes, respectueux des règlements extérieurs. Vous ne voudriez surtout pas mériter des reproches ou entrer en conflit avec vos proches. Mais vous souhaitez secrètement vous libérer du carcan des lois morales, avoir une plus grande liberté d'allure et d'expression ;

acheter une tente : vous êtes vraisemblablement amoureux et vous êtes de ceux qui laissent l'amour prendre toute la place dans leur vie. Vous êtes chaleureux, sensible, tendre et attentif aux autres, et vous essayez à tout prix de rendre votre partenaire heureux, car vous savez accepter aussi bien les joies que les peines de l'amour ;

vendre sa tente : vous manquez de courage pour réclamer ce qui vous est dû, vous laissant bafouer et exploiter. Cette sorte de démission devant la vie entraîne des difficultés dans votre vie sentimentale ainsi qu'une hypersensibilité aux insultes, réelles ou imaginaires. Cela peut entraîner chez vous des troubles dépressifs ;

grande tente : vous refusez de vous laisser entraîner dans les plaisirs vulgaires ;

petite tente : vous ne cherchez pas à plaire ni à être admiré. Votre intérêt est tourné vers les activités culturelles et intellectuelles.

Canapé : vous serez étonné de trouver intéressé et superficiel un être qui vous a ébloui. Vous entrez dans une période où vous avez beaucoup d'influence sur les autres.

Canard : *en voir un :* si vos qualités — générosité, amabilité, sens du partage, etc. — sont évidentes, vos défauts le sont tout autant. C'est avec tout cela que vous conduisez votre vie ;

chasser le canard : vous résoudrez des problèmes majeurs, tant dans votre vie professionnelle que personnelle. Même si vous êtes en relation avec une foule de gens, et malgré le succès que vous obtenez, vous pourriez être envahi par un profond sentiment de solitude ;

manger du canard : à la maison, il peut être question d'un achat important, par exemple, l'acquisition d'un appareil que vous désirez pour faciliter la vie de votre famille ou la rendre plus agréable.

Cancer : *en être atteint :* si vous restez à la maison, vous mettrez de l'ordre et embellirez l'appartement. Tout en astiquant, vous plongerez au cœur de vos pensées et ferez un choix pour ne garder que le positif ;

soigner son cancer : l'émotion est vécue intensément. Vous pourriez replonger dans des souvenirs, les uns heureux, les autres tristes. À l'intérieur de votre conscience, vous faites le bilan et analysez le chemin parcouru.

Candélabre : *chandelier à plusieurs branches :* cordial, indulgent, vous êtes de fréquentation agréable, et c'est sans brusquerie que vous obtenez ce que vous voulez.

Caniche : représentation de l'amitié; votre charme, votre gentillesse, votre esprit de conciliation sont les agents de votre réussite. Ils vous attirent la sympathie et l'adhésion d'autrui à vos désirs. Vous montrez un certain raffinement dans votre recherche du plaisir, mais vous évitez de vous engager autant que possible.

Canif : l'affection que vous ressentez pour quelqu'un est obscurcie par un vif désir de vous distraire. Les fantasmes hantent votre esprit et vous excitent. Vous devriez vous concentrer sur votre travail; cela sera plus payant.

Canne : sur le plan sentimental, vos réactions déconcertent ceux qui croient vous connaître le mieux. Désireux de vous engager lorsque vous êtes en amour, il vous faut en même temps surmonter votre crainte de perdre votre liberté.

Canon : sur le plan sentimental, vous pourriez avoir cette sensation de fusion avec l'autre. Vous êtes heureux et imprégné des états d'âme de votre partenaire. Vous le devinez. Un geste attentif vaut mille mots.

Canot : voyez à ce que vos rencontres et vos discussions soient fructueuses. Tâchez de surveiller étroitement vos intérêts sentimentaux, car il vous faudra faire des concessions.

Caoutchouc : *élastique :* malheureux dans votre milieu, vous aimeriez trouver un environnement sécurisant, rassurant. Mais pour le moment, vous vous contentez de ressasser vos griefs, incapable d'envisager une solution réaliste.

Cape : au travail, la chance vous favorisera, mais agissez quand même avec prudence si vous effectuez une autre tâche.

Capitaine : suivez votre intuition sans demander conseil. Fixez-vous un but important, susceptible de vous donner les satisfactions que vous méritez.

Caporal : vous dites ce que vous pensez, sans détour. Vous serez aussi porté aux bavardages et parlerez des uns et des autres. Vous révélerez peut-être même un secret qu'on vous avait confié. Attention, tout se sait et vous pourriez en payer le prix !

Capoter : les questions d'amour sont plus délicates que jamais. Attention de ne pas compromettre à jamais votre bonheur en rejetant les conseils qui vous sont donnés !

Capturer : vous débordez d'énergie et rien ne vous rebute. Les tâches que vous accomplirez ne se comptent plus. Vous éprouverez le besoin de faire de l'exercice physique.

Capuchon : profitez de l'heure présente, ne pensez pas sans cesse au passé, ne vous posez pas de problème qui risquerait de ne jamais devenir réel.

Carabine : tempérez vos colères et tentez de prêter une oreille plus attentive aux suggestions amicales de votre entourage. L'extrême fatigue pourrait bien être la cause de cette grande tension.

Carafe : *pleine :* vous souhaitez acquérir des valeurs, des biens dont la possession compenserait votre désespoir. Vous appliquez toute votre énergie et votre résistance à cette lutte acharnée ;
carafe vide : même si votre comportement demeure extérieurement harmonieux, même si vous semblez participer à ce qui se passe autour de vous, en prétendant même diriger les autres et prendre leurs responsabilités, vous gardez toujours une attitude distante, qui dissimule une forte susceptibilité ;
carafe renversée : révolté contre l'injustice du sort, vous aspirez cependant à échapper à la tension nerveuse qui se fait sentir de façon insupportable en sortant de vous-même et en vous lançant dans des projets originaux.

Caresse : la compétition est forte dans votre milieu de travail. Plusieurs veulent être les premiers. Si vous avez pris une longueur d'avance, vous resterez en tête. Vous pourriez être témoin de l'exagération de certaines gens autour de vous. Ainsi, vous apprendrez clairement ce qu'il ne faut jamais faire.

Caribou : une parole désagréable de votre patron pourrait miner votre confiance. Cela ne devrait pas être le cas, car vous n'êtes nullement en faute.

Carnet : le goût de sortir, de rencontrer des gens sera très puissant, car vous éprouverez l'immense besoin de communiquer avec autrui, d'être écouté et apprécié pour ce que vous êtes.

Carotte : *en manger :* rien ne se produit instantanément. Vous devez développer la sagesse dans l'attente. Le fait de ne pas agir ne signifie pas nécessairement être passif. La pensée est créatrice ; elle génère de l'énergie qui servira à construire, à vous réaliser.

Carrosse de bébé : *voir* Landau.

Carte : *routière :* au travail, vous devrez faire un effort supplémentaire pour vous concentrer afin d'obtenir le résultat espéré. Il y a un changement à l'horaire habituel, mais on ne vous en avait pas prévenu ; vous devrez donc vous adapter rapidement ;

jeu de cartes : vous serez porté à trancher les questions, à sanctionner, à fractionner, à juger alors que vous n'avez que bien peu d'éléments en main pour prouver ce que vous avancez. Vous croirez avoir du flair dans une situation complexe. Vous aurez l'impression d'avoir la solution.

Casque : attention, votre miroir intérieur est déformé et vous n'êtes pas objectif ! L'émotion vous fait valser. Vous concluez là où il vaudrait mieux laisser une porte ouverte.

Casquette : vous êtes très perspicace ces jours-ci. Vous devinerez les gens que vous rencontrerez. On ne vous impressionnera pas facilement ;

casquette usagée et sale : vous détectez les menteurs, les gens qui essaient de vous en mettre plein la vue. Vous avez le sens de la justice et vous êtes organisé. Vous rétablirez une situation dans le travail qui vous concerne.

Casserole : *la voir pleine :* il se peut qu'un couple que vous connaissez bien vous demande votre avis au sujet d'un de leurs problèmes. Restez en dehors de cela. Écoutez, mais ne donnez pas de conseils, à moins que vous ne soyez un expert en relations matrimoniales ;

voir la casserole vide : vous aurez l'agréable surprise de rencontrer une vieille connaissance laquelle qui vous avez toujours sympathisé. Elle pourrait intervenir dans votre projet, mais vous n'aviez pas été mis au courant.

Cassette : *d'enregistrement :* vos poussées érotiques sont extrêmement fortes, mais il y a cette froideur, un manque de sentiments et d'émotions, qui vous empêche de vous épanouir.

Catastrophe : vous possédez l'art de vous simplifier la vie en la vivant comme elle se présente. Vous n'anticipez pas l'avenir et vous ne ressassez pas continuellement votre passé. Votre esprit positif attire vers vous l'amour ainsi que de doux et précieux moments.

Causeuse: cordial, indulgent, vous êtes de fréquentation agréable et c'est sans brusquerie que vous obtenez ce que vous voulez.

Cavalier: vous serez enclin au pessimisme et à être en retard à vos rendez-vous. Mais avec un peu d'effort, vous retrouverez votre entrain et votre optimisme.

Cave: vous manifestez beaucoup de compréhension envers vos relations sentimentales. Cela sera bénéfique pour votre relation de couple.

Caverne: vous recevrez des amis ou des parents. Les conversations porteront sur le sens de la vie, sur les responsabilités que l'on prend sans s'en rendre compte et sur la culpabilité que chacun porte en soi. Vous essaierez de trouver ce qui vous motive le plus et ce qui détruit vos énergies. La philosophie et la métaphysique seront à l'honneur.

Cécité: *vous en êtes atteint:* vous êtes plus tendu. Vous vibrez d'une manière plus anxieuse et attirez vers vous des gens qui vous rendent l'image intérieure que vous avez de vous-même.

Céder: une visite chez des parents plus âgés sera particulièrement enrichissante sur le plan des échanges d'idées. Par contre, par un heureux hasard, vous obtiendrez une information confidentielle en matière financière.

Cèdre: vous êtes simple; vous n'avez aucune envie de monter dans l'échelle du prestige. Vos ambitions sont dirigées vers un bon rendement et non vers ce qui est superficiel.

Ceinture: vous pourriez apprendre qu'une personne que vous connaissez bien est malade. Cette nouvelle vous affectera. Sans vous en rendre compte, vous absorbez les douleurs et les malheurs d'autrui et vous en faites les vôtres. Sympathisez, mais ne prenez pas tous les problèmes des autres sur votre dos.

Célébrité: au travail, vous obtenez de bons résultats et dépassez votre objectif. Vous avez toutefois de la difficulté à faire confiance aux autres ou à partager les tâches. Vous vous méfiez sans motif apparent. Une personne a peut-être fait un geste qui vous rappelle un mauvais souvenir, mais votre référence au passé n'a pas sa place; vous êtes dans l'erreur.

Céleri: ne méprisez pas les conseils qui vous parviennent des personnes plus âgées. Il y en a sûrement d'excellents que vous auriez intérêt à suivre.

Cendre: *d'une crémation:* des amis bien intentionnés vous diront quoi faire. Ne les écoutez pas. Ils ne sont pas à votre place. Prenez un peu de recul. Demandez-vous ce que vous avez envie de vivre maintenant;

vider des cendriers: faites bien attention si vous devez signer un contrat. Relisez-le: il est possible que l'engagement présent soit décevant ou peu profitable sur le plan financier. Ne faites aucun achat sur un coup de tête ni sous pression, ni même sous l'influence d'un ami.

Cercle: «chacun pour soi», cela semble être la philosophie de votre entourage. Toute action est imprégnée d'égocentrisme. La générosité ne se manifestera qu'après un minutieux calcul.

Cercueil: *avec un mort:* si vous avez des décisions à prendre, elles seront pertinentes pour favoriser vos objectifs présents;

cercueil dans lequel vous vous trouvez: vous serez porté à mentir par besoin de vous valoriser, mais vous serez très vite confronté à la vérité. Quelqu'un vous fera remarquer que vous vous trompez.

Céréale: votre vivacité d'esprit et votre intuition vous permettent d'orienter certaines décisions. Mais vous aurez à travailler plus fort que d'habitude.

Cérémonie: réfléchissez sérieusement avant de faire un geste dicté par l'impulsivité, car vous pourriez franchir un point de non-retour dans vos relations amoureuses.

Cerf-volant: vous êtes franc. Si vous avez un reproche à adresser à une personne distraite ou négligente, faites-le sans témoin. Les conséquences d'une scène publique vous suivraient longtemps.

Cerise: vous pourriez avoir des explications avec votre ex-conjoint ou votre ancienne flamme. On vous critiquera sans même connaître le fond de l'histoire.

Cerveau: soyez plus paisible et tentez de mieux contrôler vos émotions, car vous devrez fournir une quantité d'énergie énorme dans vos relations de travail.

Cesser: vos paroles seront mal interprétées et vos sentiments, mal jugés. Soyez patient, ne vous énervez pas, car tout rentrera dans l'ordre.

Chagrin: l'incertitude, côté travail, vous fera douter de vos aptitudes. Votre temps libre sera perturbé par une surprise désagréable. Ne vous culpabilisez pas.

Chahut : vous vous sentez romanesque. Vous pourriez rencontrer une personne très bizarre, ce qui ne vous déplaira pas. Vous vous sentez porté par un vent de bonheur.

Chaîne : vous traversez une crise intérieure, qui suit maintenant une courbe descendante. Vous retrouverez votre équilibre, ou du moins plus de calme.

Chaise : au travail, il pourrait y avoir des changements importants dont on ne vous a pas prévenu. Mettez votre orgueil de côté si vous vous sentez touché. Ne perdez pas votre temps à remuer votre désarroi.

Chaleur : ces jours-ci, vous êtes porté à juger trop vite une situation. Les apparences sont trompeuses. Au moindre signal d'alerte, prenez un peu de recul. Réfléchissez de nouveau, surtout s'il est question d'une association ou d'un engagement offrant mer et monde.

Chambre : *à coucher :* vos projets fonctionnent magnifiquement. Vous travaillez fort et obtenez des résultats souvent plus grands que ceux que vous espériez. Vous réussissez là où d'autres ont échoué.

Chameau : vous avez des moments d'insécurité qui ne sont pas toujours justifiés. Passer votre temps à vous faire du mauvais sang nuit à tout le monde, y compris à vous-même.

Champ : il est toujours mieux d'adopter une bonne hygiène de vie et une saine alimentation. En apprenant à avoir confiance en soi et à vivre intensément le moment présent, on hypothèque moins ses lendemains. Il est grandement temps de faire un examen de conscience.

Champignon : *en manger :* sur le plan sentimental, des confrontations débutent par une simple remarque, par exemple vous donnez un ordre sans vous en rendre compte. Si votre couple est jeune, prenez conscience du jeu dominé-dominant avant qu'il gruge votre amour ;

cueillir des champignons : si vous flirtez, vous vous apercevrez qu'on aimerait vous connaître davantage. Il est possible qu'il y ait au moins deux cœurs qui soupirent avec la même intensité. Vous ne vous sentez pas prêt à faire un choix. Ne rejetez personne et gardez la porte ouverte.

Chandail : sur le plan sentimental, il faudra tout de même jouer franc jeu à un moment donné, sinon gare aux représailles ! Un coup de foudre magique devrait finalement vous sortir d'affaire.

Chandelier : *avec une seule chandelle :* une pointe d'égocentrisme ou d'égoïsme fait peut-être partie de vos petits défauts. Prendre soin de soi, c'est bien, mais à condition de ne pas brimer les autres.

à plusieurs branches : cordial, indulgent, vous êtes de fréquentation agréable et c'est sans brusquerie que vous obtenez ce que vous voulez.

Chandelle : *allumée :* votre satisfaction amoureuse renforce votre confiance en l'avenir ainsi que le sentiment de votre capacité à faire face aux difficultés et aux contrariétés ;

éteinte : vous parvenez à maîtriser votre penchant pour la moquerie ou l'ironie. Vous dissimulez aussi vos véritables sentiments pour ménager la sensibilité de ceux qui vous entourent parce que vous tenez à mériter leur estime et leur considération ;

cire coulante : vous avez une nature très vive, une intelligence subtile, un esprit pétillant. Vous n'êtes jamais à court d'arguments ;

cierge : votre goût de la liberté, du dialogue, des échanges peut s'exprimer dans votre profession. Tout en vous adaptant avec souplesse aux circonstances présentes, vous ne perdez pas de vue vos ambitions.

Changement : il faut apprendre à ne plus jeter votre argent par les fenêtres, en devenant moins spontané et plus prudent. Et surtout il ne faut pas prendre à la légère votre intuition, car elle est votre plus précieux guide.

Chanter : *entendre chanter :* vous avez le sens de la famille et vous êtes fatigué. Vous refuserez une invitation afin de vous retrouver en tête-à-tête avec la personne aimée. Vous lui consacrez vos dernières énergies avant la récupération ;

chanter soi-même : quand vous subissez un grand stress, votre système nerveux craque et vous signifie, par exemple par un vilain rhume, que vous devez prendre soin de vous.

Chapeau : *en mettre un :* vous vous activez avec persévérance dans le but d'augmenter votre autorité et votre influence sur votre entourage. Si votre amour de l'indépendance vous inspire les moyens d'échapper aux jougs les plus caressants, vous possédez l'art de subjuguer ;

enlever un chapeau : bien que peu tendre, vous avez besoin d'affection, de caresses, de considération. Aussi adoptez-vous un comportement séduisant, en surface... sans pour autant sacrifier vos ambitions ou votre liberté. Car, en réalité, vous êtes plutôt égoïste et indifférent au bonheur des autres ;

perdre son chapeau : angoissé à la pensée de voir s'écrouler la situation à laquelle vous êtes parvenu et qui vous apporte estime et considération, vous feignez l'indifférence et manifestez une certaine sécheresse à l'égard des autres afin de ne pas laisser paraître votre intention de défendre vos positions jusqu'au bout.

Chapelet : il vous faut sortir de votre routine et vous permettre de vivre pleinement. Il ne faut pas porter une attention démesurée à ce que les autres peuvent penser de vous.

Chapelle : il faut donner à soi-même tout l'amour que l'on destine aux autres. On ne doit pas craindre non plus de dire non et de bannir le mot «angoisse» de son vocabulaire.

Charbon : il n'y a pas que l'argent et le succès qui soient importants. Vous voyez lucidement ce qui se passe autour de vous. Certaines personnes de votre entourage se complaisent à souffrir, à être mal dans leur peau.

Charcuterie : même si vous êtes sur une lancée spectaculaire, il ne faudrait pas freiner votre élan et vous culpabiliser devant les problèmes des autres. Ne ruminez pas les vieux problèmes du passé. Tout cela est fini, allez de l'avant, votre avenir est positif.

Chariot : dans votre vie amoureuse, vous avez de la difficulté à vous prendre en main. On pourrait abuser de votre trop grande générosité. Il faudra, durant ces moments difficiles, vous entourer de gens compréhensifs.

Charpente : vous manifestez beaucoup de persévérance dans vos projets et dans vos décisions afin d'assurer la stabilité de votre situation actuelle. Vous vous évertuez à trouver des solutions à tous les problèmes pratiques, à surmonter les contrariétés, quitte à vous opposer à votre entourage.

Charrette : certaines lenteurs seront à prévoir dans votre travail. Il y aura quelques insatisfactions matérielles et votre budget risque de vous donner quelques maux de tête.

Charrue : *la voir passer :* vous aurez plusieurs sujets de méditation. Vous constaterez à quel point vous vous trouvez bien, tandis qu'il y a tant de gens perturbés qui n'arrivent pas à échapper à leurs misères ;
conduire une charrue : sachez apprécier chacun des membres de votre famille avec leurs différences. Ils possèdent tous quelque chose qui vous comble, qui vous complète ou qui vous renvoie à vous-même.

Chasser : on se lassera de vos négligences en matière de travail. Soyez sur vos gardes, car il y a de la nervosité chez un supérieur ou un collègue.

Chat : vous pourriez vous sentir confus, assailli par votre propre dualité. Par exemple, vous savez qu'une chose ou qu'un amour est impossible. Pourtant, vous refusez cette réalité et vivez entre le plaisir de croire et le déplaisir de savoir.

Château : *en bon état :* sûr de votre bon droit, déterminé à demeurer sur vos positions, vous vous fermez à toute suggestion pour préserver une situation où vous appréciez la considération qui vous est témoignée. Car le sentiment d'importance qu'elle vous procure vous aide à dépasser le découragement et la solitude ;

en ruine : tantôt conciliant, tendre et sensuel, tantôt autoritaire et froid, vous entretenez autour de vous une atmosphère passionnelle peu reposante pour vos proches et pour vous.

Chaudron : ne laissez pas vos perceptions prendre le pas sur la réalité et, surtout, ne laissez pas les autres trop vous influencer. Et dites-vous que quoi que vous fassiez, il y aura toujours quelqu'un quelque part qui fera mieux, mais aussi quelqu'un qui fera pire. Tout comme il y aura toujours des gens mécontents de ce qui leur arrive.

Chauffeur : *vous conduisez :* vous êtes un hyperactif, vous avez constamment la bougeotte et cela vous sert d'exutoire pour calmer votre anxiété ;

vous êtes conduit : vous avez besoin de vivre dans un climat harmonieux et vous êtes prêt à faire des concessions pour l'équilibre de votre sensibilité.

Chaussure : après une période de temps plutôt triste et sombre, vous entamerez une période de renaissance et de bonheur. Vous aurez appris à ne plus vous laisser blesser par les autres et vous prendrez la place qui vous revient.

Chauve : *être chauve :* sur le plan sentimental, il y aura de vives discussions à la maison. Votre partenaire ne sait pas très bien ce qu'il veut ou se montre tellement autoritaire qu'il en devient insupportable ;

calvitie des autres : si vous pensez au chantage émotif pour obtenir une faveur, cela ne fonctionnera pas ces jours-ci. On découvrira votre jeu qui consistera à manipuler en jouant de la faiblesse.

Chauve-souris : *la voir :* un peu de patience et un problème de famille se réglera. Vous pouvez être un compagnon idéal à condition que l'on ne vous impose pas la continence et que l'on vous gratifie d'un amour réciproque ;

chauve-souris accrochée à vos cheveux : vous avez eu une visite surprise qui peut avoir de grosses conséquences. Vous devez prendre une décision rapidement.

Chavirer: le temps est propice pour régler les conflits. Votre vie familiale sera agréable et harmonieuse.

Chemin: on peut vous complimenter, car vous êtes de ces personnes qui savent respecter leurs engagements. La confiance est un élément important pour vous.

Chemin de fer: donnez-vous le droit à l'erreur et ne laissez pas votre façon d'interpréter les réactions et les commentaires des autres prendre le dessus sur la réalité.

Cheminée: *très haute*: affable, séduisant, attachant, vous vous entourez de choses et de gens plaisants qui conviennent à votre délicatesse et à votre amour de la beauté;

cheminée de taille moyenne: vous vous laissez griser par les sensations amoureuses, vous identifiant totalement à l'être de votre choix;

cheminée fumante: vous entretenez des relations affectives à travers lesquelles s'exprime votre goût des confidences et de l'échange;

cheminée en feu: avide de succès personnels, vous vous livrez à toutes les coquetteries, à toutes les fantaisies pour retenir l'attention, mériter les hommages, augmenter votre prestige;

cheminée en mauvais état: vous manifestez une grande curiosité envers les personnes avec lesquelles vous pourriez établir des relations amoureuses. Par contre, il vous arrive de vous fier aux apparences et de préférer le brillant au solide;

cheminée effondrée: vous agissez souvent imprudemment et manquez de discipline personnelle.

Chemise: ces jours-ci, vous êtes impatient, agressif, intolérant. Vous ne supportez pas la bêtise, même pour un détail. Vous dites ce que vous pensez. Toutefois, comme les idées changent, il se peut que dans quelque temps, vous n'ayez pas la même opinion. Évitez de juger, de critiquer.

Chêne: une bonne communication est la clé de la réussite d'un couple. Travaillez donc chaque jour à faire en sorte qu'aucun obstacle ne vienne brouiller la bonne entente qui prévaut actuellement dans votre vie sentimentale.

Chenille: pour vous, amour est synonyme de sacrifices. Vous n'hésitez pas à vous oublier vous-même au profit de votre conjoint.

Chèque: *en recevoir un*: vous êtes plus calme et plus lucide, tant pour vos besoins que pour ceux d'autrui. Peut-être aurez-vous envie de cuisiner des plats spéciaux, ou d'aller manger dans un restaurant où on sert votre plat préféré;

donner un chèque : au travail, deux courants d'idées circulent. L'un prône le modernisme, une vision plus avant-gardiste de l'organisation ; l'autre tient à conserver ses acquis. Quand on vous demandera votre opinion, dites-la franchement. Vous ne ferez plaisir à personne en étant des deux côtés à la fois.

Chercher : même si vous avez besoin de moments de solitude, ne négligez pas les autres qui vous apporteront beaucoup. Faites confiance à la vie et ouvrez les yeux, car de nombreuses propositions vous arriveront bientôt.

Chérubin : protection, réussite, bonheur, les énergies positives et négatives de l'inconscient. Vous êtes inquiet, tendu, nerveux, vos réactions sont imprévisibles.

Cheval : *noir* : au travail, les commérages vont bon train. Ne participez pas aux potins, ils minent le moral et salissent l'esprit. Vous devez vous concentrer, vous êtes sujet à commettre des erreurs par distraction;

cheval blanc : au travail, vous êtes protecteur envers vos collègues. Vous les traitez bien et vous les servez. Certains ne vous en seront jamais reconnaissants. Ces gestes amicaux vous font plaisir, ce qui vous rend donc heureux;

cheval qui se cabre, renâcle, se déchaîne : vous désirez que l'on s'occupe de vous plus qu'à l'accoutumée. Vous avez l'impression que personne ne peut deviner vos besoins ni vous comprendre. Vous êtes-vous demandé si vous alliez au-devant de ceux que vous aimez ?

Chevalier : quand on vous parle du côté pratique de votre travail, de l'organisation, vous êtes présent, car vous pouvez vous appuyer sur du concret et cela vous rassure. S'il s'agit de vos émotions, vous ne trouvez plus aucune explication. Votre raison se heurte à l'invisible.

Cheveux : vous êtes nerveux, vous êtes peut-être même proche de l'angoisse. Peut-être avez-vous pris trop de responsabilités ? Votre programme est si chargé que vous ne savez plus par où commencer.

Cheville : *les vôtres* : doué pour les relations, vous possédez l'art de vous rendre indispensable aux autres, de les mettre en confiance, vous comportant en toute circonstance avec amabilité, gentillesse et courtoisie;

cheville d'une personne du même sexe : vous vous sentez bien dans votre peau et dans un milieu confortable et sécurisant, où votre grâce et votre charme sont appréciés à leur juste valeur;

cheville d'une personne du sexe opposé: votre vie affective satisfait actuellement votre besoin de tendresse et d'affection. Décidé à vous accrocher à cet environnement rassurant, vous agissez prudemment, en dissimulant, en rusant, indifférent aux sentiments des personnes concernées.

Chèvre: humour, beauté, intelligence et sensualité ne sont que quelques-unes des caractéristiques que l'on peut vous attribuer. Doté en plus d'une forte personnalité, vous impressionnez beaucoup votre entourage.

Chevreuil: vous auriez peut-être avantage à vous montrer un peu plus à l'écoute des besoins de l'autre. Sinon, la situation pourrait se détériorer pendant que vous êtes en train de vaquer à vos activités. Derrière cette attitude se cache une certaine peur de l'intimité ou même une forme de dépendance affective.

Chicane: du point vue professionnel, vous poussez toujours plus loin vos limites, cherchant sans cesse à vous dépasser. Une meilleure gestion de votre argent et un peu de prévoyance vous permettront de devenir plus riche.

Chien: représentation de l'amitié; votre charme, votre gentillesse, votre esprit de conciliation sont les agents de votre réussite. Ces qualités font que les autres acquiescent à vos désirs et vous donnent leur sympathie. Vous montrez un certain raffinement dans votre recherche du plaisir, mais vous évitez de vous engager autant que possible;
délaissé ou martyrisé: vos collègues, associés ou collaborateurs vous réclament sans cesse. Ils savent que vous ne dites jamais non. Faites attention! Vous vous épuiserez si vous ne vous nourrissez pas bien et ne dormez pas suffisamment.

Chiffon: vous êtes un travailleur acharné et vous persévérez dans votre travail. Votre préoccupation première est votre sécurité matérielle.

Chiffre: *rêver à un chiffre:* beaucoup de caractéristiques associées aux nombres sont liées à la personnalité; leur signification doit être interprétée dans un sens général. Les nombres ont également des relations positives avec des dates importantes de notre vie.

Chirurgie: bien que vous vous conformiez en apparence aux lois de la vie, parce qu'il vous est impossible d'agir autrement, vous ressentez une sensation d'irréalité, de détachement. Vous vous regardez vivre.

Chocolat: votre couple possède plusieurs des caractéristiques d'une union qui vogue à la dérive. L'indifférence semble s'être installée entre vous et, chacun de son côté, vous demeurez sur vos positions pendant que le temps passe et que la situation continue à se détériorer.

Chômage: *se chercher un emploi*: vous obtenez des renseignements précis et vous devez prendre une décision;
   perdre son emploi: trop d'enthousiasme dans les affaires de cœur vous entraîne souvent dans le désespoir.

Chou: vous êtes philosophe. C'est pour cette raison que vous vivrez plus vieux que la moyenne des gens, car vous savez très bien répartir les efforts et le repos. Vous savez parfois mettre de côté de vieilles rancunes pour aller de l'avant.

Chute: l'image que vous projetez aux autres a une grande importance pour vous, et ceux que vous aimez le plus doivent se conformer à cette image.

Cicatrice: vous serez porté vers des lectures spirituelles. Vous avez besoin de vous sentir encore plus rattaché à la totalité de l'univers. Une personne vous aidera dans cette recherche mystique.

Ciel: idéaliste, vous cherchez la perfection dans à peu près tout. Des parents proches se manifesteront en cherchant à vous ouvrir les yeux sur vos problèmes. En plus, ils sont susceptibles de vous faire découvrir de nouvelles avenues dans le domaine où vous œuvrez.

Cigarette: vous vivrez des changements avec beaucoup d'intensité mais également avec beaucoup de sagesse. Vous vivrez peut-être une rupture qui vous fera découvrir de nouvelles perspectives d'avenir.

Ciment: représente les amitiés profondes et durables.

Cimetière: enclin à vous sentir mal aimé, privé de la tendresse, du bonheur que vous méritez, vous revendiquez la compréhension de votre entourage. Vous accusez même vos proches de parti pris parce que personne ne semble capable d'apprécier votre affection.

Cinéma: vous devrez revoir vos sentiments si vous voulez préserver votre stabilité émotive. Révolte, colère, tout est possible, mais dans cette problématique, vous sortirez grandi. L'amitié prendra aussi une grande importance dans votre vie.

Circoncision: *opération qui consiste à exciser la peau du prépuce sur le pénis*: le message est évidemment sexuel: soit un manque affectif ou sexuel compensé par des déviations sexuelles, soit des préoccupations tout à fait légitimes de satisfactions sexuelles.

Circuler: vous devrez faire preuve de beaucoup de discipline et de rigueur dans votre travail. Mais vous saurez mettre de l'avant votre légendaire prudence pour freiner les mauvaises influences qui vous assaillent.

Cirque: vous connaissez vos forces plus que n'importe qui, et cela vous aide à affronter les petits problèmes de la vie. Question de fierté ou d'orgueil, vous aurez toutefois du mal à accepter ce que vous ne pouvez pas toujours tout contrôler.

Ciseau: en ce qui concerne votre travail, vos méthodes et votre organisation peuvent être contestées. Il est difficile de satisfaire tout le monde. Par contre, vous êtes très intuitif. Vous aurez instantanément la solution à un problème urgent.

Citron: à votre travail, vous serez soumis à un certain stress qui se répercutera dans votre vie familiale. Vous travaillez trop fort et votre conjoint vous le reproche.

Civière: le travail est pour vous une priorité. Il est vrai que vous voulez régler vos problèmes d'argent. Vous orientez votre force, votre énergie et vos talents multiples dans la bonne direction. Vos efforts ne seront pas vains: non seulement l'argent rentrera, mais vous ferez des économies.

Clairière: vous désirez ardemment une place au soleil et vous êtes disposé à payer le gros prix pour l'obtenir.

Claque: harmonie, raffinement et créativité sont des éléments que vous portez en vous et que vous mettrez encore plus en valeur tout au long de votre vie.

Clavicule: *se briser la clavicule*: admettez que vous ne songez qu'à vous-même, à votre succès, à votre prestige, même aux dépens d'autrui. Il n'est trop tard pour changer.

Clé: *dans une serrure*: les occasions de vous emporter se multiplieront. Allez-vous consacrer votre énergie à la colère? Vous rencontrerez des gens qui n'ont pas votre façon de penser. Ils ignorent les lois de la vie et vont à l'encontre de leurs intérêts;

trouver, donner ou recevoir des clés : ces jours-ci, vous avez un désir de liberté, un goût d'exaltation. Si votre travail ne vous permet pas de servir autrui, pourquoi ne pas communiquer par la pensée et imaginer que vous distribuez le bonheur ? En réfléchissant ainsi, vous ne regarderez plus vos insatisfactions.

Clitoris : le message est évidemment sexuel : soit un manque affectif ou sexuel compensé par des déviations sexuelles, soit des préoccupations tout à fait légitimes de satisfactions sexuelles.

Clochard : vous tenez à votre dignité personnelle. Pour l'assurer, vous vous êtes fixé un but, vous organisant avec méthode pour ne rien perdre de ce que vous aviez investi : argent, temps et énergie.

Cloche : matériellement, vous êtes sur une voie de progrès. À moins que vous ne soyez paresseux ou découragé et que vous vous soyez rangé du côté de ceux qui croient que le merveilleux va se produire parce qu'ils le désirent.

Clôture : vif et espiègle, vous avez plus d'un tour dans votre sac pour séduire ceux que vous aimez. Vous avez le rire facile, même dans les moments difficiles. Malgré les difficultés de la vie, vous continuerez de prôner une attitude positive.

Clou : *qu'on enfonce* : si vous ne vous êtes pas encore rendu compte que, pour réussir, il fallait se donner passionnément à ce que l'on croit, une personne se chargera amicalement de vous démontrer que l'action est nécessaire pour qu'il y ait réalisation ;
qu'on a de la difficulté à enfoncer : vous manquez de confiance en vous et vous avez tendance à vous culpabiliser pour des choses qui n'en valent pas la peine.

Clown : *le voir* : vous vous protégez mal des émotions négatives d'autrui, surtout si vous travaillez dans un monde compétitif. Quel que soit votre domaine, vous ferez une importante découverte qui vous permettra de produire plus aisément, plus rapidement ;
faire le clown : vous avez l'impression d'être dans des montagnes russes. Vos émotions voltigent, passent du rire aux larmes, de l'extrême tolérance au rejet, même pour des choses que vous acceptez en d'autres moments.

Coccinelle : la stimulation psychologique et intellectuelle que vous connaissez actuellement rend votre vie plus agréable. Vous comprenez mieux certaines choses qui vous embarrassaient.

Cochon : vous savez mener plusieurs choses de front, réagir vivement lorsqu'il le faut et résoudre des problèmes épineux. Pas étonnant que des gens comme vous soient impliqués dans notre société.

Cocon : *endroit douillet où l'on se sent protégé :* un très fort courant d'énergie vous incitera à faire ce qu'il faut pour améliorer votre situation amoureuse. Vous avez de grandes chances de réussir.

Cœur : ne changez pas, car vous avez les qualités qu'il faut pour évoluer positivement. Votre attitude face à la vie fait de vous une personne très ouverte. Nul n'est parfait cependant et il y a toujours place à l'amélioration.

Coffre : une petite chose à surveiller, vos paroles. Elles sortent parfois plus vite que vous ne l'auriez voulu. Vous blessez votre entourage sans vous en rendre compte.

Coiffeur : vous n'avez pas un souci exagéré des contingences matérielles de l'existence, votre condition vous permettant de mener une vie agréable et de satisfaire vos goûts plutôt simples.

Colère : *se mettre en colère :* vous arrivez à résoudre une situation embrouillée, car vous êtes bien implanté dans la réalité. Vous exercez sérieusement dans un domaine qui vous est familier et vous obtenez des résultats tangibles ;

voir quelqu'un se mettre en colère : vous ne vous laissez pas tromper par les apparences ni influencer par des opinions dont vous n'avez pas expérimenté la justesse. Cependant, vous estimez vos occupations trop absorbantes et souhaiteriez un peu plus de temps pour vous détendre.

Colle : sympathique de nature, vous ne serez pas surpris d'avoir tant de flirts de la part de l'autre sexe. Votre regard très franc est un élément de séduction très important.

Collier : *en porter un :* vous trouvez une application concrète à votre besoin de conquête et à votre dynamisme dans une profession où vous avez le loisir d'exercer une certaine autorité ;

perdre son collier : trop d'ambition peut vous nuire. Votre entourage se ligue contre vous, alors contentez-vous de faire votre travail et évitez le zèle pour le moment.

Colline : vous devriez vous questionner quant aux motivations qui vous font choisir le mode de vie dans lequel vous vous préparez à entrer. Le faites-vous pour vous-même ou cherchez-vous seulement à épater quelqu'un ?

Collision: les portes de la réussite vous seront grandes ouvertes et vous conserverez votre sang-froid, même dans les périodes de grande tension. Vous serez tourné totalement vers l'action et la performance.

Colombe: devant un événement inattendu et quelque peu traumatisant, vous aurez à faire preuve de discrétion et de sagesse. Vous aurez à prendre des décisions peu faciles, mais si vous conservez votre calme, tout ira bien.

Colonne: gentil et courtois, vous avez toujours une excuse pour la personne qui vous fait du mal. Vous êtes sensible et vous ne voulez pas devenir de marbre. Cependant, vous ouvrez davantage les yeux sur ceux qui vous aiment et sur ceux qui profitent de vous.

Colorer: vous avez tout pour réussir à condition de ne pas avoir peur de travailler. Il vous faudra investir beaucoup de temps et d'énergie, mais le jeu en vaut la chandelle, car vos réussites rehausseront votre estime personnelle et votre moral.

Colosse: vous êtes tiraillé entre la loyauté et la fidélité à votre milieu ou à quelqu'un, et l'envie de nouer de nouvelles relations, de réaliser certains projets. Vous pesez sans cesse le pour et le contre, incapable de vous décider. Cette incertitude est une cause d'anxiété.

Combat: vous n'aurez pas peur de prendre des risques, vos finances deviendront florissantes. Pas étonnant que l'on retrouve autant de gens de votre genre dans le monde des affaires et de la bourse.

Comédien: *si vous êtes comédien:* votre besoin de succès, d'être important s'appuie sur un solide sens des valeurs matérielles. C'est dans le travail, grâce à des réalisations concrètes, que vous espérez devenir un personnage distingué;

si d'autres sont comédiens: vous espérez qu'en vous cuirassant contre les influences extérieures, en n'en faisant qu'à votre tête, vous atteindrez la notoriété, la situation brillante dont vous rêvez.

Comète: vous ne savez pas vraiment ce que vous voulez ou ne voulez pas. Votre cerveau analyse de nouveau ce qui était pourtant clair en vous. C'est comme si on vous faisait passer un examen de lucidité.

Commerce: il vous sera préférable d'extérioriser la joie de vivre et l'enthousiasme qui vous caractérisent. Vous devrez aussi, ce qui est plus difficile pour vous, reconnaître vos erreurs.

Commode: il faudrait que vous vous accordiez un temps d'arrêt pour découvrir les bienfaits d'une réflexion profonde. Ce cheminement vous apprendra à maîtriser votre tendance à ne croire que vous et à ne jamais considérer l'opinion des autres.

Compas : c'est votre orgueil qui complique votre vie amoureuse. Vous voulez toujours avoir raison. Faites preuve de plus de compréhension envers l'être aimé.

Compliment : *recevoir des compliments* : une foule de nouvelles idées vous envahissent. Vos projets sont intéressants et enrichissants. Cela vous fera oublier bien des mauvaises périodes que vous avez vécues.

Comptoir : vous chercherez à développer avec votre partenaire un climat où la tendresse et le romantisme seront rois. La séduction sera au rendez-vous.

Concombre : vous voulez combler votre besoin d'aventure et de conquête, mais en même temps, vous voulez vivre un amour tranquille et fidèle. Cette contradiction atteindra bientôt son paroxysme. Vous êtes prévenu.

Condom : le message est évidemment sexuel : soit un manque affectif ou sexuel compensé par des déviations sexuelles, soit des préoccupations tout à fait légitimes de satisfactions sexuelles.

Confiture : vous avez besoin de conseiller vos semblables. Vous serez tenté de faire des changements majeurs dans votre vie.

Congédier : *congédier quelqu'un* : surveillez vos finances de près, car vous serez tenté de faire de folles dépenses. Il serait tout indiqué d'écouter les conseils d'un comptable ;
perdre son emploi : votre trop grand enthousiasme dans les affaires de cœur vous entraîne souvent dans le désespoir.

Congeler : *quelque chose* : vous commencez certaines recherches. Vous savez tirer parti de tout. L'horizon est enchanteur, mais vous escaladez une pente raide.

Conifère : votre disponibilité est bien connue, mais on a tendance à prendre avantage de votre bonne nature. Avant d'accepter de rendre service, demandez-vous si cela est nécessaire.

Conserve : votre attitude possessive pourrait vous causer des tracas. Vous n'êtes pas du genre à laisser de côté vos acquis et cela pourrait causer quelques chicanes avec votre entourage.

Consoler : votre grande générosité affectera votre portefeuille, mais vous ne regrettez rien car vous aurez le cœur léger.

Constipation : si vous êtes amoureux, vous n'avez pas à craindre l'avenir. Si vous entretenez vos peurs, votre partenaire finira par les absorber, car rien ne reste sans effet. Les ondes vibratoires que vous dégagez agissent autant que les paroles.

Construire : au travail, vous êtes fatigué. Entretenez l'idée de dynamisme et elle se répandra dans votre corps. Ces jours-ci, les gens exigent beaucoup. L'individualisme règne, et cela rend encore plus de gens malheureux.

Contrat : *que l'on signe :* vous êtes intelligent et rusé, et vous ne faites confiance qu'à vous-même. Il est difficile d'être en compétition avec vous, car vous fascinez votre entourage.

Contravention : votre besoin d'indépendance et de liberté risque fort de vous jouer de mauvais tours.

Contrebande : vous prendrez des initiatives curieusement dictées par votre totale ignorance d'un fait important. Cela aura un effet bénéfique que personne ne comprendra, mais les résultats seront là et vous ne serez pas près d'oublier cette curieuse coïncidence.

Convalescence : décidé à préserver votre autonomie personnelle, vous avez une parfaite maîtrise de vous, de vos désirs. Vous n'êtes pas obsédé par la recherche de sensations fortes. Fier de votre moralité, vous ressentez toutefois secrètement d'inquiétantes sensations. Le refoulement et le refus de tendresse pourraient susciter des désordres sexuels que vous ne pourriez plus contrôler.

Copier : le temps est aux drames. On en entend parler ici et là. Si vous ne surveillez que cela, vous vous apercevrez qu'il y a plus de mauvaises nouvelles que de bonnes. Ne laissez pas votre esprit absorber ces tristes événements.

Coq : vous êtes gourmand et faites de l'embonpoint. Vous tricherez dans votre régime et vous vous sentirez ensuite coupable. Ces jours-ci, il est difficile pour vous de limiter le plaisir. Les pulsions et les impulsions seront difficiles à freiner.

Coquillage : événements inhabituels, nouvelles étranges. Vous êtes soucieux de plaire, d'être choyé, plus que de vous enrichir et vous accordez beaucoup d'importance aux jouissances sensuelles.

Corbeau : sur le plan des sentiments, cela ne va pas très bien. Un malentendu prend de plus en plus d'ampleur.

Corbeille : il vous faudra apprendre à canaliser vos énergies. Cela vous permettra de progresser et non pas de détruire ce que vous avez déjà construit. Si vous arrivez à vous astreindre à une discipline, votre réussite sera d'autant plus grande.

Corbillard : *en voir un :* ces jours-ci, l'esprit s'agite davantage. Vous avez la parole facile. Vous faites de l'humour ou vous êtes cynique. Tout dépend de votre façon de voir les gens et la vie ;

se trouver à l'intérieur d'un corbillard : si vous êtes amoureux, vous aurez envie d'échapper au train-train quotidien, de voler des heures qui n'appartiennent qu'à vous et à l'être aimé.

Corde : *en acheter :* au travail, vous obtenez ce que vous voulez ou presque. On vous vient en aide sans que vous ayez à le demander. Une personne reconnaît ce que vous faites pour autrui ; elle tient à vous rendre la pareille en signe de reconnaissance ;

vendre de la corde : vos idées, même si elles sont bonnes, se heurtent à des obstacles. On est en compétition avec vous. On tente de diminuer vos réalisations ;

voir une corde usée : vous menez de front devoirs familiaux et carrière ; vous vous sentirez coincé, à l'étroit, car vous voulez faire plaisir à tout le monde.

Corne : vous essaierez de solutionner un problème important. Malheureusement, cela vous sera très difficile, car quelqu'un a de mauvaises influences, hors de votre contrôle.

Corneille : sur le plan des sentiments, cela ne va pas très bien. Un malentendu prend de plus en plus d'ampleur.

Corridor : le mariage, la famille et la maison sont nécessaires à votre équilibre. Les réponses ne viendront pas facilement et vous traversez une période d'insécurité.

Corsage : êtes-vous dans un état d'esprit qui vous aide à maigrir ? Souvent, la peur de l'échec peut à elle seule vous empêcher de devenir mince. Changez votre façon de penser et vous réussirez.

Costume : vous aurez une impression de flou. Vous vous interrogerez sur votre rôle dans la société et vous vous demanderez si votre travail correspond bien à vos aspirations profondes.

Cou: apprenez à vous détendre et à jouir enfin de la vie. Mettez au rancart toutes vos craintes inutiles. Devenez maître de vos pensées et de votre corps afin de mieux récupérer vos forces et de régénérer votre énergie.

Coucher: *être couché seul*: vous serez tenté de discuter d'argent, des responsabilités financières des autres autant que des vôtres. Il n'est pas certain que vous soyez juste. Émotif, vous calculez que vous en faites plus que les autres;

être couché avec un autre: ce roman d'amour que vous vouliez écrire sera barbouillé si vous en faites une affaire administrative. L'organisation, c'est bien pour le travail, mais sur le plan amoureux, il faut vivre le moment présent. Sinon, c'est l'angoisse de l'avenir en duo.

Coudre: vos relations amoureuses seront plus compliquées. Vous aurez encore plus envie que votre conjoint vous soit complètement dévoué. Ce besoin de possession, vous l'exprimerez surtout à travers votre sexualité.

Couler: votre esprit indépendant et individualiste est souvent une grande force chez vous. Il arrive cependant que, dans certains cas, on ait besoin de conseils. C'est là un moyen facile de réussir, mais que vous n'exploitez pas assez.

Couper: vous démontrerez une grande capacité d'organisation et de décision. Votre efficacité sera reconnue et on vous en félicitera. Il ne serait pas étonnant que l'on vous fasse même une proposition intéressante.

Courir: *vers quelque chose*: votre activité vise davantage à préserver votre indépendance et à vous attirer la considération de vos semblables qu'à acquérir des biens matériels;

courir en fuyant quelque chose: problèmes, insatisfaction, mécontentement, irritabilité. Vous participez de façon active à des occupations qui n'ont pas un intérêt réel à vos yeux. Il ne s'agit là que d'un dérivatif au sentiment de vide qui vous accable;

incapacité de courir: manque de confiance en soi. Incertain de vous, de vos désirs, incapable de prendre une décision ferme, vous vous laissez vivre en flottant dans une sorte de brume, vous contentant de saisir au vol toutes les occasions de plaisir qui se présentent.

Cours d'eau: votre force est certainement votre sens du leadership. Votre faiblesse: votre manie de tout diriger sans consulter. Surtout qu'en amour, il vous faudra veiller à élargir votre esprit et à accepter l'autre tel qu'il est.

Coussin : vous poursuivez un chemin cahoteux. Mais sachez une chose : même si tout n'est pas rose, vous en sortirez grandi. En fait, vous vous sentez seul et abandonné.

Couteau : l'opinion des autres vous importe peu. Les compromis ne sont pas votre fort. Votre entêtement et votre certitude de réussir vous font vous surpasser.

Couvent : vous êtes anxieux et déprimé. Vous faites moins confiance à la vie, et la morosité vous gagne. Apprenez à vivre calmement et à contrôler vos émotions trop vives.

Couverture : tout va bien dans votre vie professionnelle. Vous arriverez à contourner les obstacles. Vos qualités d'observation et d'adaptation vous donneront des outils remarquables pour réussir dans tout ce que vous entreprendrez.

Cow-boy : vous croyez que les autres sont meilleurs et que vous avez tort. Apprenez à vous affirmer, à avoir pleinement confiance en vous et à vous sentir bien dans votre peau. Multipliez vos chances de succès en développant votre personnalité et vos qualités.

Crabe : les choix que vous ferez et les dispositions que vous adopterez seront très favorables à votre santé et vous permettront de bénéficier d'une forme rayonnante et d'un excellent dynamisme.

Cracher : vous êtes bien inspiré dans vos décisions à condition de tenir compte de vos intuitions, teintées d'appréhension lors d'une proposition. En refusant une offre, vous pourriez échapper à une série de problèmes.

Craie : l'anxiété de votre partenaire face à l'avenir risque de vous gagner à votre tour. Vous devez le réconforter et lui faire voir les choses sous un autre angle.

Craindre : au travail, évitez les discussions trop animées. Exposez calmement vos idées et vos opinions, et vous obtiendrez non seulement l'appui de ceux qui vous entourent, mais aussi leur estime et leur collaboration.

Crâne : les efforts que vous avez entrepris pour améliorer votre situation professionnelle ou financière semblent porter fruit.

Crapaud: en amour, après les difficultés des derniers temps, vous entrevoyez des signes encourageants. Il est cependant préférable de demeurer flegmatique devant une incompréhension passagère pour ne pas blesser la personne qui vous est chère.

Cravate: *la nouer* : on essaiera de vous impressionner. Toutefois, votre système d'analyse est en place. Vous ne vous laisserez donc pas prendre par les apparences. Lors d'une conversation où vous sentez le mensonge, vous aurez une réplique saisissante pour votre interlocuteur ;

dénouer sa cravate : l'amour n'offre aucune sécurité, mais vous invite au partage. Si vous avez une attitude de dominant, vous pourriez tout à coup vous rendre compte à quel point vous étouffez votre partenaire.

Crayon: vous aurez besoin de vous libérer de certains liens. Période où vous passerez en revue les gens qui vous sont utiles, agréables et sincères avec vous depuis toujours. Quant aux autres, vous déciderez de leur donner un congé prolongé.

Créancier: votre humeur sera changeante et capricieuse. Vous ne saurez plus sur quel pied danser, et cela vous irritera au point que vous vous en prendrez à des personnes qui ne sont vraiment pas responsables de vos ennuis.

Crémation: *la vôtre* : désireux de goûter à toutes les joies de la vie, vous saisissez avidement les objets de plaisir qui se présentent sans vous accrocher de façon durable pour éviter les problèmes affectifs. Votre attitude ne favorise pas une réelle intégration au milieu et vous vous sentez isolé. Vous avez tendance à ruminer ces insatisfactions ;

la crémation de quelqu'un d'autre : votre recherche de contacts est en contradiction avec la timidité qui vous paralyse. Par ailleurs, votre manque d'agressivité vous porte à vous laisser exploiter par autrui ;

la crémation d'une personne connue : indique le détachement mystique vis-à-vis de cette personne, la fin d'une relation ou d'un amour.

Crème: au travail, vous serez porté à prendre des positions radicales, à adopter une ligne de conduite ou des méthodes de production qui risquent de susciter de l'animosité.

Crêpe: votre sourire fait fondre, éclaire, illumine, enjolive la vie de votre entourage. Vous épatez les nouvelles personnes que vous rencontrez. Si vous flirtez, vous serez embarrassé de plaire à autant de personnes.

Crépuscule : vous avez tendance à être très direct dans vos paroles. Cela ne fait pas l'affaire de tout le monde. Vous allez devoir affronter une personne qui vous en veut pour vos déclarations.

Creuser : période de votre vie pouvant provoquer de la jalousie si votre partenaire, à vos yeux, semble flirter. Il vous accorde moins d'attention qu'à l'accoutumée.

Crevette : vous n'avez pas la langue dans votre poche et vous pourriez vous emporter, alors que la réalité est bien différente de ce que vous imaginez.

Crier : *essayer de crier :* vous manquez de confiance en vous. On a l'impression que vous êtes bien intégré à votre milieu, mais votre vie sociale n'est que superficielle. Au fond, vous demeurez distant et indifférent, peu désireux de vous attacher à quelqu'un ;

crier fort : problèmes insolubles, urgent besoin d'aide ; des gens de votre entourage sont peut-être une cause de mécontentement pour vous. Mais vous vous sentez épuisé mentalement et privé de courage ou de force pour affronter l'inconnu ;

entendre crier : excitation dans l'air. Les gens s'empressent et se bousculent, comme si chacun voulait passer le premier. Si vous faites partie de la course, attention aux coups de coude que vous pourriez donner ou recevoir !

Crinoline : vous n'êtes pas aussi réaliste que vous aimez le laisser croire. Vous avez de ces fantaisies qui dérangent souvent et laissent votre entourage sceptique.

Cristal : *l'entendre tinter :* votre ambition est grande et, souvent, elle vous incite à manipuler les autres subtilement sans qu'ils s'en aperçoivent ;

casser un verre ou un objet en cristal : matérialiste, vous profitez de tout ce qui passe. Les obstacles ne vous font pas peur.

Crocodile : en dépit de votre souci de préserver la paix autour de vous, votre bonté loyale mais un peu rude se manifeste généralement de façon maladroite.

Croissant : *de pain :* valeurs vitales élémentaires à la nourriture spirituelle et psychique. Cela indique la fin de difficultés psychologiques ;

de lune ascendante : déçu dans vos rapports affectifs, vous êtes révolté devant l'attitude de parti pris dont on fait preuve à votre détriment ;

de lune descendante : anxieux, tendu, vous avez peur de nouer de nouveaux liens qui risquent de s'avérer décevants. Vous luttez contre les sentiments de haine qui empoisonnent votre existence.

Croix : vous aurez l'impression qu'on fait exprès pour vous contrarier. Vous pourriez avoir des sautes d'humeur sans que vous soyez capable de vous les expliquer. De vieux souvenirs refont surface en votre âme. Ne les laissez pas vous absorber : regardez-les en face.

Croquer : vos émotions valsent et ne trouvent pas un rythme régulier. Elles viennent par bouffées, pouvant passer du chaud au froid. Cela ressemble à un film qui se déroulerait dans votre tête et que vous avez vu de multiples fois.

Cruche : vous êtes influençable et les paroles d'autrui ont plus d'effet sur vous que vous le voudriez.

Crypte : *caveau construit en dessous d'un temple :* on vous prend au sérieux ,mais vous devrez vous faire un point d'honneur de tenir vos promesses.

Cube : vous êtes sujet à de petites pertes de mémoire telles qu'oublier un objet personnel dans un endroit public.

Cuiller : *perdue ou volée :* vous ne manifestez pas un grand souci d'améliorer votre condition matérielle ; soit que vous la jugiez satisfaisante, soit que les contingences extérieures ne vous intéressent pas ;
utiliser une cuiller : élévation vers une position de pouvoir ; grâce à votre sens inné de la justice, vous équilibrez le jugement sévère que vous seriez tenté de porter sur vos semblables. Ainsi, vous évitez de froisser ou d'offenser les personnes qui vous entourent.

Cuisiner : bien-être matériel ; pouvoir matériel ; tout vous est indifférent, sauf la réussite du projet que vous avez conçu, que vous entendez mener à bien, quoi qu'il vous en coûte, en dépit de l'opposition de votre entourage.

Cuisse : représente la provocation sexuelle. Des restrictions et des contradictions face à vos désirs charnels vous empêchent de vous épanouir à votre gré. Vous devrez faire preuve de patience.

Cuivre : *la couleur cuivre :* vous avez la pénible impression que votre vie affective prend un virage négatif. Mais ce n'est qu'une impression. Les changements de ces derniers temps sont sans doute responsables d'une certaine indifférence de la part de votre conjoint. Soyez positif et tout va s'arranger.

Culbute: période de votre vie où il vaut mieux prendre du recul afin d'évaluer le chemin parcouru jusqu'à maintenant et de vous organiser pour éviter des détours qui retarderont l'accès au point d'arrivée.

Cul-de-jatte: *personne privée de ses jambes:* une situation exigera de vous beaucoup de tact et de délicatesse. Vous devrez faire preuve de discrétion, car ce qu'on vous confiera sera très dérangeant pour certaines personnes.

Cul-de-sac: vous retrouvez votre énergie. Vous aurez besoin de vous évader, de vivre quelque chose de nouveau, d'excitant.

Culotte: fatigue, lassitude, ennui parfois. Peut-être avez-vous l'impression d'en avoir trop sur les épaules, d'en faire beaucoup et de ne récolter que bien peu.

Cultivateur: au travail, évitez les gestes trop brusques et les prises de bec, même si vous êtes certain d'avoir raison. Il pourrait s'ensuivre des accrochages qui finiraient par avoir raison de vos ambitions à court ou à long terme.

Cupidon: votre peur viscérale de l'inconnu ou de la nouveauté vous fait perdre toute crédibilité aux yeux de l'être aimé. Et pourtant, vous êtes vraiment en amour.

Cycliste: soyez assez lucide pour fermer la porte aux gens qui ne disent jamais merci et qui ne manifestent jamais la moindre reconnaissance envers vous.

Cyclope: *géant qui n'a qu'un œil:* vous êtes tiraillé entre, d'une part, la loyauté et la fidélité à votre milieu ou à quelqu'un et, d'autre part, l'envie de nouer de nouvelles relations, de réaliser certains projets. Vous pesez sans cesse le pour et le contre, incapable de vous décider. Cette incertitude est une cause d'anxiété.

Cygne: vous avez la mauvaise habitude de briser les ponts derrière vous, mais vous vous attendez par la suite à obtenir de l'aide des autres. Changez votre philosophie: efforcez-vous de garder de bonnes relations avec autrui.

Cyprès: vous êtes simple, vous n'avez aucune envie de monter dans l'échelle du prestige. Vos ambitions sont dirigées vers un bon rendement, et non vers ce qui est superficiel.

Cytologie : *passer une cytologie :* ne tentez pas de régler tout seul des problèmes qui concernent également d'autres personnes. Acceptez de vous faire aider et rappelez-vous que vous n'avez pas la science infuse.

D

Dactylo : si vous êtes à la recherche de l'amour, une rencontre pourrait transformer votre vie. Ne vous isolez pas quand tout invite à vivre au maximum.

Dahlia : représente la richesse et les honneurs ;
fleur pâle : vous vous demandez si vous n'avez pas construit votre vie sentimentale sur de fausses bases ;
fleur vive : ardeur exaltée, violente, audacieuse ; réalisation des possibilités latentes.

Dame : *jouer aux dames :* vous êtes habile, plein de ressources et vous arrivez à réaliser vos projets ;
voir quelqu'un jouer aux dames : une série de propositions et d'invitations plaisantes vous donnent l'embarras du choix.

Danger : *se voir en danger :* vous avez abandonné l'espoir d'être heureux, de réaliser certaines ambitions qui vous tenaient à cœur. Blasé, amer, vous vous montrez indifférent aux choses et aux personnes qui vous entourent.

Danse : nouveaux amis, réussite sociale, extase, identification à l'unité ; force cosmique à la fois génératrice et destructrice.

Dard : ne laissez pas vos amis vous dicter votre conduite si vous traversez une période difficile sur le plan amoureux ou avec un de vos enfants. Ils ne peuvent se mettre à votre place.

Datte : vous ne pouvez vous confier ni vous fier à tout le monde. Vous aurez des intuitions justes par rapport à de nouvelles personnes que vous rencontrerez. Les unes seront parfaitement honnêtes ; les autres ne chercheront qu'à tirer profit sans aucune intention de vous donner ce qui vous revient en échange.

Dauphin : votre vie sentimentale est caractérisée par des émotions. La diplomatie de votre conjoint vous rendra la vie plus facile et favorisera votre compréhension.

Dé: *à coudre* : si vous êtes attentif à vos vibrations, à vos sensations, vous aurez un malaise ou ne serez pas à l'aise en présence d'un tricheur. Le signal vous est donné, tenez-en compte ;

dé à jouer : lors de vos conversations, vous pourriez remettre à sa place une personne qui croit en savoir plus que vous et qui affirme des choses sans preuve. Un jaloux se trouve dans votre milieu de travail. Ne lui donnez pas d'importance.

Débâcle: vous avez tendance à tout sacrifier devant des fantômes qui s'effacent les uns après les autres. Soyez plus réaliste.

Débarbouillette: ne vous laissez pas distraire par mille détails sans importance dans la situation présente. Une demande que vous faites pourrait être refusée ou acceptée plus tard.

Débauche: vous pourriez souffrir d'insomnie ou mal dormir. Les remous économiques que nous vivons vous portent à créer, à innover. Vos nuits blanches sont donc bien remplies.

Déchet: vous avez le foie fragile, alors évitez la nourriture lourde. Votre digestion est plus lente qu'à l'habitude.

Déchirer: vous avez envie de mettre de l'ordre dans vos affaires. Vous pensez sérieusement à limiter votre budget, à le resserrer davantage pour économiser, pour vous mettre à l'abri.

Décoration: votre humeur peut parfois varier. Si vous rencontrez des gens qui n'ont pas un bon moral, cela pourra vous affecter. Après les avoir quittés, c'est vous qui perdrez le vôtre.

Découcher: vous ne vous sentez pas très bien, alors ne faites que l'essentiel. Rentrez plus tôt et prenez du repos. Il est important de bien vous nourrir, donc ne surchargez pas votre estomac.

Découdre: harmonie dans les rapports sentimentaux. Votre humeur sera au beau fixe et vous connaîtrez un renouveau de confiance en vous.

Décourager: *être découragé* : vous procédez à une gestion plus équilibrée de vos affaires. Vous vous montrez rigoureux dans vos finances au point qu'on pensera que vous êtes un peu avare.

Décrocher: *un objet* : il serait bon de trouver une activité qui vous permette de libérer toute votre énergie, sinon vous deviendrez très nerveux et vous vous sentirez mal dans votre peau.

Défigurer: *être défiguré* : vous aurez des confidences des gens de votre entourage. Ils vous donneront des indices pour les aider à prendre la direction de leur destin.

Dégel: vous êtes bien difficile à contenter et cela pourrait vous apporter quelques prises de bec avec votre entourage. Ne soyez pas aussi exigeant avec les gens qui vous aiment.

Dégoûter: *être dégoûté* : vous avez tendance à flirter et à changer fréquemment de partenaire. Votre vie sentimentale et sociale risque de vous causer bien des ennuis et de devenir une source de mécontentement autour de vous.

Déguisement: une certaine incertitude existe sur la nature du sentiment que vous éprouvez. Quoiqu'il existe plusieurs points positifs dans la relation que vous avez avec votre partenaire, ce n'est pas encore le grand amour. Il semble que vous soyez un peu réaliste et précautionneux.

Délivrer: *se voir délivrer* : vous aurez des contrariétés au travail. Toutefois, il se peut que vous dramatisiez ce qui est simple. Vous serez tenté de perdre patience envers une personne qui se plaint à vous pour la centième fois. Avez-vous mesuré les conséquences de cette attitude? ;
délivrer les autres : vous pensez que le monde n'existe que pour vous. Vous n'avez pas conscience de vos multiples demandes, ou encore vous prenez constamment sans jamais dire merci, sans jamais rien donner en retour. Une personne qui vous aime beaucoup malgré votre égoïsme reconnaît vos qualités.

Déluge: freinez votre impulsivité, sans quoi vous serez amené à commettre une action qui pourrait nuire à votre prestige et à votre réputation.

Démangeaison: cessez d'être inquiet ; insatisfait, mécontent de tout et de tous, en proie à l'amertume, vous adoptez une attitude de froideur, voire d'indifférence. Votre manque de chaleur et de spontanéité ne facilite pas les relations sociales ou sentimentales que vous aimeriez établir.

Déménagement: une personne qui vous aime beaucoup n'ira pas par quatre chemins pour vous ouvrir les yeux sur votre manque de respect envers autrui. Vous n'êtes pas heureux puisque vous devez constamment expliquer à tout le monde ce que vous êtes.

Démissionner : une de vos connaissances éprouve des difficultés sentimentales. Vous tenez à conserver l'affection et la tendresse que vous témoigne cet être cher, et vos propres sentiments ne sont pas désintéressés.

Démolir : vos propos sont parfois brutaux et vous ne vous en rendez pas toujours compte. Votre tendance à l'égocentrisme vous empêche d'être sensible aux sentiments des autres.

Démon : vous êtes vulnérable, sensible et parfois même susceptible. Ne prenez pas à la lettre les sous-entendus, les mots vides de sens qui ne servent qu'à meubler une conversation.

Déneiger : vos rapports avec la famille et vos amis sont un peu secs. Toute vérité n'est pas bonne à dire. Cela devient désagréable quand vous vous emportez juste pour démontrer que vous avez raison.

Dent : *maux de dents* : vous manquez de courage pour affronter les difficultés qui vous effraient. Il vous est donc impossible de trouver une solution à vos problèmes financiers ;

perdre une dent : vous aurez un élan vers autrui. Vous ressentirez à la fois le désir et le besoin de faire plaisir à ceux que vous aimez et appréciez, juste pour les voir sourire ;

dents cariées ou cassées : vous vous libérez de problèmes oppressants ;

dents artificielles : le fait que vous êtes amoureux n'empêche personne de flirter avec vous, mais vous avez le choix : résister ou accepter de succomber aux charmes ;

dent qui pousse : orgueilleux, égoïste, intransigeant, vous n'acceptez ni les contraintes ni les atteintes à votre indépendance ;

avoir des aliments entre les dents : vous êtes uniquement intéressé par ce qui vous concerne et vous admettez difficilement que l'on envisage les choses autrement que vous.

Dentelle : ne prenez pas trop au sérieux les serments d'amour que l'on pourrait vous faire. On est sincère, mais certaines personnes sont simplement amoureuses de l'amour.

Dentier : le fait que vous êtes amoureux n'empêche personne de flirter avec vous, mais vous avez le choix : résister ou accepter de succomber aux charmes.

Départ : *assister à un départ* : vos intérêts personnels passent avant toute chose. À cause de cela, vos amis vous reprochent de leur accorder si peu de temps ;

partir soi-même : vous débordez d'énergie et on a du mal à vous suivre. Vous aimez l'action : plus vous êtes actif, plus vous êtes heureux.

Dépenser : il est possible que vous ayez affaire à des gens agressifs, mais votre sourire et votre diplomatie les ramèneront à l'amabilité.

Déraciner : vous parviendrez à corriger les erreurs qui retardent actuellement votre progrès.

Dérailler : votre vie sociale vous accapare un peu trop au goût de votre entourage. Ne dépassez pas une certaine limite si vous ne voulez pas avoir de sérieux problèmes.

Descendre : *descendre de haut* : vous vous préparez à un événement et les confidences ne manquent pas ;
   être craintif de descendre : vous mettez certaines choses au point et vous connaissez maintenant l'orientation à suivre.

Désert : vous avez tendance à vouloir tout contrôler en même temps, ce qui devient stressant.

Déshabiller : votre esprit s'ouvre sur la réalité de l'amour ; il saisit intuitivement les besoins émotifs de votre partenaire. Si celui-ci a du mal à s'ouvrir, vous trouverez les mots justes qui lui permettront de verbaliser ce qu'il ressent pour lui-même.

Désirer : *quelque chose* : votre cœur chante, vous tentez une innovation, mais il ne faut jamais se désintéresser des choses importantes.

Désordre : remontée de vos énergies. Vous êtes persuasif, original et audacieux. Votre magnétisme est puissant. Il faut profiter de cette bonne passe pour accomplir le nécessaire en vue d'une progression dans votre cheminement amoureux.

Dessert : vous avez du mal à révéler vos sentiments parce que vous craignez qu'on ne vous aimera plus autant. C'est non seulement un manque de confiance en vous, mais aussi la certitude que l'autre ne peut pas vous comprendre.

Dessiner : *faire des dessins* : vous avez intérêt à canaliser votre agressivité en faisant du sport, sinon vous serez tenté d'aiguiser vos griffes sur autrui ;
   voir quelqu'un dessiner : vous êtes pantouflard et vous aimez vivre dans un décor raffiné, rempli de tapis moelleux et d'objets délicats.

Déterrer: vous êtes secret et vous aimez bien votre solitude. Vous vous dites que les meilleurs conseils que l'on puisse recevoir sont ceux que la conscience dicte.

Détruire: pour préserver l'équilibre de votre couple, il vous faut communiquer. On ne vous devine pas.

Dette: rencontre avec des personnes influentes qui vous permettront d'accéder à un poste que vous désirez depuis longtemps.

Deuil: votre recherche de relations est en contradiction avec la timidité qui vous paralyse. Par ailleurs, votre manque d'agressivité vous porte à vous laisser exploiter par autrui.

Dévorer: le moral est bas. Vous vous laissez aller à vos tristes souvenirs et vous les actualisez. Rien de ce qui a été ne sera changé. Il est plus important de regarder devant que derrière.

Diable: vous portez un jugement sans preuve suffisante juste parce que vous le ressentez ainsi. Mais vous pourriez vous tromper. Voyez au-delà des apparences. Vous craignez l'opinion d'une personne sur un sujet précis. Vous avez peur qu'elle ne soit pas d'accord avec un projet que vous avez en commun ou qu'elle ait changé d'idée.

Diamant: conserver vos acquis, ne rien perdre, accumuler, gagner plus, l'emporter lors d'une compétition, lors d'une discussion, d'une réunion d'affaires, voilà où se trouvent vos priorités.

Dinde: il y a des choses qu'il faut faire absolument pour contenter la famille, et cela vous agace.

Diplôme: *être diplômé* : vous tenez mordicus à vos idées, mais vous êtes intelligent et savez faire la part des choses quand cela est nécessaire ;
ne pas être diplômé lorsqu'on s'y attend : vous êtes un être charmant et sociable, mais pour vous le travail passe avant le plaisir et les amis.

Diriger: vous plaisez sans effort. Le temps est propice à une rencontre si vous êtes à la recherche de l'amour. Vous oserez faire une proposition qui sera bien accueillie.

Discours: *que vous faites* : il est possible que vous soyez dans l'obligation de délaisser une ou deux idées pour en faire valoir une plus importante. Faites un choix, mesurez, calculez. Comparez ce que vous gagnerez en éliminant ce qui n'est pas vraiment essentiel ;

que vous écoutez: on pourrait prendre des décisions sans vous en parler. Vous en serez offusqué. Attention, l'orgueil n'a pas sa place. On pourrait vous faire quelques remarques sur votre travail.

Disparaître: vous êtes excessif, nerveux, et vous vous mettez facilement en colère. Vous avez du mal à vous contrôler dès qu'on vous contredit.

Dispute: l'amour est un moteur extraordinaire. Quel que soit votre projet, il réussira car vous êtes capable d'aimer, c'est-à-dire de vous investir à corps perdu.

Disque: il y a de l'amour dans l'air et même de la passion. Mais c'est une passion débordante. Ceux qui vous approchent ou qui sont déjà dans votre vie sentimentale deviennent votre cible. Ils auraient tort de s'en plaindre toutefois puisqu'ils sont les premiers à en bénéficier.

Divan: *être allongé sur un divan*: vous aimez bien profiter de la vie et n'êtes pas du genre à vous fendre en quatre pour gagner votre pain même si vous êtes un bon travailleur;
voir quelqu'un d'autre allongé: vous ressentirez une fatigue soudaine. Vous supporterez moins le stress. Ce n'est la faute de personne si vous avez des malaises. Vous ne prenez pas le temps de récupérer.

Divorce: *si vous divorcez*: l'état actuel des choses exige une intervention de votre part. Mais, désespéré, vous n'êtes pas à même de porter un jugement rationnel sur les faits et vous refusez catégoriquement d'en discuter. La tension et l'anxiété s'intensifiant, vous risquez de prendre une décision brusque, de vous jeter à l'aveuglette dans une action inappropriée;
si ce sont les autres qui divorcent: votre souci actuel est de maintenir l'ambiance détendue qui vous est nécessaire. Vous vous efforcez de vous montrer sociable et compréhensif, d'être moins taciturne, pour mettre fin au sentiment d'isolement qui vous fait souffrir.

Docteur: l'amour ne fréquente pas ceux qui ont peur de tout perdre. Elle les laisse se débrouiller en solitaire avec leur destinée.

Doigt: *effilé et beau*: avec l'amour de votre vie, vous êtes individualiste. Vous pouvez former un couple solide, mais chacun devra faire des concessions;
se couper un doigt: l'entente avec l'autre est difficile, car beaucoup trop de compromis s'imposent et chacun est trop autoritaire.

Dôme: vous jouez les durs, mais à quoi bon quand on a un cœur d'or et que vous flanchez à la moindre occasion! Réveillez-vous et revenez à la réalité. Laissez libre cours à votre sensibilité, cela aura de bien meilleurs effets.

Donjon: votre dernier coup de cœur est une salade de fruits de tous ceux qui l'ont précédé. Si vous désirez vraiment qu'il se transforme en grand amour, oubliez tous ceux que vous avez en mémoire.

Donner: il est vrai que vous êtes parfaitement capable d'aimer, mais le mode d'emploi vous échappe encore. Attention, si vous ne faites pas d'efforts, vous vous retrouverez seul!

Dormir: *se voir dormir:* votre bonne humeur vous donne un grand magnétisme et un certain pouvoir sur autrui ainsi que sur ce que vous vivez présentement. Ce que vous dites est retenu pour ou contre vous.

Dos: *voir une personne de dos:* au travail, vos paroles revêtent une importance plus grande que vous ne le soupçonnez. Vous n'êtes pas sans émotions: elles sont contenues dans vos paroles. On peut parfois même percevoir une pointe d'agressivité; c'est d'ailleurs ce qu'on retiendra le plus;
tourner le dos à quelqu'un: soyez conscient de vos désirs. Ces jours-ci, les idées prennent forme. Elles se solidifient. Dans quelques semaines, vous aurez devant vous exactement ce que vous aviez en tête au cours de ces journées.

Douane: *passer aux douanes:* vous voulez savoir la vérité, rien que la vérité, toute la vérité. N'hésitez pas à mettre dehors les beaux parleurs, les casse-pieds et les charmeurs. À partir de ce moment, vous découvrez pas mal de choses.

Douche: *prendre sa douche:* besoin de se régénérer, d'oublier le passé. Passionné, entier, sceptique et blasé, vous réprimez votre ardent besoin d'affection. La sécheresse et la froideur que vous témoignez à ceux qui vous approchent ne sont qu'une façade derrière laquelle vous cachez votre insatisfaction. Vous tentez de compenser par la réussite professionnelle.

Douleur: *sentir des douleurs:* le remède à votre désenchantement, vous tentez de le trouver dans une relation sentimentale exclusive, basée sur votre satisfaction personnelle. Vous estimez que l'on doit se soumettre avec amour à vos exigences et subir votre jalousie;
douleur au côté: vous êtes préoccupé par votre état de santé. Vous ne ménagez pas assez votre corps parce que vous voulez améliorer votre situation matérielle, assurer votre confort et votre sécurité;

soigner des douleurs : secret, indifférent au milieu, vous agissez à votre guise, sans souci des convenances. Vous ne vous fiez qu'à vos principes. Derrière votre masque dur et fermé, vous cachez une âme inquiète et meurtrie ;

douleur à la tête : vous n'êtes pas parvenu à établir des relations affectives harmonieuses et stables avec votre entourage. Vous vous en voulez d'avoir manqué de tolérance et de souplesse. Vous reprochez également aux autres d'avoir contribué à cet échec.

Dragon : certains projets qui vous tenaient à cœur n'ont pu se matérialiser, soit parce que vous avez peur d'échouer, soit à la suite d'initiatives malheureuses. Frustré, vous vous sentez abandonné, indigne de l'idéal que vous aviez choisi. Vous avez tendance à reporter sur autrui votre ressentiment et votre insatisfaction.

Drap : *propre* : si, dans votre couple, chacun est prêt à mettre son égoïsme de côté, votre relation sera possible, tout en demeurant difficile ;

drap sale : si vous êtes en compétition, n'allez surtout pas souhaiter quoi que ce soit de négatif à votre adversaire. Sinon, cette projection destructrice se retournera contre vous, puis vous vous demanderez pourquoi les choses se passent ainsi.

Drapeau : vous supportez mal la subordination et envisagez des solutions pour vous rendre indépendant. En même temps, vous invoquez des prétextes, admettant difficilement que vous manquez de force et de courage pour vous mettre à l'ouvrage.

Drogue : *en prendre* : ne vous animez que de bonnes intentions. Si vous êtes persuadé de votre idéal, de votre but, travaillez en ligne droite sans vous soucier de ce qu'on pense de vous.

Druide : vous devez modérer votre élan, surtout si un événement complique les choses. L'agitation grandit chez l'autre sexe, pesez les faits avant d'agir.

Duel : vous n'aurez pas peur de prendre des risques de sorte que vos finances deviendront florissantes. Pas étonnant que l'on retrouve autant de gens de votre genre dans le monde des affaires et de la bourse.

Duvet : quand on donne sans calculer, on reçoit sans compter. C'est cela, tomber en amour.

Dynamite : porté à l'amour exclusif et possessif, vous ne comprenez pas que l'on puisse vous abandonner pour quelqu'un ou quelque chose.

Vous devrez apprendre à laisser plus de liberté à l'être aimé; il vous en sera reconnaissant.

Dyspepsie : *digestion douloureuse et difficile :* le remède à votre désenchantement, vous tentez de le trouver dans une relation sentimentale exclusive, basée sur votre satisfaction personnelle. Vous estimez que l'on doit se soumettre avec amour à vos exigences et subir votre jalousie.

E

Eau : vous avez vécu un choc au cours du dernier mois et vous vous questionnez. Il arrive parfois des événements qui ont comme seul objectif de vous faire constater que la route choisie doit être modifiée ou que votre attitude face à la vie et aux gens doit être transformée.

Éblouir : en ce qui concerne vos amours, vous en êtes au *statu quo*. Si vous avez besoin d'amour, commencez par en donner et vous en recevrez.

Éboulement : la chimie amoureuse entre vous et l'être aimé est du type explosif. Elle dévaste tout sur son passage. Mais vous ne comprenez pas très bien ce qui vous arrive. Laissez-vous faire, il y a beaucoup de bonheur en perspective.

Échafaud : vous voulez savoir ce que chacun fait en dehors de ses heures de travail. Ne cherchez pas à vous comparer à qui que ce soit. Si vous êtes bien avec vous-même, l'envie devient un sentiment inutile et même nuisible à votre équilibre.

Échalote : représentation de l'épanouissement personnel. L'individu peut se débarrasser des obstacles l'un après l'autre de manière à atteindre le centre de sa personne, le Soi.

Échanger : *quelque chose avec les autres :* votre générosité de cœur et d'esprit vous incite à conseiller vos amis quand ils ont des problèmes à résoudre, et vous sentez que l'on vous estime beaucoup.

Échapper : l'anxiété n'est pas propice à l'amour, même si vous vous sentez d'attaque. Gardez la tête froide et vos sentiments bien au chaud.

Écharpe : plus vous avez du succès en amour, moins vous y faites attention. Si vous souhaitez plaire à qui de droit, commencez d'abord par lui consacrer le temps nécessaire.

Échasse : *marcher sur des échasses :* vous avez le goût d'offrir une petite recette de votre cru à ceux qui vous font du mal. Œil pour œil, dent pour dent. Vous pensez en particulier à une personne qui ne vous lâche pas. Faites attention ! La vengeance ne règle absolument rien, bien au contraire. N'oubliez pas : on sait comment la guerre commence, mais on ne sait jamais comment elle finira et quand elle se terminera.

Échéance : *dans le sens de limite :* c'est toujours la tempête chez vous, et ceux qui vous entourent commencent à en avoir par-dessus la tête. Pour vous, le stress, c'est comme une drogue. Il est urgent de vous relaxer. Revenez sur terre, sinon, vous aurez de graves problèmes.

Échec : *y jouer :* vous aimeriez que la famille soit selon vos désirs et vos souhaits. Mais vos proches ne changeront que s'ils le décident. On ne peut aimer seulement une partie d'une personne, il faut accepter le tout ;

voir quelqu'un jouer aux échecs : vous décevrez sans doute une personne qui avait totalement confiance en vous. Ne vous lancez pas dans une multitude d'explications et d'excuses. Vous finirez par vous sentir si coupable que vous en perdrez votre concentration ;

insuccès : attention aux abus de nourriture. Votre estomac et votre foie sont fragiles, et vous avez tendance à manger tout ce qui vous tombe sous la main sans en examiner la valeur nutritive.

Échelle : l'émotion est envahissante. Vous faites une rétrospective de ce que vous avez vécu ces derniers temps. Vous condamnez certaines de vos attitudes. Vous craignez pour des décisions prises, alors que vous étiez persuadé d'avoir fait le bon geste. Ne vous laissez pas faire. Pour être le plus heureux possible, il faut vivre au présent.

Écho : *l'entendre :* la sagesse serait de prendre du repos, mais vous repoussez l'idée sans même vous y attarder. Ne vous plaignez pas à votre entourage que vous êtes fatigué dans ce cas. Vous courez le risque de vous le faire mettre sur le nez.

Échouer : ne soumettez jamais vos sentiments à votre volonté. Laissez-vous aller et détendez-vous. L'amour et la volonté n'ont jamais fait bon ménage.

Éclabousser : *les autres :* souhaitez-vous surprendre votre entourage par le succès que vous escomptez ? Ou est-ce plutôt une nécessité de rétablir votre estime personnelle, en réaction au sentiment pénible de vous être livré, dans le passé, à un certain gaspillage de vos qualités ?

Éclair : vous vivez une période où l'agressivité prendra du terrain si vous la laissez entrer. L'individualisme nuit aux relations que vous tentez d'établir. Vous avez peut-être une attitude trop égocentrique dans le but de vous protéger, d'assurer votre sécurité, sans jamais vous demander si tout cela est bien utile.

Éclairer : *faire de la lumière :* vie consciente, énergie spirituelle ou vitale ; état d'âme dépassant le moi individuel.

Éclat : l'amour est plus fort que la peur. La peur engendre l'angoisse et l'anxiété. N'ayez pas peur d'aimer et la vie sera beaucoup plus facile.

Éclipse : *lunaire :* vous cherchez une relation amoureuse de qualité. Par contre, vous êtes toujours prêt à attaquer pour des riens, ce qui rend l'être aimé malheureux. Soyez conscient qu'en amour, il faut savoir mettre de l'eau dans son vin ;

éclipse solaire : soyez plus réaliste et plus concret. Vous vous imaginez que l'argent va tomber du ciel. Malheureusement, cela n'arrivera pas. Il est vrai qu'il y a des gens qui gagnent le gros lot à la loterie, mais il faut être conscient que vos chances sont très faibles. Changez votre vie par d'autres moyens plus à votre portée.

École : notre société est si compétitive que seules les valeurs intellectuelles et scientifiques sont applaudies. Vous vous adaptez très bien à cette maxime. Mais vous ne vous rendez pas compte que vous manquez d'amour et d'affection. Vous avez perdu votre sens des perceptions ; vous n'écoutez pas vos intuitions. Il est encore temps de changer.

Économiser : soyez plus sûr de vous et plus méfiant vis-à-vis des personnes jalouses. Vous êtes trop bonasse avec les autres.

Écorce : *enlever l'écorce d'un arbre :* au travail, vous serez débordé. Vous voudrez tout faire, tout réussir. Vous êtes dans de bonnes dispositions d'esprit. Vous êtes également rapide et efficace.

Écouter : évitez toute forme de disputes, car vous en sortirez perdant. Il n'est pas toujours bon d'avoir raison sur tous les sujets. Ne perdez pas votre temps dans des discussions inutiles.

Écraser : *se faire écraser par un véhicule :* vous demanderez conseil à un ami. Attention, on peut vous induire en erreur par une suggestion ! Soyez attentif à vos perceptions, et pas seulement aux paroles prononcées ;

écraser quelqu'un : votre difficulté à vous adapter à votre entourage vous fait fuir la réalité; vous préférez vous évader dans des univers magiques.

Écrevisse : les choix que vous ferez et les dispositions que vous adopterez seront très favorables à votre santé. Ils vous permettront de bénéficier d'une forme rayonnante et d'un excellent dynamisme.

Écriture : *la vôtre* : vous souffrez de l'échec d'une tentative, d'un projet dont le succès vous aurait valu l'estime et la considération de vos semblables. Sûr de posséder les qualités nécessaires à la réussite, vous accusez autrui d'avoir provoqué votre insatisfaction. À d'autres moments, vous doutez de votre valeur ou de vos capacités pratiques;
l'écriture de quelqu'un d'autre : malheureux, blessé par l'effondrement de votre vie sentimentale, vous vous abandonnez. Tentez de surmonter le sentiment de jalousie qui ne fait qu'augmenter votre chagrin.

Écrivain : laissez-vous aller au rire, à un peu de folie, cela vous détendra. Lors d'une réunion, vous apprendrez que certains ont une façon de vivre très opposée à la vôtre, mais que cela fonctionne quand même.

Écroulement : la chimie amoureuse entre vous et l'être aimé est du type explosif. Elle dévaste tout sur son passage, mais vous ne comprenez pas très bien ce qui vous arrive. Laissez-vous faire; il y a beaucoup de bonheur en perspective.

Écureuil : au travail, les commérages iront bon train. Ne laissez personne parler contre un absent. Ne participez pas à ce genre de destruction. Vous passeriez à la moulinette la prochaine fois que vous n'y seriez pas.

Écurie : de la diplomatie, et encore de la diplomatie. Voilà tout ce qui vous manque pour obtenir ce que vous désirez.

Édredon : tout va bien dans votre vie professionnelle. Vous arriverez à contourner les obstacles, et vos qualités d'observation et d'adaptation vous donneront des outils remarquables pour réussir dans tout ce que vous entreprendrez.

Éduquer : appréciez votre bonheur et cherchez à faire plaisir à l'être aimé, surtout si vous ne lui avez offert aucune douceur depuis longtemps.

Effacer : vous serez passionné et vous vous lancerez de plein gré dans de folles histoires. Drames, tragédies, rien ne vous effraie et vous serez prêt à tout pour échapper à la platitude de la vie.

Église : *en voir une :* vous cherchez la sécurité;
entrer dans une église : vous retrouvez votre confiance;
prier dans une église : vous êtes en quête de spiritualité profonde;
voir brûler une église : vous avez de mauvaises intentions.

Égorger : le comportement étrange d'un membre de votre famille vous inquiète. Songez à lui conseiller de consulter son médecin.

Égout : vous avez besoin de sexe mais aussi de tendresse. Ce n'est pas facile à trouver. À qui la faute !? Votre désir de réussir est si grand qu'il étouffe vos qualités. Soyez naturel et l'amour viendra.

Égratigner : *se faire égratigner :* une personne de l'autre sexe cherche à vous faire prendre des décisions qui ne vous sont pas favorables matériellement. Pesez donc le pour et le contre.

Élastique : malheureux dans votre milieu, vous aimeriez trouver un environnement sécurisant, rassurant. Mais, pour le moment, vous vous contentez de ressasser vos griefs. Vous êtes incapable d'envisager une solution réaliste.

Éléphant : au travail, vous vous demanderez si un changement d'employeur ne serait pas utile pour développer votre potentiel à son maximum.

Élixir : avertissement contre des décisions peu sages. Vous êtes dans l'impossibilité de concilier les tensions contradictoires qui vous oppressent. Vous ressentez de violentes émotions, prêtes à se décharger et à exploser, mais votre conscience les réprouve et les refoule. Il en résulte une pénible sensation d'anxiété proche de la panique à laquelle vous ne trouvez pas d'issue ou de dérivatif.

Emballer : vous voulez plaire à tout le monde. Mais vous n'y arrivez pas, cela vous désespère.

Embarquer : arrêtez donc de vous déprécier et de vous prendre pour un moins que rien. Tout va bien, mais vous cherchez ce qui pourrait aller mal. Faites confiance à votre intuition et tout va se régler.

Emblème : sur le plan sentimental, vous serez en conflit avec une personne qui vous aime ou avec laquelle vous partagez de bonnes vibrations.

Embonpoint : sortez de votre tour d'ivoire. Ne démontrez pas d'hostilité; soyez pondéré. Une personne de l'autre sexe peut vous aider grandement.

Embourber: vous ne pensez qu'au sexe. C'est votre oxygène. Votre vie sentimentale est très mouvementée.

Embrasser: expansif, sociable, vous vous faites apprécier par votre caractère conciliant, votre accueil facile et affectueux, votre gaieté tranquille;

éviter un baiser: vous recherchez les sensations sans vous attacher réellement à ceux qui vous les procurent et que vous charmez aisément;

embrasser des enfants: sociable, séduisant, vous utilisez votre flair et votre curiosité naturelle pour satisfaire votre besoin de popularité et de plaisirs.

Émeraude: vous vous trouvez en face de difficultés imprévues. Recherchant d'abord votre bien-être et votre agrément, vous souhaiteriez mener une existence tranquille dans une atmosphère douillette et intime, au sein d'un groupe social ou auprès d'une personne dont vous vous sentiriez aimé et qui vous protégerait;

émeraude de fantaisie: vous voudriez vous libérer des contraintes qui pèsent sur vous, donner libre cours à votre fantaisie;

offrir ou recevoir une émeraude: vous manquez de dynamisme pour affronter la vie, vous n'avez pas le goût du risque et vous hésitez à quitter le connu pour le mystère.

Émeute: *voir une émeute:* vous êtes un manipulateur génial; on vous redoute car vous avez plus d'un tour dans votre sac;

être pris dans une émeute: vous passez d'une humeur à une autre. Vous êtes pacifique et tendre, mais si vous êtes le moindrement contrarié, vos colères seront redoutables.

Émietter: par un heureux hasard, vous obtiendrez une information confidentielle en matière de finance. Vous en profiterez pour tirer des ficelles et ainsi améliorer votre situation.

Émigrer: une vive activité mentale multipliera vos projets et facilitera vos rapports avec autrui. De plus, vous serez libéré de certaines responsabilités qui pesaient lourd sur vos épaules.

Empêcher: votre vie affective prendra de l'ampleur. Rien ne sera laissé au hasard. Vous savez ce que vous voulez et cherchez à le faire respecter.

Empiler: des nouvelles d'une personne vivant à l'étranger ou dans une région éloignée, et dont vous aviez perdu la trace depuis un certain temps, vous réjouiront grandement.

Emploi : *se chercher un emploi* : les gens importants qui disent ce qu'ils pensent ne sont pas plus intéressants ni plus intelligents que vous. Ne vous comparez pas, ce serait un tourment bien inutile ;

perdre son emploi : votre trop grand enthousiasme dans les affaires de cœur vous entraîne souvent dans le désespoir.

Empoisonnement : qu'est-ce qui prime en ce moment, vos qualités ou vos défauts ? Avec quoi choisissez-vous de vivre ? Personne ne vous impose d'être ce que vous êtes, même si vous soutenez le contraire. Réfléchissez et donnez un coup de barre à votre vie.

Emprisonnement : *être emprisonné* : vous éprouverez le plaisir de vous sentir libre, dégagé du poids du travail. Votre imagination vous entraînera dans un monde merveilleux où vous serez riche et heureux.

Emprunt : de nouvelles idées vous trottent dans la tête. Vous pensez à des projets futurs, à des activités excitantes. Attention, les tâches s'accumulent et l'on vous reprochera ce retard inexplicable !

Enceinte : *être enceinte* : votre partenaire est peut-être trop sûr de son charme, ce qui pourrait vous apporter quelques ennuis. Redoublez de prudence dans toutes vos relations amoureuses.

Encens : une certaine confusion régnera et vous fera perdre un temps précieux. Ne vous dispersez pas, mais concentrez-vous de manière à rétablir la situation.

Encercler : sur le plan sentimental, vous tissez des liens affectueux. Mais il faudra quand même procéder avec beaucoup de prudence si vous ne voulez pas vous brûler les ailes.

Enchère : vous devez faire preuve d'application et de persévérance. Ne vous découragez pas pour un rien. Concentrez-vous sur votre tâche et tout ira bien.

Enclos : sur le plan sentimental, ne soyez pas trop cruel si vous désirez toucher un cœur.

Enclume : attention aux retards ! Ils pourraient vous coûter cher. Contrôlez mieux votre emploi du temps. Dans votre entourage, on est agacé par votre manque de discipline à l'égard de vos rendez-vous.

Encre : vous débordez d'imagination et vos idées originales recevront l'approbation de tous. On vous découvrira des qualités de leadership que personne ne soupçonnait auparavant.

Endommager: votre vie sociale sera très mouvementée. Cependant, vous perdrez beaucoup de temps et d'énergie sur des sujets qui n'en valent pas la peine. Vous devriez faire un effort pour tenter de rencontrer des gens plus cultivés afin d'élargir votre champ de connaissances.

Endurer: tout ce qui touche à votre vie sentimentale sera très complexe et embrouillé. Vous ne savez plus exactement ce que vous voulez. Laissez le temps agir et tout s'arrangera.

Enfant: fraîcheur, spontanéité, simplicité, naturel; une nouvelle possibilité de vie monte de votre inconscient. Cela peut aussi signaler l'existence d'un complexe provoquant un comportement infantile à surmonter pour amorcer votre processus d'évolution.

Enfer: le remords, les affres de la souffrance morale ou de la jalousie. Tantôt vous vous adressez des reproches pour avoir manqué de discipline et de persévérance dans votre recherche de sécurité, tantôt vous accusez les circonstances ou le hasard.

Enfermer: *être enfermé* ou *être emprisonné*: vous éprouverez le plaisir de vous sentir libre, dégagé du poids du travail. Votre imagination vous entraîne dans un monde merveilleux où vous serez riche et heureux;
enfermer les autres: ne reculez pas devant les sacrifices nécessaires pour remettre un peu d'ordre dans votre vie. Cessez de penser que les autres vous sont redevables.

Enflammer: votre vie sentimentale sera caractérisée par des joies simples, presque enfantines et sans arrière-pensée. En fait, le bonheur, simplement.

Enflure: une amitié sincère et profonde vous encouragera à avoir une meilleure attitude face à la vie.

Enfouir: *quelque chose dans la terre*: vous êtes le roi de la comédie et vous vous amusez à jouer mille et un personnages. Vous n'êtes cependant pas toujours honnête.

Enfuir: *s'enfuir*: les objectifs à long terme que vous vous êtes fixés ne seront valables que s'ils permettent une certaine flexibilité. Un plan trop rigide risque de vous faire manquer une occasion d'affaires.

Engourdir: méfiez-vous du stress. Réduisez les risques en prenant le temps de relâcher la tension. Prendre des marches, respirer l'air frais sont d'excellent moyens pour se relaxer.

Engraisser: sortez de votre tour d'ivoire. Ne démontrez pas d'hostilité; soyez pondéré. Une personne de l'autre sexe peut vous aider grandement.

Engrenage: le sens du devoir chez vous est poussé à un tel degré que vous faites entrer le pardon dans vos obligations. Pardonner c'est très bien, mais parfois, il ne faut pas oublier de se protéger des gens malicieux.

Engueuler: *se faire engueuler*: l'intelligence seule ne suffit pas à atteindre les sommets de l'échelle sociale. L'esprit d'équipe, l'efficacité ainsi que la capacité d'exercer une certaine influence sont des éléments tout aussi importants;

engueuler les autres: des espoirs amoureux se glissent tout doucement dans votre esprit. Faites bien le partage entre ce qui est réalité et imagination.

Enlacer: expansif, sociable, vous vous faites apprécier par votre caractère conciliant, votre accueil facile et affectueux, votre gaieté tranquille.

Enlèvement: estimant avoir failli à votre idéal, ou à votre devoir, vous vous adressez des reproches, mais vous refusez d'envisager la possibilité que cet idéal puisse être trop élevé ou utopique.

Enrichir: *s'enrichir*: certaines modifications dans l'exercice de vos fonctions vous seront profitables. Le fait de faire face à de nouveaux défis vous permettra de découvrir en vous des ressources insoupçonnées.

Enseigner: n'imposez pas vos idées; soyez discret. Vos suggestions seront bien accueillies pourvu que vous ne forciez la main à personne.

Enterrement: révèle la nécessité d'un changement radical dans la vie, d'une remise en question fondamentale. Un aspect de la personnalité doit disparaître pour laisser la place à d'autres sentiments.

Entonnoir: bonne période pour laisser faire surface les impulsions créatrices qui se manifestent en vous depuis quelque temps. Prenez des décisions et passez à l'action.

Entorse: au travail, votre sens de l'organisation sera quelque peu perturbé par un collègue. Ne soyez pas offusqué. Il veut simplement vous rendre service.

Entraînement : vous aurez tendance à élever la voix si on s'oppose à vos directives ou à vos propos. Cette attitude impressionne. Vous pourriez même effrayer ceux qui ne vous connaissent pas et qui ne savent pas qu'une fois votre emballement terminé, vous oubliez l'incident et passez à autre chose.

Entrepôt : rencontre avec des gens intéressants qui vous apprendront beaucoup sur un sujet qui vous a toujours fasciné.

Enveloppe : ne prenez aucune décision qui vous engagerait à long terme sans y avoir réfléchi suffisamment, sans avoir demandé conseil. Votre imagination est puissante, alors méfiez-vous.

Épave : ne heurtez pas les sentiments des gens qui vous entourent. L'être cher affichera un désir d'indépendance et de liberté. On vous aime, mais on manque d'air en votre compagnie.

Épée : vous aurez la sensation d'être isolé, mal aimé, incompris. Vous vous questionnerez sur votre véritable raison de vivre. Vous ressentirez une sorte de poussée intérieure vous signifiant qu'il est temps de changer votre orientation, d'aller plus loin, de relever un autre défi.

Épi : *de maïs* : sur le plan sentimental, des vérités seront dites et les contrecoups ne manqueront pas de se faire sentir. Mais la tempête se dissipera et fera place à plus de compréhension mutuelle.

Épice : votre côté sociable reprend le dessus. Il vous est maintenant facile d'entrer en contact avec des gens que vous ne pouviez joindre depuis quelques jours.

Épine : vous persistez à ne voir que ce qui fait votre affaire. Vous voulez oublier certaines réalités qui doivent être regardées en face car, éventuellement, elles pourraient nuire à vos réalisations.

Épingle : au travail, vous obtenez d'excellents résultats si vous allez droit au but et si vos plans sont dressés avec minutie. Vous récoltez beaucoup de succès. Vous ne vous attendiez pas à tant.

Éponge : vous vous sentirez exilé, vous aurez l'impression que personne ne peut vous aider et que vous devez tout faire seul. Vous pourriez même douter de vos amis qui, pourtant, vous sont fidèles depuis bien des années.

Épouvantail : vous vous sentez plus tendu et plus irritable que d'habitude. Vous aurez de la difficulté à supporter les autres, ce qui ne vous rendra pas particulièrement populaire auprès de votre entourage. Forcez-vous à prendre les choses avec calme afin d'éviter les chicanes.

Éprouvette : restez calme et prenez du repos si possible. Préparez-vous des repas spéciaux qui occuperont votre esprit et vos mains. Essayez de faire abstraction des remarques de votre entourage qui ne chercheront qu'à vous provoquer.

Équerre : vous débordez d'énergie et vous participerez à beaucoup de choses. Attention de ne pas trop vous disperser, ce qui risquerait de neutraliser tous vos efforts.

Équipe : votre vie sentimentale évoluera d'une manière très positive, malgré les contraintes, les obligations et les obstacles auxquels vous devrez faire face.

Érection : sur le plan sentimental, montrez-vous fidèle. Ne cédez pas à la tentation d'une relation éphémère et sans issue, alors que la personne aimée fait preuve de compréhension et de tendresse.

Éreinter : un bouleversement ou une remise en question clarifiera votre vie sur le plan sentimental. Cela vous aidera et vous permettra d'avoir des relations plus équilibrées, plus claires et plus authentiques.

Érotique : malgré les réserves, la discrétion, la pudeur dont vous faites preuve ou dont fait preuve la personne qui vous est chère, votre vie sentimentale est tout à fait normale. Un tel rêve peut être lourdement chargé de sens, mais il se peut aussi qu'il ne reflète qu'une anxiété quotidienne. Faites confiance à ce qu'il vous inspire pour en situer le contexte.

Escalier : *en colimaçon :* se rattache à la spiritualité. Vous êtes prêt à tout sacrifier à votre intérêt, à votre activité; vous vous désintéressez soudain de tout, ne recherchant que le repos et la détente;

escalier sans issue : transformation radicale dans votre manière de vivre. Tendu, irritable, vous êtes tantôt ferme, courageux, prêt à toutes les audaces, tantôt désemparé et vous perdez alors confiance en votre force, vous vous soumettez aux événements sans réagir activement;

monter un escalier : vous avez beaucoup de succès mais vous supportez mal les limitations à vos actes et à vos désirs. Si vous vous faites parfois une raison, il vous arrive d'exploser lorsque les circonstances ou les gens s'opposent à votre besoin de variété;

descendre un escalier : généralement actif, dynamique, plein d'entrain, vous doutez quelquefois de vous et vous vous laissez désarmer par les difficultés qui surgissent dans le cadre de votre activité. Vous hésitez devant la marche à suivre.

Escargot : à la suite d'un changement de situation, votre vie sentimentale pourra s'épanouir pleinement d'une manière stable, et dans des conditions bénéfiques et sereines.

Esclave : votre système nerveux vous joue des tours. Cela pourrait aller jusqu'à vous causer des insomnies. Faites plus d'exercices, mangez moins, cela sera bénéfique pour votre santé.

Escrime : votre raison devrait avoir priorité sur vos affaires de cœur. Autrement, vous risquerez de vous retrouver dans une mauvaise situation.

Espion : s'il vous arrive de vous montrer sociable, aimable et de vous plier aux circonstances, vous êtes aussi parfois susceptible pour une peccadille. Il vous est alors impossible de maîtriser votre agressivité et vos tendances à la tyrannie.

Esquimau : *voir* Inuit.

Essence : *faire le plein d'essence :* vous êtes prudent, stable, réservé quant à votre évolution personnelle. Vous savez comment ne pas être perturbé par de mauvaises influences extérieures.

Essuyer : le goût du travail routinier étant absent, votre efficacité a déjà été meilleure. Une forme de lassitude fera que vous aurez des difficultés énormes partout où se glissera une petite contrariété.

Estomac : à propos de vos amours, vous ne savez plus quel comportement adopter devant votre conjoint. Tout se déroule trop vite et vous paraît au-dessus de votre entendement.

Estrade : retenez-vous de parler d'un collègue et des gaffes qu'il a pu faire. C'est comme si les murs avaient des oreilles. Cela vous jouerait éventuellement un mauvais tour.

Étable : les remarques de votre conjoint peuvent être judicieuses. Ne les prenez pas à la légère. Il est parfois bon d'obtenir l'avis de son entourage afin de corriger de mauvaises habitudes.

Étage : amour encombré par des futilités, des pertes de temps, des paroles vides de sens. Reconsidérez sérieusement votre comportement affectif pour éviter les pièges de la passion qui pourraient bien perturber votre vie sentimentale.

Étagère : vos pensées seront très positives et vous ressentirez un grand besoin de partager des moments avec vos amis.

Étang : un grand désir de liberté vous anime, mais vous aurez probablement à le freiner. Malgré votre volonté d'être toujours à la hauteur, vos supérieurs souhaiteraient que vous soyez plus minutieux.

Éteindre : vous devez rompre avec une vieille habitude, ce qui ne fait pas votre affaire. Mais, après réflexion, vous en viendrez à vous demander pourquoi vous persistez dans ce comportement.

Étendard : vous supportez mal la subordination et envisagez des solutions pour vous rendre indépendant. En même temps, vous invoquez des prétextes et admettez difficilement que vous manquez de force et de courage pour vous mettre à l'ouvrage.

Étoile : vous sortirez avec des amis. Il est possible que cela ne soit pas aussi calme que vous l'auriez souhaité. Vous êtes plus impatient, intolérant ces jours-ci. Vous plongez mentalement dans vos projets et vous supportez mal qu'on vous y dérange.

Étouffer : vous avez un grand besoin de relâcher votre tension. Cela vous est difficile à cause des obligations et des responsabilités qui vous étreignent. Prenez des marches, cela vous détendra, en plus d'être excellent pour la santé.

Étourdissement : dans votre vie sentimentale, vous aimez être considéré comme l'élément dominateur, admiré, chéri. Mais vous êtes envahi parfois d'un sentiment d'impuissance et de faiblesse. Vous vous contentez alors de vous laisser faire, vous soumettant aux événements ou à la volonté de votre partenaire.

Étranger : ne jouez pas toujours la même rengaine. Vous avez en vous des talents et des trésors de variété que vous devez exploiter. Utilisez votre imagination dans votre entourage. Vous serez ainsi vite remarqué.

Étrangler : *quelqu'un :* vous prenez de plus en plus conscience de la personne que vous êtes. Dirigez vos énergies vers un seul but à la fois plutôt que de vous éparpiller ;
être étranglé : ne plus être capable de prendre ses responsabilités. Votre tendance à l'angoisse vous rend nerveux et indécis. Vous avez de la difficulté à faire des choix, surtout en ce qui concerne votre carrière.

Étudier: sans trop savoir pourquoi, vous sentirez une agressivité en vous qui se dénotera surtout dans vos paroles. Soyez prudent, car certaines personnes de votre entourage pourraient être vexées.

Évacuer: certaines difficultés surgiront dans votre milieu de travail. Mais votre patience et votre persévérance en viendront facilement à bout.

Évanouir: *s'évanouir:* ne vous attardez pas à des enfantillages et vous ne risquerez pas de vivre une désillusion. Parfois dur, intransigeant, il vous arrive de vous montrer complètement indifférent, détaché et animé de bonnes intentions.

Évasion: plusieurs imprudences vous incitent à des dépenses qui peuvent vous mener à l'endettement. Faites attention à votre habitude de trop compter sur la providence pour régler vos problèmes.

Éventail: évitez la spéculation comme la peste. Vous n'avez aucune marge de manœuvre en ce sens. Vous pourriez perdre tous vos acquis. Jouez plutôt les valeurs sûres en consultant des professionnels en la matière.

Évêque: dans votre entourage, une histoire d'amour fait jaser. Ne vous en mêlez pas, à moins que vous ne soyez impliqué indirectement. Il faudra alors prendre l'intéressé à part et lui expliquer que l'amour, c'est personnel et non à être claironné à tout le monde.

Éviter: sur le plan sentimental, n'ayez crainte d'ouvrir votre cœur à l'être aimé. Vous serez compris.

Exagérer: soyez attentif aux flatteries de personnes de votre entourage qui peuvent cacher certaines ruses pour vous faire du tort.

Examen: il est possible que surgissent des complications avec un membre de votre famille ou avec un vieil ami. Vous devriez régler ce différend si vous réussissez à contrôler votre émotivité.

Exciter: malgré vos changements d'humeur, les gens qui vous entourent continuent de vous estimer. Ne perdez pas votre temps à réfléchir. Agissez dès maintenant. Il est beaucoup plus facile de se persuader qu'on a raison que de se convaincre du contraire.

Excrément: personne n'est vraiment tout à fait libre de ses actes. Riches ou pauvres, nous dépendons des autres. Vous serez tenté de rejeter une personne parce qu'elle ne se conforme pas à vos valeurs.

Elle ne ressent rien comme vous et ne peut donc pas être émue par les mêmes faits et gens que vous.

Excursion : c'est le calme après la tempête, la modération après l'excès. La recherche de soi se fait plus doucement. Vous reconnaissez qu'il y a un grand nombre de façons d'être et que vous êtes différent selon la situation.

Excuse : période excitante, particulièrement sur le plan sentimental. Vous ferez des rencontres exceptionnelles.

Exercice : votre besoin de bien paraître et votre goût de l'esthétisme vous feront faire des dépenses pour améliorer votre image. Vous êtes conscient de l'influence qu'une belle apparence peut avoir sur les autres.

Explication : vous réagirez positivement face à un incident dans lequel vous êtes impliqué. En fait, c'est le début d'un renouveau dans votre vie. Il se peut qu'il y ait beaucoup de changements sur le plan familial ou social.

Explosion : vous avez tellement besoin de plaire, d'être accepté, que vous n'êtes qu'une partie de vous ici et là. Quand vous vous retrouvez en face de votre miroir, vous cherchez qui vous êtes vraiment.

Extraterrestre : les personnes dont vous avez la responsabilité, particulièrement les enfants, auront des goûts de luxe qui risqueront de faire mal à votre portefeuille. Demeurez ferme et vous n'aurez pas de problème.

Extravagant : en raison d'un événement religieux, vous serez entouré de nombreuses personnes, particulièrement de parents. Mais vous sentirez le besoin de vous isoler pendant un moment afin de faire le vide.

F

Face : on abuse peut-être de votre confiance. Votre bonne nature vous incite souvent à laisser passer des choses et des gestes qui devraient être surveillés de près.

Fâcher: *se fâcher:* vous arrivez à résoudre une situation embrouillée. Vous êtes bien implanté dans la réalité. Vous exercez sérieusement dans un domaine qui vous est familier, et vous obtenez des résultats tangibles;

voir quelqu'un se fâcher: vous ne vous laissez pas tromper par les apparences ni influencer par des opinions dont vous n'avez pas expérimenté la justesse. Cependant, vous estimez vos occupations trop absorbantes et souhaiteriez un peu plus de temps pour vous détendre.

Facteur: votre esprit s'ouvre à une meilleure compréhension de vous-même. Vous rencontrerez des gens avec lesquels vous n'avez qu'à être entier. Cette prise de conscience vous libérera et élargira votre espace intérieur.

Facture: une personne de l'autre sexe peut vous aider grandement. Soyez sincère, montrez-vous sous votre vrai jour. Si quelques divergences vous séparent, ne craignez pas de revenir en arrière pour renouer une affection solide.

Faillite: *faire faillite:* il est temps de rompre une liaison amoureuse avant qu'un échec douloureux vienne vous déposséder de toutes vos illusions.

Faim: *avoir faim:* votre préoccupation première est d'atteindre les buts que vous vous êtes fixés dans la vie, c'est-à-dire obtenir une certaine aisance et le confort matériel.

Faisan: si vous avez des remarques à faire, mieux vaut mettre la pédale douce. En amour comme dans vos amitiés, vous manifesterez de la mauvaise foi, ce qui pourrait blesser les autres.

Falaise: il vous sera difficile d'amasser de l'argent. Le climat sera surtout aux dépenses. Vous ne pourrez vous en épargner, car il s'agira de dépenses nécessaires.

Famille: *réunion familiale:* rempli de compassion et sensible au monde qui vous entoure, vous avez beaucoup de difficultés à accepter la souffrance physique et morale de l'humanité.

Fanal: quelqu'un cherchera probablement à vous compromettre. Cela vous sera d'autant plus difficile à supporter que cela viendra de votre proche entourage.

Fanfare: sur le plan sentimental, il y a un peu trop de méfiance, de froideur et de calcul. Dans une union solide où vous avez su développer une relation harmonieuse, les enfants meublent vos conversations.

Fantaisie : votre insistance à réaliser ce qui vous est important dépassera souvent les bornes des usages établis. Vous essaierez d'imposer votre autorité sans trop vous soucier d'autrui.

Fantôme : laissez les critiques de côté, vous pouvez satisfaire une grande ambition. Vous remettez en question les principes qui vous ont guidé et vous ont poussé à vous adapter à votre entourage dans le but d'assurer votre sécurité ou votre avenir.

Farce : vous avez la tête dans les nuages. Concentrez-vous sur une méthode organisée de travail. La concentration devra être votre principale préoccupation.

Farcir : *une dinde :* un collègue de travail vous colporte des propos vous concernant. N'y accordez pas trop d'importance et menez votre vie comme bon vous semble.

Fardeau : *avoir un poids trop lourd sur les épaules :* vous êtes peu patient et peu tolérant, et les conseils des autres vous irritent. Cet entêtement et cette impatience vous nuisent et peuvent même perturber la bonne marche de votre vie.

Farine : vous avez tendance à jouer un personnage qui prend son rôle au sérieux. Nerveux, irritable, il vous arrive fréquemment d'exploser et d'accuser votre entourage d'être la cause de votre état d'excitation. Cependant, vous voudriez préserver l'harmonie dans vos relations avec le milieu.

Fatigue : *être fatigué :* évitez les confrontations avec votre conjoint. Ni l'un ni l'autre n'est capable d'en arriver à la même conclusion, surtout s'il est question d'argent ou de la décoration de votre résidence.

Faucille : vos nerfs sont tendus, vous êtes facilement irritable. Votre travail et votre rythme de vie d'enfer semblent responsables de votre état actuel.

Fausser : l'amitié que vous avez établie avec des gens de votre entourage vous permettra de vous ouvrir des portes et d'obtenir certains privilèges exclusifs.

Fauteuil : *être assis dans un fauteuil :* digne de confiance et sérieux dans vos projets, vous avez toutes les qualités requises pour vous attirer le prestige et la réussite.

Faveur : *obtenir des faveurs :* votre hypersensibilité risque de vous jouer de vilains tours dans vos relations sentimentales. Soyez particulièrement vigilant si vous devez rencontrer des amis. Vos amours sont stables, ne les compliquez pas par des allusions qui n'auraient pas de sens.

Fée : ravivez votre goût de découvrir des choses. Développez votre potentiel et vos capacités d'apprentissage. Libérez-vous de l'énorme stress qui vous envahit.

Félicitation : *recevoir des félicitations :* la personne aimée se contente de la monotonie de la vie quotidienne, qu'elle identifie à la paix et au calme. Cela vous agace et vous aimeriez des changements ;
féliciter quelqu'un : en essayant d'améliorer votre situation au travail, vous vous rendez compte que vous devez développer votre habileté dans une tâche particulière.

Femme : *enceinte :* tandis que plusieurs personnes se sentent vidées, épuisées, sans énergie, vous bougez vite. Votre imagination déborde ; les idées abondent ; les solutions vous parviennent instinctivement ;
vieille femme : votre entourage vous entraîne dans une sorte de jeu où on se demande qui dit vrai. La vérité s'oppose au mensonge ; la pureté, à la souillure. Soyez sur vos gardes, vous découvrez la vérité ;
femme très maquillée : vous aurez peut-être un flirt, une aventure, mais il pourrait s'agir tout simplement d'une illusion. Votre énergie est principalement concentrée sur le travail. Vous cherchez un exutoire, un moyen de vous détacher. Ce n'est pas en succombant à un coup de foudre que vous vous libérerez.

Fendre : *du bois :* un petit présent qui vous parviendra subrepticement, vous émouvra à votre grande surprise.

Fenêtre : un peu de détente vous est indispensable, mais ne vous repliez pas trop sur vous-même. La personne qui vous aime a besoin de vous parler et compte sur vous.

Fer : ne cherchez pas à vous chicaner avec votre entourage. Il vous faut de l'action, alors faites du sport ou une activité intellectuelle.

Fer à cheval : *jouer au fer :* vous êtes moraliste avec votre entourage. Vous croyez à des choses auxquelles d'autres ne croient pas. Inutile de vous acharner à les persuader, ils ont droit à leurs idées.

Ferme : vous serez envahi par le besoin de renouveler vos habitudes et vous serez à la recherche de nouveautés stimulantes.

Fermer : *dans le sens de boucher :* ne dédaignez pas les petits détails. Il y a loin du désir à la réalisation. L'autre sexe s'agitera parce que vous prendrez tout trop à cœur. Vous aurez tendance à tout dramatiser ce qui vous sera dit.

Fermeture : des obstacles se dresseront contre vous. Mais vous réussirez à les surmonter.

Fermeture éclair : à certains moments, vous pourriez manquer de concentration. Votre esprit vagabonde, alors attention aux erreurs ! Vous avez une baisse de vitalité, vous devriez vous reposer.

Ferraille : vous avez le foie fragile, donc évitez la nourriture lourde. Votre digestion est plus lente qu'à l'habitude.

Fête : *y prendre part :* vous maîtrisez mieux les situations. Vous vous contrôlez, vos paroles ont du poids. Vous attirez l'attention, que ce soit pour le travail ou tout simplement pour plaire. Si, jusqu'à maintenant, vous avez eu une attitude de serviteur, vous n'accepterez plus désormais qu'on vous marche sur les pieds.

Feu : vous aurez l'occasion d'observer la bêtise de quelques gens autour de vous. Leur agressivité se retournera contre eux. Cela constitue un exemple parfait de ce qu'il ne faut pas faire. Si vous êtes porté à la colère, les occasions de faire des scènes seront là.

Feu d'artifice : vous vivez une période de calme et de repos. Cela vous conduira à une réflexion sur le futur que vous vous préparez. Vous ferez également une rétrospective de votre passé et du chemin parcouru.

Feuille : *d'arbre :* des changements brusques et soudains risquent de contrecarrer vos projets d'ordre personnel. Gardez un bon moral, car tout devrait rentrer dans l'ordre ;

feuille de papier : chassez vos idées sombres et irrationnelles. Remplacez-les par des pensées positives. Vous avez la volonté d'aboutir dans vos projets parce que vous trouverez les compromis et les arrangements utiles à leur réalisation.

Feuilleton : *série de télévision :* cela représente l'enthousiasme et le dynamisme. Vous avez le goût de rire malgré quelques visages longs qui vous entourent. Mais vous réussirez à les dérider malgré tout.

Fèves au lard : *en manger :* de nature soumise, vous ne cherchez pas à dominer votre entourage, à vous imposer. Au contraire, vous manquez souvent de courage pour affirmer ou défendre vos droits. Vous préférez la tranquillité et l'anonymat. Cependant, vous aimeriez avoir un caractère plus ferme, une puissante force de volonté.

Fiançailles: vous aurez l'occasion de rire au milieu d'une réunion. Vos idées jaillissent comme si vous les aviez commandées sur mesure par rapport à vos objectifs à court terme. On dira que vous êtes génial.

Ficeler: *quelqu'un* : agressif et individualiste, vous ne vous laissez pas influencer facilement par votre entourage ;

ficeler quelque chose : votre humeur n'est peut-être pas extraordinaire, vous êtes peut-être un peu trop sur la défensive, mais des surprises agréables vous permettront de retrouver votre forme première.

Fièvre: des critiques malveillantes qui ne s'adressent pas à vous vous incommodent quand même. Vous êtes habituellement calme, souple, plein de douceur et de compréhension, mais brusquement votre agressivité prend le dessus. On ne se trompe pas en vous qualifiant de soupe au lait.

Figer: vous êtes populaire et on vous fera les yeux doux. Si vous êtes audacieux, succès garanti auprès de votre conquête.

Figurine: vous vous sentez seul, et cela vous pèse plus qu'à l'accoutumée. Vous retirer complètement ne vous rendra certainement pas plus heureux. Efforcez-vous d'aller vers les autres. On sera enchanté de vous connaître.

Fil: *enfiler un fil dans une aiguille* : vous voulez tout régenter et vous exigez que l'on se taise quand vous parlez. Vous avez besoin que l'on vous approuve et vous rejetez avec sarcasme ceux qui ne sont pas de votre avis.

Filet: désir inconscient de détruire. Vous êtes plus émotif que vous le voudriez. Il y a des jeux de coulisses dans votre entourage qui vous rendent mal à l'aise.

Film: vous entendrez parler d'une histoire qui, telle qu'elle sera racontée, n'aura rien de bien sur le plan de la morale. Ne jugez pas. Vous ne savez que ce qu'on vous a raconté. Vous ne connaissez pas le fond de l'affaire. Il faut faire comme si de rien n'était pour vous éviter des problèmes.

Firmament: idéaliste, vous cherchez la perfection dans à peu près tout. Des parents proches se manifesteront en cherchant à vous ouvrir les yeux sur vos problèmes. En plus, ils sont susceptibles de vous faire découvrir de nouvelles avenues dans le domaine où vous œuvrez.

Flacon: *vide* : même si votre comportement demeure extérieurement harmonieux, même si vous semblez participer à ce qui se passe autour de vous, prétendant même diriger et prendre les responsabilités des autres, vous gardez toujours une attitude distante, qui dissimule une grande susceptibilité;

flacon renversé : révolté contre l'injustice du sort, vous aspirez cependant à échapper à la tension nerveuse, qui se fait sentir de façon insupportable, en sortant de vous-même, en vous lançant dans des projets originaux.

Flambeau: on sème facilement le doute dans votre esprit. N'écoutez pas ceux qui ont déjà abusé de vous. Ils pourraient vous persuader une autre fois de leur rendre un service ou de leur prêter de l'argent.

Flamme: *se débarrasser des impuretés, se régénérer* : témoignage d'une vie intense et puissante, mais indique aussi le péril;

une grande flamme : peut exprimer la naissance d'un sentiment nouveau. Un incendie indique la destruction.

Flâner: vous êtes imaginatif, mais vous avez tendance à dramatiser un simple fait et à en faire une montagne.

Flatter: *quelqu'un* : brouille et embrouille. Optez plutôt pour la franchise. Parlez ouvertement, quitte à déterrer un secret;

être flatté : l'amour est au rendez-vous. Il commence par une conversation anodine, par des mots simples. On parle boulot et on se rend compte qu'on se plaît.

Flèche: renferme l'idée d'élévation, de dépassement. Vous voudriez changer d'optique et donner une nouvelle orientation à votre existence, pouvoir participer davantage. Vous ressentez douloureusement votre manque de détermination, la faiblesse qui vous fait repousser constamment la décision.

Fleur: représente la richesse et les honneurs;

fleur pâle : vous vous demandez si vous n'avez pas construit votre vie sentimentale sur de fausses bases;

fleur vive : ardeur exaltée, violente, audacieuse; réalisation des possibilités latentes.

Fleuve: votre force est certainement votre sens du leadership; votre faiblesse, cette tendance à tout diriger sans consulter. Surtout qu'en amour, il vous faudra élargir votre esprit et accepter l'autre tel qu'il est.

Flirter : c'est en prouvant votre valeur, par la réussite sociale ou professionnelle, que vous espérez vous faire respecter, régner en maître sur votre entourage. Vous vivez actuellement dans un état de forte tension, uniquement préoccupé par la réalisation de cet objectif.

Flotter : vous avez été patient avec des gens qui n'ont jamais tenu leurs promesses. Dans ce cas, vous avez raison de vouloir vous emporter et de leur donner une petite leçon sur le sens des responsabilités.

Flûte : vous n'êtes pas indifférent et vous ne pouvez pas l'être. Quand vous faites semblant de ne pas être touché par des faits, ceux qui vous connaissent savent à quel point vous êtes troublé.

Fondre : vous ne pouvez avoir toute l'attention que vous désirez de la part de votre partenaire et cela vous choque.

Fontaine : baisse de vitalité, fatigue générale. Couchez-vous un peu plus tôt afin de récupérer vos énergies. Sinon, votre santé s'en ressentira.

Force : *être fort :* vous aimez les confrontations et vous n'aurez pas à courir pour les trouver. Les critiques revêtent, pour celui qui les entend, une importance qu'elles n'ont pas, surtout si vous y mettez de l'émotion.

Forêt : représentation de notre vie inconsciente. Vous êtes en proie à l'angoisse, à une sensation de malaise et d'oppression. Votre vie intérieure est un dilemme. Vous remettez constamment en question vos convictions personnelles et vous hésitez sur la conduite à suivre : vous montrer bon, compréhensif, généreux, pardonner les injures ou les injustices... ou exprimer ouvertement vos reproches et crier les sentiments de rancune qui vous étouffent ;
forêt qui protège : vous acceptez l'inévitable avec philosophie, sauf lorsque vous refusez d'admettre votre erreur quant à la considération que vous réclamez des autres. Ces doutes engendrent un pénible sentiment de malaise ;
forêt sombre et si l'on s'y perd : conscient de l'injustice que vous témoignez à l'égard de vos proches, vous ressentez la nécessité de vous montrer plus ouvert, plus conciliant, de leur témoigner un peu de sympathie. Mais votre orgueil se révolte et rend difficile l'exercice de la générosité.

Forger : vous êtes intense, passionné, mais aussi vulnérable. Vous ne pouvez pas tout réussir parfaitement, même si c'est là votre objectif. Il faut choisir parmi vos talents et en exploiter un qui permettra de vous épanouir pleinement.

Forme : *être en forme :* votre besoin de bien paraître et votre goût de l'esthétisme vous feront faire des dépenses pour améliorer votre image. Vous êtes conscient de l'influence qu'une belle apparence peut avoir sur les autres.

Forteresse : *en bon état :* sûr de votre bon droit, déterminé à demeurer sur vos positions, vous vous fermez à toute suggestion pour préserver une situation où vous appréciez la considération qui vous est témoignée. Car le sentiment d'importance qu'elle vous procure vous aide à dépasser le découragement et la solitude ;
forteresse en ruine : tantôt conciliant, tendre et sensuel, tantôt autoritaire et froid, vous entretenez autour de vous une atmosphère passionnelle peu reposante pour vos proches et pour vous.

Fortune : *être riche :* vous êtes un volcan en éruption. Votre agressivité vous permet de vous surpasser, mais vous bousculez tout sur votre passage.

Fossé : vous avez eu des différends avec un membre de votre famille, et il est nécessaire de procéder à un rapprochement. Comment voulez-vous qu'il y ait la paix dans le monde si, dans un petit milieu familial comme le vôtre, on fait la guerre ?

Fou : *le devenir :* vous aurez des inspirations, des intuitions qui n'ont aucun rapport avec les biens de la terre. La spiritualité vous transmettra des connaissances accessibles qu'aux êtres bons et généreux ;
voir un fou : vous aurez du plaisir, même durant un travail qui exige le plus grand sérieux. Vous vivez une période de relaxation.

Foudre : vous avez tout pour réussir à condition de vouloir, de mettre les efforts nécessaires. Rien n'est facile, tout se gagne. Vous êtes inquiet de nature, et vous pourriez faire de l'anxiété si vous la laissez s'emparer de vous. Un peu de courage et le reste viendra tout seul.

Fouet : vous êtes porté à voir votre situation pire qu'elle ne l'est en réalité. D'une parole qui, au départ, se voulait tout simplement drôle, vous ne voyez que du cynisme.

Fougère : votre besoin de nouvelles rencontres, de causer avec des inconnus, des étrangers, par curiosité ou par affinité, est puissant. Il est semblable à une poussée contre laquelle vous ne pouvez résister.

Fouiller : c'est le moment de faire accepter vos idées nouvelles, originales, celles qui, au départ, font sourire, mais auxquelles vous croyez.

Foulard : plus vous avez du succès en amour, moins vous y faites attention. Si vous souhaitez plaire à qui de droit, commencez d'abord par lui consacrer le temps nécessaire.

Foule : retenez-vous de parler d'un collègue et des gaffes qu'il a pu faire. Les murs ont des oreilles. Cela vous jouerait éventuellement un mauvais tour.

Four : vous avez plus d'assurance sur le plan amoureux et cela rétablira l'harmonie dans votre couple.

Fourchette : vous doutez de vos capacités intellectuelles et réalisatrices. À certains moments, le désir de vous mettre en valeur, de vous affirmer aux yeux d'autrui fait place à un manque de naturel et de spontanéité dans vos attitudes et dans votre comportement.

Fourgonnette : *en voir une* : il est question d'un grand projet autour de vous. Votre profession vous permet de satisfaire à la fois votre besoin d'action, d'initiative et de liberté;
   conduire une fourgonnette : vous agissez avec logique et prévoyance. Vous recherchez le maximum d'efficacité et vous acceptez de montrer de la souplesse dans vos rapports avec les autres.

Fourmi : vous aimeriez être remarqué, jouer un rôle. Dans ce but, vous adoptez quelquefois des idées d'une originalité un peu douteuse, mais vous hésitez à vous engager dans une tentative qui vous valoriserait et retiendrait l'attention parce que vous ne vous sentez pas à la hauteur;
   fourmis dans la maison : vous vous montrez parfois présomptueux, audacieux. Tout à coup, des doutes vous envahissent; vous craignez de ne pas avoir la résistance suffisante pour affronter les oppositions et vous abandonnez la lutte.

Fourneau : vous avez plus d'assurance sur le plan amoureux et cela rétablira l'harmonie dans votre couple.

Fourrure : *porter un manteau de fourrure* : diplomate et rusé, vous recherchez le pouvoir et vous avez les qualités requises pour l'obtenir.

Foyer : *feu de foyer* : des inconnus que vous croiserez entreront peut-être dans votre vie. Il pourrait ensuite s'établir une belle communication amicale.

Fracture : *d'un membre* : si, à l'intérieur de vous, c'est toujours la guerre, l'angoisse, la compétition, la peur, vous vous dirigez tout droit vers des problèmes et des défaites.

Fraise: vous ressentez comme une contrainte l'attachement trop intense que vous vouez à quelqu'un de votre entourage. Tout en vous soumettant aux lois de l'amour, en vous abandonnant au plaisir d'être choyé, vous aspirez à l'indépendance affective.

Framboise: vous ressentez comme une contrainte l'attachement trop intense que vous vouez à quelqu'un de votre entourage. Tout en vous soumettant aux lois de l'amour, en vous abandonnant au plaisir d'être choyé, vous aspirez à l'indépendance affective.

Frapper: évitez les fréquentations douteuses et, surtout, au cours d'une conversation emballante, ne faites pas de promesses que vous ne tiendrez pas.

Freiner: le besoin de prouver votre force, de dominer les autres envahit votre pensée. Vous êtes quelque peu frustré, intolérant. Ne vous laissez pas absorber par cette destruction. Soyez positif, en faisant des gestes aimables. Ceux-ci se répercuteront pour votre plus grand bien.

Friandise: vous voudriez vous faire admettre et accepter par ceux qui vous entourent comme un des leurs, dans l'espoir qu'une meilleure intégration vous aide à combler le vide affectif dont vous souffrez.

Friser: *les cheveux:* vous aurez du mal à participer et, parfois, à avoir du plaisir avec des gens que vous appréciez habituellement. Vous êtes très émotif et ne pouvez le cacher à ceux qui vous connaissent.

Frisson: vous êtes facilement troublé par des mots qui, en soi, n'ont aucune importance, mais que vous interprétez à votre façon.

Froid: *avoir froid:* un cœur souffre en silence et finira par se décourager. Il y a du mystère dans certaines insinuations, mais en restant sur vos gardes, vous échapperez à certaines complications.

Froisser: *quelqu'un:* ne négligez pas votre santé. Certains malaises apparaissent, alors ne faites pas semblant qu'ils n'existent pas, surtout si certaines douleurs persistent depuis un bon moment.

être froissé: vous accepterez une invitation parce que vous n'avez pas envie de rester seul ou parce que le protocole exige que vous l'acceptiez.

Fromage: *en manger:* vous ne parvenez pas toujours à envisager les choses de façon positive et objective. Submergé par l'impression d'être méconnu, incompris, traité injustement, vous réagissez par le mépris ou l'ironie;

fromage sentant fort : vous vous laissez aller souvent à des effusions d'amour et de tendresse, vous sentant considéré et apprécié. Puis, l'inquiétude vous gagne ou une sorte de pudeur, ou encore la crainte de vous engager vous retient sur la voie des confidences ;

fromage fondu : inquiet, tourmenté, vous vous demandez si vous avez eu raison de tout sacrifier à votre sécurité matérielle et à votre confort personnel. Ces doutes entraînent le découragement et une perte d'intérêt à l'égard de l'entourage ;

faire du fromage : votre résistance faiblit par moments devant les contrariétés et les oppositions du milieu. Vous vous demandez si vous aurez le courage de tenir encore longtemps.

Front : *beau et lisse :* votre magnétisme est puissant. Utilisez-le d'une manière positive. Vous pouvez voir la vie en couleurs ou, au contraire, en noir et blanc. Vous ne voyez pas ce qui vous satisfait. Il est important de tenir compte des besoins d'autrui. Le bonheur, ce n'est pas de recevoir mais bien de donner ;

blessure au front : vous risquez de vous attirer des problèmes. Votre vie est semblable à une pièce de théâtre, la vérité éclate dans les coulisses de votre âme. Vous devez prendre conscience de vos responsabilités.

Frotter : vous êtes une bombe, un feu d'artifice, quelqu'un dont on envie la force. Par contre, vous confondez l'argent qui vous fait défaut et le résultat que vous voulez atteindre sur le plan financier.

Fruit : vous avez tendance à décider, à juger trop vite d'une situation et, malheureusement, à accepter une idée contraire à la réalité.

Fuir : vous avez trop de petits problèmes à résoudre et il vous serait salutaire de vous distraire. Vos espoirs semblent compromis et vous commencez à vous faire une raison, à vous montrer moins intransigeant, plus conciliant à l'égard d'autrui.

Fumée : ne vous absentez pas du travail à moins d'avoir une raison majeure. Vous pourriez rater une occasion de vous mettre en évidence, de faire reconnaître votre talent.

Fumier : votre orgueil ne tolère aucune remarque. Vous avez du mal à voir que l'on tente de vous aider. Il faut vous rendre compte qu'il y a toujours place pour l'amélioration.

Funérailles : *les vôtres :* désireux de goûter à toutes les joies de la vie, vous saisissez avidement les objets de plaisir qui se présentent sans vous y accrocher de façon durable, et ce, dans le but d'éviter les problèmes affectifs. Votre attitude ne favorise pas une réelle intégration au milieu et vous vous sentez isolé. Vous avez tendance à ruminer ces insatisfactions;

les *funérailles de quelqu'un d'autre* : votre recherche de relations est en contradiction avec la timidité qui vous paralyse. Par ailleurs, votre manque d'agressivité vous porte à vous laisser exploiter par autrui;

la *mort d'une personne connue* : indique le détachement mystique vis-à-vis de cette personne, la fin d'une relation ou d'un amour.

Fusil : vous avez été victime d'une injustice, on vous a fait porter le poids de l'erreur de tout un groupe. Vous devez vous défendre afin de retrouver ce qui vous revient. La persévérance favorisera un règlement à votre avantage.

Futur : *voir dans le futur* : on ne peut oublier son passé. Toutefois, on peut se pardonner de n'avoir pas réussi comme on l'aurait voulu. Vous êtes responsable de vous, de ce que vous vivez. Il est bon de se questionner, mais ne cherchez pas vos réponses ailleurs qu'à l'intérieur de votre conscience.

G

Gâcher : pour préserver l'équilibre de votre couple, vous devez communiquer. On ne vous devine pas.

Gadget : vous devriez mener une vie saine et régulière. Faites du sport. Vous vivez une période calme où il fait bon vivre. Vous avez une force de récupération accrue et vous vous sentez en meilleure forme que jamais.

Gager : vous êtes amoureux. Pourquoi ne pas en donner la preuve ?

Gagner : tout ce que vous ferez et direz aura des répercussions sur votre avenir. Agissez prudemment, consciencieusement dans tout ce que vous faites.

Galerie : *vue de la galerie* : votre apparence suave et tendre dissimule un puissant réalisme et un immense besoin de dominer;

la *galerie s'effondre* : situation embrouillée et angoissante. Vous êtes original, raisonneur, mais illogique. C'est par la force que vous entendez vous faire accepter et aimer.

Gang : c'est avec beaucoup de joie que vous retrouverez un ami que vous n'aviez pas vu depuis longtemps. Mais vous ne pourrez vous empêcher de constater combien le temps l'a changé.

Gant : *les vôtres :* attiré par l'aventure, la découverte, vous voudriez mettre fin à une liaison qui satisfait pourtant votre besoin de tendresse, mais vous ne parvenez pas à vous décider ;

gant neuf : vos choix amoureux sont fantasques et présentent toujours un côté déroutant. Vous cédez à vos caprices, vous montrant tantôt conciliant et soumis, tantôt agressif et autoritaire ;

gant perdu : vous avez idéalisé une relation sentimentale, mais vous êtes conscient du risque de perdre votre individualité. Cependant, vous ne parvenez pas à rompre ;

gant trouvé : vous souhaitez mener une vie plus extérieure et plus active socialement, et vous épanouir dans une profession. Mais vous éprouvez de la difficulté à mettre fin à un lien affectif auquel vous tenez encore ;

gant sale : la recherche de plaisirs corporels, de satisfactions matérielles ne vous satisfait plus entièrement. Vous souhaiteriez un autre environnement, un but nouveau, mais vous n'avez pas la détermination suffisante pour vous jeter dans l'action.

Garage : vous pourriez être témoin de critiques à l'égard de gens que vous connaissez. Pourtant, ils ne méritent pas ce traitement.

Gardien : vous avez tendance à refuser de voir de tristes réalités, à ne concevoir que le plaisir.

Gare : sur le plan sentimental, vous foncez tête baissée. Vos préférences vont sans conteste vers une personne de l'autre sexe qui est plus âgée, plus expérimentée, bref, plus mûre. Vous souhaitez vivre des histoires passionnelles intenses, des amours palpitantes où l'on se livre totalement.

Gaspiller : l'horizon de votre vie sentimentale est trouble. Vous êtes trop exigeant et votre conjoint l'est démesurément envers vous.

Gâteau : *faire des gâteaux :* un obstacle va bientôt disparaître de votre chemin. Votre existence en vase clos commence à vous peser, mais vous craignez d'abandonner l'ambiance ouatée où vous vous sentez en sécurité ;

manger du gâteau : une affaire inquiète votre entourage, mais vous avez le beau rôle dans cette histoire. Vous connaissez des moments de profonde lassitude pendant lesquels vous vous demandez s'il ne serait pas sage d'abandonner la lutte que vous menez pour imposer à vos proches une affection qu'ils sont incapables d'apprécier.

Gaz: *sentir l'odeur du gaz:* vous êtes bien inspiré dans vos négociations concernant l'argent. Vous pourriez faire des acquisitions intéressantes.

Gazon: la certitude et les doutes vous tiraillent. Un jour, vous êtes certain d'aimer, le lendemain, vous êtes prêt à croire que vous n'aimez personne. Tout ou rien, comme une constante question qui se pose à votre esprit.

Géant: vous êtes tiraillé entre, d'une part, la loyauté et la fidélité à votre milieu ou à quelqu'un et, d'autre part, l'envie de nouer de nouvelles relations, de réaliser certains projets. Vous pesez sans cesse le pour et le contre, mais vous êtes incapable de vous décider. Cette incertitude est une cause d'anxiété.

Geler: vous avez l'esprit pratique, même si vous craignez de faire un faux pas. Vous êtes protégé. Vous recevrez des conseils sérieux pouvant vous aider dans votre carrière.

Gêner: votre esprit est plus vif. Vous êtes capable d'avoir une vue d'ensemble de votre vie. Vous ne doutez plus de l'amour de l'être aimé, même si vous aviez envie de fuir parce que vous n'arriviez plus à le comprendre.

Genou: vous êtes porté l'un vers l'autre avec le même élan amoureux. Face à la décision d'abandonner certains avantages, vous êtes prêt à accepter un compromis, bien qu'à certains moments, votre fierté se rebiffe violemment.

Gibier: si vous avez des remarques à faire, mieux vaut mettre la pédale douce. En amour comme dans vos amitiés, vous manifesterez de la mauvaise foi, ce qui pourrait blesser les autres.

Gifle: *lorsqu'on la reçoit:* il est fortement déconseillé de vous associer avec quelqu'un. Vous aurez l'impression de vous trouver au milieu d'un jeu de quilles;

gifle qu'on donne: vous estimez votre conjoint, mais chacun voit son propre reflet dans l'autre et alors vous vous affrontez.

Gilet: sur le plan sentimental, il faudra tout de même jouer franc jeu à un moment donné. Sinon, gare aux représailles! Un coup de foudre magique devrait finalement vous sortir d'affaire.

Ginseng: il faudra vraiment revoir votre façon d'être en amour, probablement à cause d'une nouvelle rencontre. Finalement, ce comportement que vous aurez du mal à saisir au début sera plein d'enseignements et vous vous rendrez compte que les sentiments qui durent ne sont pas seulement basés sur l'attraction sexuelle.

Girafe: des ruptures brutales et soudaines dans vos amitiés peuvent bousculer un peu votre humeur. Attention à la brusquerie et au manque de tact!

Glace: vous voudriez trouver de nouvelles possibilités, des buts plus idéalistes, indépendants des problèmes quotidiens. Mais vous craignez de manquer des qualités nécessaires à la réussite de nouveaux projets, qui ne sont peut-être que des caprices.

Gland: il faudra accepter de changer de direction même si cela ne vous fait pas plaisir. Certains obstacles seront en effet incontournables. Heureusement, vous ne serez pas en manque d'idées.

Glisser: une aventure vous réjouit, mais attention, certains cadeaux cachent des intentions malhonnêtes! Vos rapports affectifs stables et tranquilles ne vous satisfont plus. Vous aimeriez un peu plus d'excitation, des voyages, des changements. Mais vous craignez de commettre des infidélités ou, si vous optez pour une rupture, de regretter votre choix;

perdre pied: à la maison, un conflit peut se déclencher. Il se manifestera par un silence total ou des mots violents qui peuvent même dépasser la pensée.

Globe terrestre: accrochez-vous parce que ça va vraiment bouger. Votre séduction fera des ravages! Vous irez de rencontres en flirts sans jamais savoir à quoi vous en tenir. À un moment donné, vous vous déciderez à en finir avec toutes ces histoires parce que le coup de foudre sera à l'horizon.

Goéland: vous êtes, à vos propres yeux, un sujet plein d'intérêt! Vous vous découvrirez des passions et des capacités nouvelles. Vous aurez envie de mettre en valeur votre charme. La créativité vous séduira sûrement.

Golf: *jouer au golf:* vous avez droit à des caprices. Mais si ceux-ci affectent vos collègues, vos associés ou vos proches, demandez-vous s'il n'est pas préférable de vous en passer pour l'instant.

Gomme: *à mâcher:* votre magnétisme plein de charme, votre énergie positive et créative, vos pressentiments justes et fulgurants vous aideront à réussir beaucoup de choses.

Gonfler: vous aurez tendance à être distrait, à vous replier sur vous-même, alors qu'on cherchera à vous entretenir de choses sérieuses.

Gorge: *maux de gorge:* le remède à votre désenchantement, vous tentez de le trouver dans une relation sentimentale exclusive, basée sur votre satisfaction personnelle. Vous estimez que l'on doit se soumettre avec amour à vos exigences et subir votre jalousie.

Gourde: *pleine:* vous souhaitez acquérir des valeurs, des biens dont la possession compenserait votre désespoir. Vous appliquez toute votre énergie et votre résistance à cette lutte acharnée;

gourde vide: même si votre comportement demeure extérieurement harmonieux, même si vous semblez participer à ce qui se passe autour de vous, prétendant même diriger et prendre les responsabilités des autres, vous gardez toujours une attitude distante, qui dissimule une forte susceptibilité.

Gourmandise: de grandes questions se posent, comme: Dois-je m'engager amoureusement pour le reste de mes jours parce que l'autre le veut ainsi? Si votre couple a de l'usure, si l'habitude a éteint les étincelles du début, il faut vous efforcer de faire renaître votre amour.

Goutte: *d'eau:* force féminine; représentation de la pureté; régénération; purification physique et spirituelle.

Graine: *planter des graines:* l'impatience est votre défaut majeur. Ne prenez pas de décision précipitée qui provoquerait des ruptures avec des amis de longue date;

manger des graines: vous vivrez à 100 kilomètres à l'heure et votre baromètre affectif ressemblera à un paysage de montagnes russes! Des hauts et des bas fulgurants et inattendus.

Graisse: *être gros:* peu impulsif dans vos projets, vous mûrissez des idées auxquelles vous voulez vous consacrer, mais sans jamais vraiment les réaliser.

Grandir: rien ne remplace l'amour. Ce sera votre devise. Alors, pour une fois, vous ne fuirez pas et n'abandonnerez pas pour aucun prétexte.

Grappe: *de raisins:* vos relations avec autrui semblent au neutre: vous écoutez, vous apprenez, vous ne répondez pas à l'agressivité.

Gratter: vous êtes lucide, logique et en harmonie avec les événements extérieurs qui modifient légèrement et subtilement votre être intérieur. Une sensation de bien-être vous envahit.

Graver: vous êtes intensif, passionné mais aussi vulnérable. Vous ne pouvez pas tout réussir parfaitement, même si c'est là votre objectif. Il faut choisir parmi vos talents et en exploiter un qui vous permettra de vous épanouir pleinement.

Grêle: vous ressentirez de la fatigue peu après le réveil. Mettez de l'ordre dans vos idées et vous vous sentirez beaucoup mieux.

Grelotter: un cœur souffre en silence et finira par se décourager. Il y a du mystère dans certaines insinuations, mais en restant sur vos gardes, vous échapperez à certaines complications.

Grenier: votre désir de travailler de façon indépendante se heurte à la crainte de mettre en péril la sécurité et le confort qu'offre votre situation actuelle.

Grenouille: vous êtes très émotif, donc plus vulnérable. Fuyez les conflits, à moins que vous ne deviez défendre vos droits et votre place. Faites attention, sous la pression, votre système nerveux devient très fragile !

Griffer: *se faire griffer :* une personne de l'autre sexe cherche à vous faire prendre des décisions qui ne vous sont pas favorables matériellement. Pesez le pour et le contre.

Grillage: votre logique domine parfois vos sentiments. Tout en souhaitant rompre une liaison jusqu'ici satisfaisante, vous hésitez de peur de regretter la tendresse qui vous est actuellement généreusement offerte.

Grimace: *faire des grimaces :* vous ne pouvez garder votre neutralité vis-à-vis d'une personne aimée ;

se faire faire des grimaces : ne vous fiez plus autant à la personne qui vous promet toujours des révélations et se mêle trop de vos affaires.

Grimper: vous avez un peu trop tendance à vous replier sur vous-même ces derniers jours. Des échanges d'opinions avec vos amis vous seraient bénéfiques.

Grognement: oubliez les tracas financiers qui vous minent le moral depuis un certain temps et jouissez de la vie.

Grossesse: *être enceinte :* votre partenaire est peut-être trop sûr de son charme, ce qui pourrait vous apporter quelques ennuis. Redoublez de prudence dans toutes vos relations amoureuses avec l'être aimé.

Grossir : vous foncez tête première sur tout ce qui bouge et votre entourage en prend pour son rhume. Au travail, vous faites preuve de beaucoup d'autorité et gare à ceux qui ne vous suivent pas.

Grotte : *entrer dans une grotte :* l'échec ne vous a sans doute pas épargné ses sarcasmes par le passé. Sachez que celui qui réussit sans jamais avoir échoué ne peut imaginer le sens du mot «revanche». Vengez-vous de vos échecs et vous réussirez au-delà de vos espérances.

Grue : *mécanique :* vous avez une nature chaleureuse et aimante. Vous aimez la vie et ses plaisirs. Sans arrêt attiré par l'autre sexe, vous n'avez pas peur d'avouer à l'autre qu'il vous plaît.

Guêpe : tenace, énergique, vous refusez de vous laisser influencer au risque de rompre avec toutes les traditions, familiales ou sociales ;
   tuer des guêpes : bien que vous soyez très réaliste, votre fougue, votre goût de la démesure, du grandiose, des solutions entières et spectaculaires s'ajoutent à vos talents variés. Cela pourrait vous entraîner dans des activités trop diversifiées, ce qui provoquerait la dispersion de vos efforts et de votre énergie.

Guérison : c'est le désordre à tous les niveaux. Cela vous fait paniquer, mais en même temps, vous aimez cela. Vous jouez les indifférents, mais vous savez très bien qu'on vous regarde.

Guerre : situation intérieure conflictuelle et difficile, résultant de la lutte entre des forces vitales opposées. Cela peut aussi révéler un différend avec un proche. Souvent, il s'agit d'une vérité que l'on n'admet pas.

Guichet : vous n'avez pas vraiment de flair pour choisir vos amis et vous tombez souvent sur des gens qui ne vous conviennent pas du tout.

Guide : vous êtes une personne inquiète, voire tourmentée ; votre système nerveux n'aspirera qu'à une chose : dormir pour récupérer, mais aussi pour se détacher de problèmes qui semblent insolubles maintenant. Les nuits vous porteront conseil.

Guirlande : vous faites beaucoup de place à l'amour et, surtout, au sexe. Vous y dépensez beaucoup d'énergie et cela vous fait du bien.

Guitare : *en jouer :* l'amour fait des merveilles. Quoi qu'il arrive, gardez votre calme, cela vous donnera plus d'importance et votre sort pourrait s'améliorer.

Gymnastique: *la faire*: adaptation difficile à vivre, obligation de mettre fin à une relation affective. Vous avez le goût de couper toute communication.

Gyrophare: sur le plan sentimental, vous retrouvez le désir de séduire votre conjoint et de lui chanter la pomme.

H

Habile: *être très habile*: votre vie amoureuse est sans complication. Vous êtes un séducteur-né, sensuel, et, surtout, fidèle et très attentionné envers l'être aimé.

Hache: la chance est au rendez-vous. Si vous êtes créatif, audacieux et si, de plus, vous avez le sens des affaires, vous pourrez augmenter sensiblement votre fortune.

Haie: vous vous ennuyez trop vite, ce qui vous pousse à quitter des gens adorables. Pour éviter la routine, faites un peu de lecture.

Haïr: *éprouver de la haine pour quelqu'un*: vous entreprenez trop de choses à la fois. Vous négligez certains points élémentaires nécessaires à la réussite de vos projets. Soyez plus méthodique et prenez le temps de réfléchir;

éprouver de la haine pour quelque chose: sous une apparence optimiste, vous cachez une grande anxiété. On n'aura donc pas tellement tendance à vous rassurer. Mais cela ne vous empêchera pas de poursuivre votre but.

Hameçon: détachement complet des préoccupations matérielles. Alors que vous êtes saisi par des émotions fortes, vous avez des angoisses, de vagues appréhensions, sur des questions pourtant anodines.

Harceler: *être harcelé*: avez-vous conscience que vous faites tout à l'envers? On dirait que, pour vous, être stressé, c'est normal. Vous n'irez pas loin comme cela. Prenez un peu de répit et replacez les choses à leur place.

Harem: vous êtes perceptif. Vous devinez, vous pressentez. Rien ne vous échappe. Vous observez les objets et les gens comme si vous aviez une loupe.

Haricot : la vie abritée, sécurisante que vous menez vous plaît, mais vous éprouvez le désir d'autre chose, d'un décor nouveau, d'ailleurs très imprécis. Vous en avez le goût, mais vous refusez une réelle prise de position à cause des responsabilités impliquées qui ne vous attirent pas.

Harmonica : vous êtes esclave de vos émotions. Pas très réaliste en amour, vous vous emballez trop vite et vous demandez la lune.

Harpe : vous ne savez pas dire non parce que vous avez peur de blesser la sensibilité de l'être aimé, ce qui vous met souvent dans des situations embarrassantes.

Hélice : en amour, votre devise est «le plus possible». Par contre, vous êtes un peu lent à vous mettre à l'ouvrage.

Hélicoptère : vous souhaiteriez mener une vie plus intéressante. Attiré par la nouveauté, le changement, vous ne faites aucun effort pour satisfaire ce désir légitime. Vous préférez vous plonger dans la réflexion, en approfondissant la situation et en refusant de vous confier ou de voir au-delà de votre univers immédiat.

Herbe : la certitude et les doutes vous tiraillent. Un jour, vous êtes certain d'aimer ; le lendemain, vous êtes prêt à croire que vous n'aimez personne. Tout ou rien, comme une constante question qui se pose à votre esprit.

Héritage : nécessité de vous montrer réceptif, de réussir par le travail et non par la chance. Efficace, sérieux dans l'exercice de votre profession, vous vous montrez indécis, timoré, hésitant dans la vie courante, où les contrariétés et les difficultés vous déroutent facilement.

Heureux : *se sentir heureux :* vous fonctionnez au ralenti, bercé par une douce paresse qui, heureusement, n'aura aucune conséquence. Vous aurez le temps de vous organiser à votre guise.

Hibou : il vous arrive de garder une certaine rancune contre une personne qui n'a pas voulu vous blesser, mais à qui vous n'avez pas permis de s'expliquer. Tout à coup, vous vous rendez compte que vous avez coupé un pont important et que vous avez maintenant besoin d'elle.

Hiver : *le voir :* vous luttez entre, d'une part, le désir de participer davantage à la vie de ceux qui vous entourent, de vous intégrer totalement au milieu et, d'autre part, celui de conserver une liberté et une indépendance qui vous sont chères. Vous vous montrez sociable quand vous avez besoin des autres et vous vous isolez quand cela vous convient, vous fermant à toute communication;

voir un doux hiver: votre entourage vous refuse l'estime et la considération qui vous sont dues. Envahi par le doute, vous vous demandez s'il faut persévérer dans des efforts d'affirmation qui ne sont pas appréciés à leur réelle valeur.

Hockey: *jouer au hockey*: c'est un plaisir pour vous que le travail en ce moment. Vos nombreuses réussites font que même un excès de travail peut vous être salutaire. Évitez cependant les excès d'autorité qui pourraient vous faire perdre d'excellentes collaborations.

Homard: votre facilité à communiquer peut être mal interprétée par les gens de l'autre sexe qui croient que vous les draguez. Vous avez besoin de beaucoup de liberté et seuls de vrais amis peuvent vous donner cela.

Homme: *voir un homme âgé*: se sentir à l'abri de tout malaise;
voir un bel homme: être envié de son entourage;
voir un homme inconnu: une rencontre sans importance sur le moment pourrait devenir sérieuse dans peu de temps;
voir un homme laid: querelle avec un ami;
voir un gros homme: réalisation de ses projets;
voir un homme nu: aimer et être aimé en retour.

Honorer: *être honoré*: votre humeur est changeante. Mettez-y du vôtre si vous ne voulez pas de conflits avec votre entourage qui commence en avoir ras le bol.

Hôpital: *en tant que patient*: vous avez des inspirations, des intuitions. Les idées jaillissent sans que vous ayez à réfléchir sur le problème actuel. Vous pouvez mettre en action une phase de l'opération qui vous permettra de procéder à la stabilisation de la situation;

en tant que visiteur: au travail, on vous a confié une responsabilité qui vous semblait si grande qu'elle vous effrayait, mais vous voyez maintenant lucidement ce qu'il faut faire et comment agir.

Hoquet: *avoir le hoquet*: vous pourriez croire qu'une malédiction vous suit; troubles et ennuis, mais étrangers à l'argent. Ne vous découragez pas, dans quelque temps, tout sera oublié.

Horloge: votre attention envers le monde est fluctuante. Tantôt vous êtes très attiré par la vie de société, les divertissements, tantôt vous êtes solitaire, indifférent et vous vous repliez sur vous-même, n'osant pas affronter des inconnus ou des situations imprévues;

horloge arrêtée : votre besoin de tranquillité se heurte aux exigences de votre profession qui vous semblent exagérées. Le doute et l'anxiété deviennent plus lourds chaque jour.

Hôtel : vous avez une rapidité d'exécution exceptionnelle. Vous vous surprendrez vous-même. Des personnes tenteront de s'imposer dans une affaire personnelle. Avec diplomatie, vous leur ferez connaître leurs limites et elles s'écarteront sans se sentir blessées.

Huile : sur le plan sentimental, le froid vous habite et vous grelottez. Si vous continuez à rester seul avec votre imagination, vous développerez de nombreux fantasmes érotiques.

Huître : le démon de midi vous sollicite à tout moment. Un peu de retenue ! Soyez moins bestial et plus séducteur, et vos désirs et fantasmes se réaliseront.

Hurlement : *les entendre* : vous réfléchissez beaucoup et vous vous posez énormément de questions. Vous pouvez même passer des heures à vous étudier et à vous analyser ;

essayer de hurler : manque de confiance en soi. On a l'impression que vous êtes bien intégré à votre milieu, mais votre vie sociale n'est que superficielle. Au fond, vous demeurez distant et indifférent, peu désireux de vous attacher à quelqu'un ;

hurler fort : problèmes insolubles, besoin urgent d'aide ; votre entourage ou peut-être les gens qui le composent sont pour vous une cause de mécontentement. Mais vous vous sentez épuisé mentalement et privé de courage ou de force pour affronter l'inconnu.

Hypnose : *être hypnotisé* : au fil des années, vous vous êtes fait des ennemis par manque de coopération ou parce que vous n'avez agi que pour vous-même sans jamais être généreux. Les tourments sont inclus sur la facture à payer.

I

Iceberg : doutant de vos capacités pour réaliser vos projets, vous êtes tiraillé entre le désir d'abandonner votre situation actuelle et la crainte de manquer de persévérance pour recommencer dans un autre domaine.

Igloo: vous êtes jaloux et vous vivez en permanence dans la crainte d'être délaissé. Vous êtes incapable de rompre, même quand vous savez qu'une relation est vouée à l'échec.

Île: vos qualités sont évidentes. Vous ne pouvez être autre que vous-même. Si vous avez cultivé des attitudes négatives, vous aurez du mal à les cacher.

Illuminer: plus que jamais conscient de votre importance, vous êtes tout feu tout flamme dans tout ce que vous faites. En particulier dans votre vie sentimentale, où c'est la passion.

Imiter: vos énergies sont épuisées. Vous êtes trop généreux de votre personne. Vous en faites trop, vous devez refaire vos forces. Prenez le temps de respirer.

Impatience: *être impatient*: prenez le temps de mettre vos idées en ordre, ne cédez pas aux tentations d'évasion à cause de petites déceptions.

Impôt: tout et rien vous insécurise. Vous passez votre temps à imaginer que tout le monde vous en veut. Vous avez sans cesse besoin qu'on vous rassure, qu'on vous explique le pourquoi des choses.

Imprudence: vous vous sentez plus irritable qu'à l'ordinaire. Retenez vos humeurs, car elles pourraient vous jouer des tours. Prenez les choses calmement pour ne pas risquer des accès de colère de votre entourage.

Impuissance sexuelle: vous n'avez rien à partager avec votre conjoint et vous êtes malheureux puisque vous avez un immense besoin d'amour.

Incendie: *se débarrasser des impuretés, se régénérer*: témoignage d'une vie intense et puissante; mais cela indique aussi le péril;
   un grand incendie: indique la destruction.

Inconnu: les situations vous provoquent à agir avec la totalité de votre être. Les gens qui vous entourent vous observent. Votre magnétisme est plus puissant qu'à l'accoutumée. Vous ne passez donc pas inaperçu.

Indécence: infériorité ou vérité; représente une humiliation spirituelle ou morale.

Indigestion : vous êtes très dépendant d'une liaison, d'une relation sexuelle qui vous procure un sentiment d'appartenance et de sécurité, mais vous vous rendez compte qu'elle ne vous satisfait plus. Oscillant entre des sentiments d'amour et de haine, vous souffrez beaucoup de cette dualité.

Infidélité : *commettre une infidélité :* rien n'est gratuit, rien n'est magique. Il ne faut pas s'illusionner. Pour réussir, il faut faire un effort, un acte de volonté et taire ses peurs ;

être victime d'une infidélité : vous trouverez une oreille attentive et lui confierez ce qui vous tient ou non à cœur. Les réponses de cette personne vous aideront à éclaircir des points restés obscurs au sujet de vos choix, mais aussi sur le plan sentimental.

Infirme : *être infirme :* vous avez le droit de vous émouvoir, de vous taire, de faire le silence en vous, de méditer. Ces jours-ci, vous ne pouvez plus supporter vos angoisses et votre anxiété. Vous aurez du mal à trouver la paix ;

voir un infirme : au travail, vous subirez un retard, un rendez-vous vous sera remis. Si possible, contentez-vous de la routine. N'en faites pas plus. Vous avez moins d'énergie physique. De plus, le moral n'est pas à son apogée.

Infirmière : encore attaché à un environnement ou à une personne dont la présence vous rassurait, mais qui vous impose maintenant des limitations, vous vous sentez prêt à affronter une séparation, malgré quelques hésitations, afin de mener une vie plus ouverte et spontanée.

Inflammation : la solitude vous pèse et la monotonie de la routine vous incitera à faire un geste d'éclat. Un événement inattendu saura donner un peu de rythme à votre vie trop austère.

Ingurgiter : cherchez en vous le côté positif et évitez de sombrer dans le négativisme en jouant le martyr. Vous éprouverez alors un sentiment de fierté qui vous donnera l'énergie de vous battre.

Inondation : indique le besoin de se régénérer, d'oublier le passé ; dénonce le danger présenté par un sentiment devenu trop envahissant.

Inquiétude : représente les états informels de l'existence qui permettent la transformation et l'évolution de sa personnalité ; c'est une invitation à descendre au fond de soi, à explorer les profondeurs les plus intimes de sa personnalité.

Insecte: on se plaint à vous. Quelquefois, mais plus rarement, c'est l'inverse, c'est vous qui vous plaignez. Il n'est pas bon de rester sur des impressions négatives. N'oubliez jamais que tout est en partie projection. Ce que vous voyez en autrui devient réalité, et à un tel point que la partie destructrice se retourne contre vous.

Insuccès: attention aux abus de nourriture! Votre estomac et votre foie sont fragiles et vous avez tendance à manger tout ce qui vous tombe sous la main sans en examiner la valeur nutritive.

Insulte: les circonstances vous obligent à faire face à la réalité et surtout à accepter les autres tels qu'ils sont au lieu de leur imposer votre point de vue. Vous vous faites une raison tout en regrettant l'abandon de votre fierté.

Intestin: ne vous laissez pas abattre par ces petits malaises qui semblent empoisonner vos journées. Ils ont tous une chose en commun. Vous devriez consulter un médecin.

Intrigue: vous devriez, d'une manière délicate et habile, remettre en question vos sentiments les plus profonds. L'être aimé se rendra compte de vos efforts et cela améliorera le climat de votre vie amoureuse.

Inuit: vos initiatives vont permettre de concrétiser vos projets et d'imposer votre volonté à votre entourage.

Invalide: vous êtes dans l'obligation d'accepter un compromis entre vos exigences personnelles et celles de vos proches. Votre comportement est contradictoire; pour échapper à la tension interne, vous multipliez les relations. Vite déçu, vous allez d'une idée à l'autre, sans assumer un choix définitif.

Inventer: ne pas dire comme les autres, pourquoi pas? Surtout si vous avez des idées qui peuvent aider des gens à sortir d'une impasse sur le plan professionnel.

Invisibilité: dans l'obligation de renoncer à certaines activités physiques qui vous apportaient joie et plaisir, vous êtes anxieux et désarmé. Vous voudriez faire preuve d'indépendance, mais vous craignez les conséquences d'une action trop audacieuse.

Invitation: *recevoir une invitation:* vous avez entretenu des idées négatives qui risquent de se frayer un chemin plus large dans votre âme. Vous êtes maître de votre mental. Vous créez vos pensées. À vous de filtrer et de ne rien laisser passer de destructeur.

Irriter : votre partenaire traverse une période difficile et vous devez lui injecter une bonne dose d'optimisme.

Isolement : votre chemin vers le succès est parsemé d'embûches, mais votre légendaire ambition vous aidera à tenir bon jusqu'au dénouement de toutes les situations difficiles.

Ivresse : la vie de l'esprit vous est essentielle, car vous êtes un philosophe dans l'âme. Vous souffrez de devoir accepter une situation inférieure à celle que vous méritez. Vous êtes profondément atteint dans le sentiment de votre dignité personnelle.

J

Jalousie : forcé d'interrompre une liaison en tous points satisfaisante, vous luttez contre une pénible impression d'abandon et de mélancolie.

Jambe : une nette incompatibilité de caractères vous oppose à un membre de votre entourage. N'y accordez pas trop d'importance, d'heureux changements viendront régler votre différend et permettront une réconciliation entre vous deux.

Jambon : sur le plan sentimental, vous avez la faculté de vivre plusieurs belles histoires, de croire en l'amour, malgré les petites égratignures de l'existence. Cela fait de vous un être entreprenant et passionné, doté d'une belle énergie.

Jardin : *potager :* vous êtes sensuel, romantique et émotionnel. Votre sensualité ne vous cause pas de problèmes, car vous agissez selon vos goûts et vos instincts. Vous donnez la priorité à la sexualité, sans pour cela négliger les joies de l'amour et de l'esprit.

Jaune : représente la clairvoyance. Cela vous amènera à vous associer aux autres, à faire des projets à deux ou à plusieurs. La diplomatie, le charme et la coopération seront vos atouts majeurs. Jouez-en sans scrupule et vous obtiendrez tout ce que vous voulez en amour.

Jeter : vous devrez utiliser toutes vos ressources intellectuelles pour éviter les retards et les restrictions qui, au travail, vous causeront bien des soucis. Prenez le temps de vous reposer pour avoir l'esprit clair.

Jeux: *voir des jeux de société* : dans votre vie sentimentale, vous saurez faire régner une atmosphère complice et tendre, faite de petits riens ;

jouer à des jeux : c'est un plaisir pour vous que le travail en ce moment. Vos nombreuses réussites font que même un excès de travail peut vous être salutaire. Évitez cependant les excès d'autorité qui pourraient vous faire perdre d'excellentes collaborations.

Jonc: vous vous souciez grandement de votre charme physique et vous souhaitez impressionner autrui par votre personnalité exceptionnellement séduisante.

Jongleur: vous faites face à des circonstances pénibles qui vous privent de satisfactions naturelles que vous jugiez indispensables. Vous vous efforcez de surmonter votre révolte et d'accepter les faits.

Jouer: c'est un plaisir pour vous que le travail en ce moment. Vos nombreuses réussites font que même un excès de travail peut vous être salutaire. Évitez cependant les excès d'autorité qui pourraient vous faire perdre d'excellentes collaborations.

Jouet: vous devriez mener une vie saine et régulière. Faites du sport. Vous vivez une période calme où il fait bon vivre. Vous avez une capacité de récupération accrue et vous vous sentez en meilleure forme que jamais.

Jouir: les messages sont évidemment sexuels : soit des états de manque affectif ou sexuel compensés par des déviations sexuelles, soit des préoccupations tout à fait légitimes de satisfactions sexuelles.

Journal: *le lire* : vous pouvez être dans tous vos états et vous mettre en colère pour un détail. Ou encore, vous devez supporter les humeurs maussades de votre famille. Cela pourra peut-être créer en vous la sensation d'être assis entre deux chaises. Pour vous en libérer, vous devez affirmer consciemment votre choix et être prêt aux développements qui suivront.

Juge: vous aurez beaucoup de vitalité, mais vous manquerez malheureusement de réflexion. Vous aurez un fort penchant pour l'exagération ; votre nervosité en sera accrue et pourra malmener un peu votre vie quotidienne.

Jumeau: ne comptez pas trop sur votre intuition ni sur des idées intéressantes. Si vous avez d'importantes décisions à prendre, mieux vaut les remettre à plus tard.

Jungle: vous voguerez dans une période d'harmonie. Cela vous offrira la possibilité de créer, d'innover et de convaincre les autres du bien-fondé de vos idées ou de vos projets.

Jupe: vos amours pourraient être perturbées, mais la réflexion et la patience vous apporteront une meilleure connaissance des gens que vous aimez.

Jus: votre conjoint sera sentimental, mais aussi très possessif. Le climat sera lourd. Ne soyez pas trop exigeant envers l'être aimé.

Justice: il n'est pas facile de maintenir l'unité et la cohésion au sein de votre entourage. Chacun laisse parler son ego. Chacun veut être important, souvent au détriment du bonheur de tous. Un ego se gonfle à un tel point qu'il réussit à impressionner et à dominer tous les autres. Vous aurez des discussions importantes, mais il faudra faire la part des choses.

K

Karaté: *le pratiquer:* laissez les voisins se débattre entre eux. N'êtes-vous pas trop sensible en ce moment? Vivez et laissez vivre.

Kermesse: votre esprit vous offre de vous épancher, de vous émouvoir, d'être lucide envers ceux qui souffrent. On requiert votre appui. Certains auront envie de refuser. Attention, soyez présent lors de la demande!

Kidnapper: *être kidnappé:* révèle la nécessité d'un changement radical dans sa vie, qui consiste à passer d'un état d'imperfection à un état supérieur;
    kidnapper quelqu'un: votre système d'analyse est en place, mais le cœur, lui, que dit-il? Il a parfois un langage fort différent de la raison.

Kiosque: vous dégagerez autour de vous un certain magnétisme charmeur qui vous permettra de séduire facilement. Vous vivrez des moments fort agréables.

Kiwi: connotations érotiques à cause de la douceur et de la saveur de sa chair, particulièrement si vous le mangez avec plaisir.

Klaxon : *qu'on entend :* vous ne pouvez pas cacher vos faiblesses. Ceux qui vous approchent les voient, les devinent, les ressentent. On s'avance vers vous ou on recule. C'est comme si vos pensées étaient verbalisées sans que vous ayez à ouvrir la bouche ;

qu'on actionne : attention aux idées fixes ! Il est correct d'être tenace, mais il faut aussi garder l'esprit ouvert à la nouveauté. La vie est une improvisation et il faut savoir composer avec elle chaque jour.

Kyste : les vexations seront nombreuses malgré certaines tentatives pour conserver votre calme. Vous risquez d'exploser, ce qui pourrait être bénéfique puisque vous êtes dans votre droit.

L

Laboratoire : la personne qui vous aime sera très impulsive et manifestera un sens de l'humour très poussé. Vous serez capable d'imposer l'idéal que votre cœur vous inspirera et qui guidera vos actes.

Labourer : sur le plan sentimental, c'est le grand choc, la passion garantie. Pas besoin de vous forcer, vous êtes fait pour séduire et faire craquer au maximum l'autre sexe.

Labyrinthe : représente les aspects néfastes de votre personnalité, les instincts réprimés et refoulés devenus des complexes paralysants et des scrupules.

Lac : *vivre au bord d'un lac :* idéaliste, vous voulez changer le monde. Seuls les projets de grande envergure vous attirent.

Lacet : vous auriez besoin de faire preuve de plus de sérieux dans vos amours. Révisez vos valeurs et voyez si elles ne vont pas à l'encontre des intérêts de l'être aimé.

Laine : ne faites pas trop confiance à des personnes qui vous semblent bien intentionnées, mais qui ont autre chose derrière la tête que de vous aider. Tout cela peut cacher une malveillance bien organisée.

Laisse : vous aurez beaucoup de succès au travail, mais toujours obtenu par de l'effort et de la persévérance.

Lait : vous êtes prêt à vous adapter aux autres, à vous montrer conciliant, à les accepter pour eux-mêmes. Vous voulez modérer vos exigences sentimentales, l'expérience vous ayant appris la sagesse ;

lait renversé : prêt à établir des liens affectifs réalistes et moins égocentriques, votre esprit d'indépendance se rebelle aux compromis impliqués.

Laitue : vous aurez des moments merveilleux d'intimité en compagnie de l'être aimé et vous aimerez lui témoigner vos sentiments.

Lampe : *allumée :* il se trouve au fond de vous certaines tendances, certains besoins cachés dont vous n'avez pas conscience. En effet, il existe en chacun de nous une sorte de gardien dont le rôle est d'assurer l'ordre intérieur, une force qui refoule dans la partie inconsciente du psychisme les souvenirs d'événements, les pensées dont l'évocation est cause d'angoisse... ainsi que les désirs que la conscience n'approuve pas, ne permet pas de satisfaire, parce qu'elle les juge néfastes. Ces tendances enfouies, refoulées, entrent en conflit avec d'autres tendances souvent opposées, substituées par la morale ou la vie sociale ;

si vous allumez une lampe : craignant de vous faire remarquer par un excès d'originalité, vous vous conformez aux coutumes de votre milieu ;

si vous éteignez une lampe : simple et modeste, vous vous pliez devant autrui pour obtenir ce que vous désirez, subissant parfois en silence des injustices flagrantes, par timidité.

Landau : ne laissez pas se créer un climat de tension avec votre entourage. Vos chances augmenteront, alors chassez vos soucis !

Langue : *tirer la langue :* vous débattez une question épineuse et votre imagination vous aide. Des événements nécessitent tout votre calme.

Lapin : vous vous adaptez mal à des situations nouvelles. Les décisions importantes vous terrifient et provoquent en vous des angoisses insupportables. La tension et le mécontentement se manifestent de temps en temps en réaction aux susceptibilités vives et déplaisantes.

Larme : *pleurer à chaudes larmes :* vous aimez les honneurs et la gloire, et vous avez besoin qu'on reconnaisse vos exploits ;

voir quelqu'un pleurer : on peut compter sur vous, car vous possédez cette rare qualité qu'est la loyauté.

Laver : *vous-même :* au travail, vous serez pressé sans savoir pourquoi. C'est parfois un moyen de fuir son insécurité, son angoisse. Vous êtes capable d'une logique froide et même glaciale pour vous protéger d'une situation dans laquelle vous vous sentez menacé ;

des objets : une situation familiale deviendra complexe et vous pourriez la trouver plus épouvantable qu'elle ne l'est vraiment. Vous avez tendance à dramatiser, souvent à cause de votre nervosité difficile à contrôler.

Laveuse : vous aurez envie de séduire et vous y arriverez très bien. Mais vous foncez sans vous poser de questions, car vous êtes toujours convaincu d'avoir raison. Cela agace votre conjoint.

Lécher : *quelqu'un* : vous êtes dans une phase d'évolution importante. Vous ne pouvez comparer votre passé avec ce que vous vivez maintenant. Vous devez faire table rase de vos anciens jugements ;

se faire lécher : des membres de votre entourage vous mentent. Vous éprouvez du ressentiment et de la rancune envers ceux qui, à votre avis, sont responsables de vos malheurs.

Légume : *manger des légumes* : de nature soumise, vous ne cherchez pas à dominer votre entourage, à vous imposer. Au contraire, vous manquez souvent de courage pour affirmer ou défendre vos droits. Vous préférez la tranquillité et l'anonymat. Cependant, vous aimeriez avoir un caractère plus ferme, une forte volonté.

Lépreux : le bonheur tranquille vous horripile et cela devient dangereux pour vos amours sans histoire. Pourtant, qu'auriez-vous de mieux à souhaiter que ce que vous avez déjà ? Ne courez pas deux lièvres en même temps. Soyez patient.

Lettre : *recevoir une lettre* : ne permettez pas à votre entourage de vous dicter votre conduite ou de vous dire ce que vous devriez faire de votre vie. Vous seul connaissez vos aspirations et vos capacités ;

écrire une lettre : l'ennui vous mine actuellement. Un voyage vous ferait le plus grand bien et vous ferait découvrir de nouvelles perspectives.

Lèvre : *de belles lèvres* : en amour, vous savez étonner l'autre, le provoquer pour mieux le séduire. L'être aimé ne risque pas de s'ennuyer ni de s'endormir dans vos bras, qui sont du genre torrides ;

lèvres gercées ou difformes : en amour, vous avez tout intérêt à choisir et à décider pour deux tant l'être aimé est fasciné par votre autorité naturelle. Laissez-lui croire de temps en temps qu'il a raison ; cela aussi favorise le bonheur.

Lézard : vous êtes plus jaloux que vous ne le pensez. Vous êtes tellement obsédé que la moindre remarque à votre égard pourrait déclencher une crise dramatique. Votre jalousie est viscérale et la moindre petite tromperie de votre amoureux risque de vous rendre fou de rage.

Prenez votre jalousie avec humour. Autrement, si vous vous obstinez dans cette voie et si vous n'accordez pas plus de confiance aux autres, vous serez toute votre vie bien malheureux.

Libellule : vous vous pensez malchanceux. Ce n'est pas en restant tiède ou indécis que la chance viendra, bien au contraire. Dites ce que vous pensez, parlez de vos projets, et des appuis arriveront comme par miracle pour vous soutenir.

Librairie : comme tout le monde, vous avez des défauts, mais vous avez tellement d'imagination que vous pourriez vous croire pire que n'importe qui.

Lièvre : vous vous adaptez mal à des situations nouvelles. Les décisions importantes vous terrifient et provoquent en vous des angoisses insupportables. La tension et le mécontentement se manifestent de temps en temps en réaction aux susceptibilités vives et déplaisantes.

Ligoter : *quelqu'un :* agressif et individualiste, vous ne vous laissez pas influencer facilement par votre entourage ;
être ligoté : en amour, vous vivez des émotions avec beaucoup d'intensité.

Lilas : représente la richesse et les honneurs ;
fleur pâle : vous vous demandez si vous n'avez pas construit votre vie sentimentale sur de fausses bases ;
fleur vive : ardeur exaltée, violente, audacieuse ; réalisation des possibilités latentes.

Limite : *dans le sens d'échéance :* c'est toujours la tempête chez vous, et ceux qui vous entourent commencent à en avoir par-dessus la tête. Pour vous, le stress est comme une drogue, mais il est urgent de vous relaxer. Revenez sur terre, sinon vous aurez de graves problèmes.

Lion : vous détestez la violence. Vous vous sentez incapable de lutter contre les abus d'autorité. Préférant être dépendant des autres, vous n'aimez pas diriger, commander, prendre des décisions et des initiatives.

Lit : *inconnu :* vous supportez des contraintes excessives sans vous rebeller ouvertement tout en accusant vos proches ou les circonstances d'être peu coopératifs ;
votre lit : prudent, méfiant, vous évitez de manifester le ressentiment, l'envie ou la jalousie que vous éprouvez à l'égard de certaines personnes parce que vous craignez le tort qui pourrait vous être fait ;

faire un lit : la tension devient quelquefois insupportable et ne pouvant plus maîtriser vos émotions, vous explosez et bousculez tout le monde sans pitié ni considération.

Livre : représente sa propre vie. L'amour tient une place primordiale dans votre vie et vous êtes totalement capable d'aimer et de vous laisser aimer. Très sensible, vous évitez les rencontres fortuites et préférez une relation stable et traditionnelle.

Locomotive : *en voir une* : vous misez sur vos dispositions sentimentales et affectives, sur la séduction que vous exercez sur autrui ;
conduire une locomotive : vous calquez votre conduite sur celle des gens qui sont susceptibles de servir de levier à votre réussite.

Loterie : *gagner à la loterie* : la modestie ne vous étouffe pas. Lucide et conscient de votre génie, vous pensez détenir la vérité en tout.

Loup : vous saurez entraîner l'être aimé dans les pires folies pour son plus grand plaisir.

Lumière : vous pouvez maintenant faire ce que vous n'avez pu réaliser matériellement dernièrement. La voie est libre. Vos idées sont claires. Vous êtes capable d'avoir une meilleure perspective de l'avenir. Vous savez également rallier les gens derrière vous.

Lune : *ascendante* : déçu dans vos rapports affectifs, vous êtes révolté devant l'attitude de parti pris dont on fait preuve à votre égard ;
lune descendante : anxieux, tendu, vous avez peur de nouer de nouveaux liens qui risquent de s'avérer décevants. Vous luttez contre les sentiments de haine qui empoisonnent votre existence ;
pleine lune : infidélité due à une trop forte popularité, les occasions pleuvent, mais il ne s'agit que d'amourettes.

Lunette : *en porter* : déception possible à cause de votre manque de constance. Vous vivez dans un état permanent de tension nerveuse, résultant de l'accumulation des sentiments d'hostilité ou de colère que vous ruminez.

Lutin : une grande lassitude vous forcera à diminuer vos activités. Prenez le temps de renouer avec l'être aimé. Votre état physique vous poussera à vous en faire pour rien.

Lutte : grands changements, bouleversements. Situation intérieure conflictuelle et difficile, résultant de la lutte entre des forces vitales opposées. Elle peut aussi révéler un différend avec un proche.

Luxe: il y a de fortes probabilités que vous soyez victime de la jalousie d'une personne de votre entourage. Ses agissements pourraient vous faire temporairement du tort. Ne paniquez pas et ne vous repliez pas sur vous-même. Le temps réglera bien des choses.

M

Machinerie: *en marche et en bon état* : votre comportement oscille entre la peur et la hardiesse la plus excessive. Même si vous êtes parfois rude et opiniâtre, vous témoignez, dans certaines circonstances, du plus bel esprit chevaleresque. Toutefois, le déchaînement d'émotions trop violentes risque de provoquer l'insensibilité sexuelle;

machinerie arrêtée ou en mauvais état : vous contrôlez constamment l'extériorisation de vos émotions et de vos idées. Vous avez une tendance marquée pour la discrétion et la modestie. Vous vous moulez sur le modèle imposé par les circonstances familiales ou professionnelles et vous respectez la morale, car vous avez tendance à vous sentir coupable pour la moindre peccadille.

Magasin: *y entrer* : on fait valser vos idées, on vous étourdit;

voir le magasin fermé: il y a de la compétition dans l'air et même des mensonges.

Magie: *en faire* : il y a un regain d'énergie dans l'air. Profitez de ce moment pour accomplir vos tâches en donnant le maximum sans vous soucier de ce qu'on pense de vous et sans chercher de reconnaissance;

voir de la magie : vous êtes nerveux. Attention quand vous répondez à vos collègues ou amis ! Vous avez tendance à faire quelques brusqueries ou des remarques pas très agréables à entendre.

Magnétophone: sensuel, voluptueux et gourmand, vous faites l'amour en prenant tout votre temps. Vous savourez les caresses raffinées, les préliminaires, et vous savez mettre l'être aimé dans un état frôlant l'hystérie.

Maigrir: votre pensée sera moins claire au cours de certaines discussions ou négociations. Contentez-vous de la routine. Concentrez-vous sur vos tâches. Une erreur pourra vous mettre hors de vous. Soyez compréhensif.

Main : vous ne vous sentez pas en sécurité et vous êtes anxieux. Vous ne prenez pas conscience des perturbations de vos états d'âme. Vous pourriez faire des gestes qui entraîneront peut-être un profit immédiat, mais qui causeront ultérieurement une perte si la décision est prise sans l'approbation d'un expert.

Maison : de nature timide et réservée, vous n'aimez pas attirer l'attention, agir par ostentation. L'exploit personnel ne vous intéresse pas ;

maison en ruine : désorienté lorsque vous vous trouvez hors de votre milieu habituel ou en présence d'étrangers, vous êtes fidèle à vos habitudes, respectueux des règlements extérieurs. Car vous ne voudriez pas mériter des reproches ou entrer en conflit avec vos proches. Mais vous souhaitez secrètement vous libérer du carcan des lois morales, avoir une plus grande liberté d'allure et d'expression ;

acheter une maison : vous êtes vraisemblablement amoureux et vous êtes de ceux qui laissent l'amour prendre toute la place dans leur vie. Vous êtes chaleureux, sensible, tendre et attentif aux autres et vous essayez à tout prix de rendre l'autre heureux, car vous savez accepter aussi bien les joies que les peines de l'amour ;

vendre une maison : vous manquez de courage pour réclamer ce qui vous est dû, vous laissant bafouer et exploiter. Cette sorte de démission devant la vie, les obstacles, entraîne des difficultés dans votre vie sexuelle et vous rend hypersensible aux insultes, réelles ou imaginaires. Cela peut conduire à des troubles dépressifs ;

grande maison : vous refusez de vous entraîner aux plaisirs vulgaires ;

petite maison : vous ne cherchez pas à plaire, à être admiré. Votre intérêt est tourné vers les activités culturelles et intellectuelles.

Maladie : décidé à préserver votre autonomie personnelle, vous avez une parfaite maîtrise de vous, de vos désirs. Vous n'êtes pas obsédé par la recherche de sensations fortes. Fier de votre moralité, vous ressentez toutefois secrètement d'inquiétantes sensations. Le refoulement et le refus de tendresse pourraient susciter des désordres sexuels que vous ne pourriez plus contrôler.

Malchance : l'attrait de la matière et de l'argent peut ruiner vos sentiments. L'amour ne devient alors qu'un calcul mathématique et financier.

Manger : de grandes questions se posent, comme : Dois-je m'engager amoureusement pour le reste de mes jours parce que l'autre le veut ainsi ? Si votre couple a de l'usure, si l'habitude a éteint les étincelles du début, il faut vous efforcer de faire renaître votre amour.

Mannequin : vous aimez séduire, surprendre, mais il faut que l'amour reste un jeu et que l'on ne vous fasse pas de grandes déclarations.

Manteau : il y a de l'émotion dans l'air. Il est possible que vous commenciez à pleurer parce que vous n'arrivez pas à maîtriser une situation. Non seulement les larmes traduisent la peine, mais aussi la frustration parce que vous ne pouvez pas atteindre vos objectifs.

Maquiller : vous avez beau vouloir préserver la tradition, des événements extérieurs vous signalent qu'il faut maintenant la changer parce qu'elle ne correspond plus à vos besoins ni à ceux de vos proches.

Marais : une certaine incertitude existe sur la nature du sentiment que vous éprouvez ; bien qu'il existe plusieurs points positifs dans votre relation amoureuse, ce n'est pas encore le grand amour. Il semble que vous soyez un peu réaliste et précautionneux.

Marbre : vous avez besoin de communiquer avec autrui ; toutefois, vous avez tendance à vous restreindre, à refouler vos sentiments. Une sorte de crainte vous envahit, une peur de trop en dire, de trop vous révéler ou de ne pas utiliser les mots appropriés.

Marcher : *avoir de la difficulté à marcher* : on peut y voir l'expression de la peur de l'abandon, souvent accompagnée de la peur de la vie et du désespoir ;

prendre une marche : vous pourriez tout d'un coup vous mettre à soupçonner des amis de ne pas être corrects ou honnêtes avec vous. Vous êtes un émotif. Vous dramatiserez une parole à laquelle il ne fallait pas donner d'importance. Votre imagination est fertile.

Mare : une certaine incertitude existe sur la nature du sentiment que vous éprouvez ; bien qu'il existe plusieurs points positifs dans votre relation amoureuse, ce n'est pas encore le grand amour. Il semble que vous soyez un peu réaliste et précautionneux.

Marié/mariée : *voir un marié* : il est possible qu'un jour vous goûtiez à l'infidélité à cause de cet ennui qui, quelquefois, s'installe en vous. Il est vrai que personne n'est parfait, mais il ne faut pas laisser cette belle fidélité d'âme et de cœur se perdre ;

voir une mariée : vous êtes d'une fidélité que rien ne saurait affaiblir. L'amour existe encore et il semble qu'il existera éternellement dans cette relation que vous vivez aujourd'hui. Peu influençable et peu volage, vous savez apprécier ce que vous avez, car vous désirez une heureuse stabilité. Il est certain que vous ne serez jamais infidèle.

Marin : sur le plan sentimental, c'est le libertinage dans tous les sens. L'amour y est doux, caressant, et vous adorez cela.

Marionnette : vous craignez d'être manipulé. Vous faites ressortir votre côté susceptible qui fausse votre vision des choses. Par contre, ce n'est pas votre défaut principal, car vous savez reconnaître vos torts quelque temps après.

Marmite : l'émotivité grimpe, la susceptibilité également. Vous serez en compagnie de gens très négatifs et vous le percevrez au premier coup d'œil. Trouvez une excuse pour ne pas les écouter. Faites attention, vous êtes vulnérable !

Marteau : on vous remarque partout où vous passez. Vous réussissez ce que vous entreprenez. Par contre, soyez tout de même délicat si vous avez une remarque ou des propositions à faire. Il y aura des gens susceptibles autour de vous.

Masque : il ne faut pas être naïf dans les questions d'argent, pas plus qu'il ne faut pousser une négociation au point de risquer de la perdre. Par contre, il est primordial de faire respecter vos droits.

Massage : *être massé :* tortueux, spécialiste des détours, vous savez contourner les obstacles et vous adapter à votre environnement ;
donner des massages : votre sensualité débordante vous fait vous tourner vers les plaisirs et les jouissances de ce monde, et vous ne voulez à aucun prix manquer quoi que ce soit.

Matelas : *inconnu :* vous supportez des contraintes excessives sans vous rebeller ouvertement tout en accusant vos proches ou les circonstances de se montrer peu coopératifs ;
votre matelas : prudent, méfiant, vous évitez de manifester le ressentiment, l'envie ou la jalousie que vous éprouvez à l'égard de certaines personnes parce que vous craignez le tort qui pourrait vous être fait.

Médecin : le désir et le besoin d'être important peuvent vous pousser à une valorisation ou à une vantardise qui va au-delà de ce que vous êtes réellement. Si vous ne dites pas la vérité sur vous-même, vous décevrez quand elle sera découverte.

Médicament : avertissement contre des décisions peu sages. Vous êtes dans l'impossibilité de concilier les tensions contradictoires qui vous oppressent. Vous ressentez de violentes émotions qui sont prêtes à se décharger, à exploser, mais votre conscience les réprouve et les refoule. Il en résulte une pénible sensation d'anxiété proche de la panique à laquelle vous ne trouvez pas d'issue ou de dérivatif.

Melon d'eau : en amour, vous détestez la médiocrité, la vulgarité et les demi-mesures, et vous raffolez des belles mises en scène, des paroles douces et tendres.

Menace : *menacer quelqu'un :* l'âme est prête à l'action ; le sentiment se présente sous forme de conquête ou de souffrance, de don total mais aussi de détresse ;

être menacé : vous aurez des conversations sur des sujets sérieux avec vos proches ou vos amis, puisque, intérieurement, vous vous tracez un nouveau plan de vie que vous mettrez bientôt à exécution.

Ménage : *faire le ménage :* ces jours-ci, vous vous demanderez pourquoi il y a autant d'excitation et d'exagération autour de vous, souvent pour bien peu de choses. Certaines personnes de votre entourage désirent voir la vie d'une façon plus grandiose afin de changer la routine de leur quotidien.

Mendiant : vous tenez à votre dignité personnelle et pour l'assurer, vous vous êtes fixé un but, vous organisant avec méthode pour ne rien perdre de ce que vous aviez investi : argent, temps et énergie.

Menottes : positif, rationnel, vous êtes blindé contre l'amour et la tendresse. Pour compenser la frustration, vous préférez consacrer votre énergie à servir une cause sociale ou vous abandonner à une relation platonique. Mais votre penchant pour l'abstraction risque d'entraîner le dessèchement sentimental.

Menstruations : vous ne pourrez pas vous offrir dans l'immédiat ce que vous souhaitiez. Patience. Revoyez le fonctionnement de votre budget.

Mer : en amour, vous passez de la pudibonderie au dévergondage le plus débridé, avec toujours autant d'appréhension. Vous faites l'amour presque à regret de peur que cela ne dure pas assez longtemps. Il vous faut quelque chose de rassurant, de réconfortant, de chaleureux, et beaucoup de *cocooning* pour que cela marche. Laissez-vous aller un peu, l'être aimé ne demande que ça.

Mère : *chez la femme :* vous êtes très émotive et réagissez mal aux contrariétés, parfois les mêmes que vous avez déjà acceptées sans faire un drame ;

chez l'homme : vous êtes compétitif. Vous notez toujours les fautes que commet votre entourage. Vous vous en servez pour rehausser votre propre image. Faites attention, cela pourrait vous jouer un tour !

Messager : vous adoptez une attitude rationaliste et froide, choisissant des buts humanitaires où peuvent se déverser les sentiments de tendresse que vous refusez à vos proches.

Messe : on écoute vos idées avec beaucoup d'attention. Par ailleurs, on vous demande conseil là où il faut faire un choix ou prendre une décision importante.

Météorite : vous étiez de mauvaise humeur dernièrement. Ces jours-ci, vous passerez à la colère, puis à la culpabilité. Pour oublier, pour vous faire plaisir, vous ferez peut-être des dépenses superflues ou vous succomberez aux charmes d'un vendeur qui n'offre aucune garantie, même pour un produit très cher.

Meuble : vous êtes convié à arrêter vos dépenses et à mettre de l'ordre dans votre vie. Il vous faudra de l'imagination pour convaincre votre famille d'en faire autant.

Meurtre : vous êtes émotif, surveillez vos paroles. Ne révélez pas vos secrets. Ne critiquez personne. Ne laissez ni un ami ni un collègue juger une personne absente. Vous avez besoin d'un peu de repos.

Microbe : c'est le moment de reprendre tous vos esprits, de tirer les choses au clair. Vous ne faites pas votre vie, vous menez celle que les autres veulent bien vous imposer. Réveillez-vous.

Microscope : ces jours-ci, il vous sera plus difficile d'atteindre vos objectifs. Les gens dont vous avez besoin se sont absentés ou annulent leur rendez-vous. Vous pourriez même avoir envie de vous soustraire à vos obligations et de prendre quelques jours de congé. Vous êtes probablement un peu trop tendu. Reposez-vous un peu.

Miel : signe évident de prospérité. Indication de profits après des travaux parfois compliqués, obtenus à la suite d'un processus empreint de peine et de patience.

Mirage : on pourrait vous faire miroiter une affaire qui ne vous conduira à rien. Soyez lucide et prudent dans vos négociations ; mesurez vos paroles. Une indiscrétion pourrait vous faire du tort, ce que vous devez éviter pour préserver votre sécurité.

Miroir : vos proches vous considèrent comme une personne réservée, timide, pudique. Vous refoulez vos besoins de tendresse, de sexualité parce que vous les croyez contraires à la morale.

Mobilier: vous êtes convié à arrêter vos dépenses et à mettre de l'ordre dans votre vie.

Momie: sur le plan sentimental, vous nagez à contre-courant sur les rives de l'amour et n'avez jamais envie de faire l'amour en même temps que l'être aimé. Vous vous lassez et, fatalement, à la longue, votre conjoint aussi.

Monastère: vous avez l'impression d'être mis à part de votre famille, de ne pas en faire partie. Sans vous en rendre compte, c'est vous qui vous excluez pour des raisons que votre imagination façonne.

Monstre: certains projets qui vous tenaient à cœur n'ont pu se matérialiser, soit parce que vous aviez peur d'échouer, soit à la suite d'initiatives malheureuses. Frustré, vous vous sentez abandonné, indigne de l'idéal que vous aviez choisi. Vous avez tendance à reporter sur autrui votre ressentiment et votre insatisfaction.

Montagne: vous êtes plus sûr de vous. Vous écoutez. Vous êtes attentif aux autres, vous leur rendez service pour leur faire plaisir. Un sentiment de paix vous habite. Vous le communiquez à votre entourage.

Monter: vous avez un peu trop tendance à vous replier sur vous-même ces derniers jours. Des échanges d'opinions avec vos amis vous seraient bénéfiques.

Montre: votre attention envers le monde est fluctuante. Tantôt très attiré par la vie de société et les divertissements, tantôt solitaire et indifférent, vous vous repliez sur vous-même, n'osant affronter des inconnus ou des situations imprévues;
   montre arrêtée: votre besoin de tranquillité se heurte aux exigences de votre profession qui vous semblent exagérées. Le doute et l'anxiété se font plus lourds chaque jour.

Mordre: *être mordu par un animal:* l'argent est trouvé plus difficilement, l'insécurité règne, malgré les biens fonciers;
   être mordu par quelqu'un: vous avez fait une faute professionnelle, un oubli, une distraction, mais on continue tout de même à vous considérer.

Mort: *la vôtre:* désireux de goûter à toutes les joies de la vie, vous saisissez avidement les objets de plaisir qui se présentent sans vous accrocher de façon durable, dans le but d'éviter les problèmes affectifs. Votre attitude ne favorise pas une réelle intégration au milieu, vous vous sentez isolé et vous avez tendance à ruminer ces insatisfactions;

la mort de quelqu'un d'autre: votre recherche de relations est en contradiction avec la timidité qui vous paralyse. Par ailleurs, votre manque d'agressivité vous porte à vous laisser exploiter par autrui;

la mort d'une personne connue: indique le détachement mystique vis-à-vis de cette personne, la fin d'une relation ou d'un amour.

Moteur: *en marche et en bon état*: votre comportement oscille entre la peur et la hardiesse la plus excessive. Même si vous êtes parfois rude et opiniâtre, vous témoignez, dans certaines circonstances, du plus bel esprit chevaleresque. Toutefois, le déchaînement d'émotions trop violentes risque de provoquer l'insensibilité sexuelle;

moteur arrêté ou en mauvais état: vous contrôlez constamment l'extériorisation de vos émotions et de vos idées. Vous avez un penchant marqué pour la discrétion et la modestie. Vous vous moulez sur le modèle imposé par les circonstances familiales ou professionnelles, et vous respectez la morale, car vous avez tendance à vous sentir coupable pour la moindre peccadille.

Motocyclette: c'est l'image du moi;

motocyclette conduite par un autre: elle trahit la difficulté de mener sa vie comme on l'entend ou l'existence d'un complexe;

mauvais conducteur: manque de maîtrise de soi;

manquer d'essence: on présume de ses forces ou on ne les emploie pas à fond.

Mouche: bien que vous soyez inquiet de l'avenir, vous tenez à conserver vos habitudes de vie et vous craignez de prendre des décisions ou de procéder à des innovations qui risquent de s'avérer désastreuses. Vous avez peur du risque.

Mouchoir: vous êtes accablé par des problèmes matériels. Mais le courage vous manque pour lutter efficacement et activement contre les événements. Vous vous abandonnez sans réagir.

Mouette: vous êtes, à vos propres yeux, un sujet plein d'intérêt! Vous vous découvrirez des passions et des capacités nouvelles. Vous aurez envie de mettre en valeur votre charme. La créativité vous séduira sûrement.

Mouffette: vous pourriez être témoin d'une petite guerre entre deux personnes qui se querellent pour des riens. Contentez-vous d'observer, car vous risquez de perdre des plumes si vous intervenez.

Mouiller: *les autres*: souhaitez-vous surprendre votre entourage par le succès que vous escomptez? Ou est-ce plutôt une nécessité de rétablir votre estime personnelle, en réaction au sentiment pénible de vous être livré, dans le passé, à un certain gaspillage de vos qualités ? ;

être mouillé: vous croisez des gens logiques pas très intéressants, mais qui apportent avec eux une sorte de sérénité, l'assurance que tout sera fait comme prévu.

Moulin : faire l'amour est un art subtil, une cascade de sensations et de plaisirs qui doivent aller doucement, de façon sélective et raffinée. Prenez votre temps ; vous verrez, votre univers sexuel va changer.

Moustache : *porter une moustache pour l'homme :* représente la virilité ou l'autorité. N'hésitez pas à établir des rapports hiérarchiques si vous croyez que c'est nécessaire. Cela vaudrait beaucoup mieux qu'une fausse amitié ;

porter une moustache pour la femme : en amour, vous êtes une personne libérée. Excentrique dans vos plaisirs et vos emballements, vous idolâtrez plus que vous n'aimez. Prêt à toutes les expériences, vous restez cependant, même au creux de l'oreiller, le confident idéal.

Mouton : vous êtes rempli d'optimisme et de bonne humeur. Votre sourire est communicatif et vous vivez dans un climat serein. Continuez dans cette bonne voie.

Muet : *être muet :* en amour, vous vous donnez comme personne, vous vous abandonnez à votre plaisir avec ravissement et vous vous prêtez à tous les jeux sans jamais perdre vraiment la tête.

Mur : *infranchissable :* vif et espiègle, vous avez plus d'un tour dans votre sac pour séduire ceux que vous aimez. Vous avez le rire facile, même dans les moments difficiles. Malgré les difficultés de la vie, vous continuerez de prôner une attitude positive.

Musique : *l'entendre ou la jouer :* vous vous questionnerez sur la valeur de votre vécu, sur le chemin que vous avez envie de parcourir durant les prochaines années. Il vous faudra apprendre à vivre au présent sans vous juger, sans vous autocritiquer, si vous voulez changer pour être plus heureux.

Nain : vous avez des opinions sur tout, ce qui est bien en soi. Cependant, si vous critiquez et portez des jugements de valeur à propos des gens qui vous entourent, vous cultiverez, sans vous en rendre compte, le ressentiment qui se changera en culpabilité.

Naissance : le rêve met en scène les compensations afin que votre inconscient se libère d'une charge affective et sexuelle trop intense.

Nappe : le travail est vécu comme une épreuve. Quelle douleur ! Une sensation d'inutilité vous envahit, ou encore l'impression de ne pas être là où vous devriez, sans trop savoir où vous seriez le plus à l'aise et le plus productif.

Natation : votre émotivité fait surgir en vous des montagnes de souvenirs et surtout des événements que vous voudriez n'avoir jamais vécus. Pourquoi repousser la réalité, vouloir en faire abstraction ? Vous êtes capable de vous transformer, de choisir d'être heureux.

Natte : *tresse :* sur le plan sentimental, vous êtes pour les relations haute tension, les amours passionnées. Mais cela ne vous empêche pas de penser que la stabilité est une valeur essentielle en amour.

Naufrage : le temps est propice pour régler les conflits. Votre vie familiale sera agréable et harmonieuse.

Navire : représentation de votre vie. Le présage est lié à l'action du navire ; s'il vogue sur des eaux calmes : tranquillité, etc.

Neige : pour compenser la sensation d'abandon et de solitude très éprouvante, vous êtes prêt à sacrifier votre temps pour une cause, une idée, un groupe.

Nettoyer : vous transportez, parfois en vous, une fatigue émotive qui affecte votre physique. Vous avez tendance à retourner dans le passé, à vous dire que certaines choses auraient pu être différentes. Le présent est ce qu'il est. L'avenir sera selon ce que vous entretenez dans votre esprit.

Neuf : excellente période pour prendre une décision, même si celle-ci vous engage à long terme. Vous êtes à l'heure de relever un défi. Ne demandez pas à vos amis ce qu'ils pensent de votre situation. Suivez votre idée.

Nez : *douloureux ou blessé :* frustré et perturbé par la rupture d'un lien affectif, vous sentant repoussé, vous êtes révolté. Vos revendications peuvent vous mener à une attitude injuste et malveillante à l'égard d'autrui.

Nid : vous êtes submergé par les émotions et souvent incapable de répondre, alors qu'on attend de vous une certitude, une réflexion permettant de remettre de l'ordre dans votre vie sentimentale.

Noce : *y prendre part :* une personne s'intéresse à vous tout particulièrement et vous en êtes ravi.

Nœud : culpabilisé par les sentiments de colère ou par les désirs de vengeance que vous entretenez en secret, et pour échapper à la tension ou à l'angoisse, vous vous dispersez dans une vie superficielle, incapable de jeter l'ancre quelque part.

Noir : votre imagination vagabonde, mais pas toujours là où il y a du soleil et de l'espoir. Cet aspect indique peut-être une maladie ou un malaise pour l'être aimé. Faites un effort pour le soutenir.

Noix : ces jours-ci, vous avez envie de bavarder, d'être plus ouvert, plus curieux et moins secret. C'est le moment d'entreprendre des démarches, de faire les pas nécessaires sur le plan professionnel ou personnel.

Nombre : *rêver à un nombre :* beaucoup de caractéristiques associées aux nombres sont liées à la personnalité et leur signification doit être interprétée dans son sens le plus général. Les nombres ont également des relations positives avec des dates importantes de notre vie.

Nombril : dans la vie, vous êtes plutôt un cérébral qui se pose sans arrêt des questions, mais en amour, vous vous montrez spontané.

Notaire : en faisant preuve d'imagination, vous vous ennuierez moins en accomplissant le travail de routine. Vous ne vivrez rien de très excitant, mais vous aurez la satisfaction d'avoir bien accompli votre travail.

Nourriture : des événements troublants ou parfois choquants peuvent se produire surtout en rapport avec votre entourage immédiat.

Noyade : *se noyer :* surveillez votre alimentation, cela vous évitera bien des soucis. Car si votre alimentation est déséquilibrée, cela se traduira par une baisse de vitalité, des carences vitaminiques et minérales, sans compter une résistance affaiblie au stress ;

voir quelqu'un se noyer : prenez-vous en main, apprenez à vous relaxer. Faites de l'exercice, car vous êtes sérieusement menacé d'embonpoint.

Nuage : vous vous questionnez sur votre sens des valeurs. L'amour que vous vivez ne répond plus à vos besoins, à vos attentes. Il faut bien comprendre que l'amour est un échange : il donne, il prend, mais il ne comptabilise jamais.

Nudité : la gestion de vos biens risque d'être en dents de scie. Faites attention aux investissements douteux. Ne bâtissez pas de châteaux en Espagne, vous seriez amèrement déçu. En revanche, tout va pour le mieux sur le plan professionnel, mais ne changez pas de secteur d'activité, car votre carrière devrait se développer.

Nuit : détaché des valeurs extérieures, vous n'avez aucun goût pour la parade, l'ostentation ; vous préférez passer inaperçu. Vous avez tendance à surestimer ce qui vous appartient et dont vous prenez un soin méticuleux.

Numéro : *rêver à un numéro :* beaucoup de caractéristiques associées aux nombres sont liées à la personnalité et leur signification doit être interprétée dans son sens le plus général. Les nombres ont également des relations positives avec des dates importantes de notre vie.

Oasis : au travail, vous devrez vous presser. On fait des remarques déplaisantes. N'y accordez pas trop d'importance, vous donneriez l'impression d'être incompétent.

Obéir : *aux autres :* vous avez un comportement rationnel. Adapté au monde extérieur, vous acceptez avec philosophie les limitations, la discipline, les obligations et les devoirs issus du milieu. Vous réprimez votre égoïsme biologique et les tendances qui porteraient atteinte à la liberté d'autrui ;
être obéi : il y a contradiction entre votre désir de vous insérer harmonieusement dans votre milieu et votre répugnance à coopérer, qui vous pousse à vous rebeller. À cette répugnance s'ajoutent des sentiments de vengeance refoulés, d'où la tension que vous éprouvez.

Obésité: vous foncez tête première sur tout ce qui bouge et votre entourage en prend pour son rhume. Au travail, vous faites preuve de beaucoup d'autorité et gare à ceux qui ne vous suivent pas!

Observatoire: *s'y trouver:* sur le plan sentimental, après quelques années de grisaille, vous commencez un cycle de bonheur. Vos amours seront des plus satisfaisantes.

Obstacle: *franchir un obstacle:* votre santé biologique et psychologique est bonne. Vous identifierez ce qui vous embête depuis des années et vous pourrez enfin régler définitivement ce qui n'allait pas;

être incapable de franchir un obstacle: vous avez plus d'un tour dans votre sac pour séduire ceux que vous aimez. Vous avez le rire facile, même dans les moments difficiles. Malgré les difficultés de la vie, vous continuerez de prôner une attitude positive.

Océan: en amour, vous passez de la pudibonderie au dévergondage le plus débridé, toujours avec autant d'appréhension. Vous faites l'amour presque à regret, de peur que cela ne dure pas assez longtemps. Il vous faut quelque chose de rassurant, de réconfortant, de chaleureux, et beaucoup de *cocooning* pour que cela marche. Laissez-vous aller un peu, l'être aimé ne demande que ça.

Odeur: *sentir une bonne odeur:* attendez-vous à vivre une période de transition, tant sur le plan financier que professionnel. Vos efforts commenceront à donner des résultats tangibles et vous amèneront vers un changement graduel des conditions de votre vie;

sentir une mauvaise odeur: vous traversez une crise d'identité et vous voudrez que votre famille et vos amis vous acceptent comme vous êtes. La période où l'on vous marchait sur les pieds est bel et bien terminée.

Oeil: vous menez une vie équilibrée. Votre comportement est généralement sain, tant vis-à-vis de vous-même que de ceux qui vous entourent. Vous êtes épanoui et trouvez la vie belle; vous savez profiter de la variété de choses qu'elle vous offre. Vous avez donc tout intérêt à continuer dans cette voie.

Oeuf: vous adoptez une attitude de froide correction à l'égard des autres, estimant indigne de vous de témoigner de la douceur et de la tendresse. Mais, en revanche, vous éprouvez une immense jalousie à l'égard de votre partenaire.

Oie: pour vous, l'amour est une grande aventure. Vous avez besoin de drames, de coups de théâtre et d'action. Vous êtes une véritable bombe sexuelle: vous aimez avoir des frissons au lit.

Oignon : surveillez bien votre alimentation et redoublez de prudence. Votre point faible, c'est le cœur, les artères coronariennes et le système circulatoire en général. Prenez le temps de vous relaxer et ne donnez pas prise à l'angoisse qui risquerait de vous jouer plus d'un tour.

Oiseau : vous serez en mesure de donner à votre existence une dimension de grande stabilité. Faites attention à votre agressivité et à votre laisser-aller. Soyez plus aimable envers votre entourage. Ne vous laissez pas aller à la mélancolie. Mettez en valeur votre charme naturel.

Olive : votre capacité d'analyse est puissante. Vous avez le sens du détail. Vos perceptions sont justes.

Ombre : *la vôtre :* refusant de vous laisser influencer ou d'accepter des règles trop strictes, impuissant à vous mettre en valeur, vous préférez vous orienter vers une activité étrangère à la vie de société;
ombre de quelqu'un d'autre : votre vie sexuelle n'engage pas vos sentiments. Vous ne pourriez manifester de la tendresse à quelqu'un de crainte de subir une influence qui serait une atteinte à votre liberté.

Ongle : sur le plan sentimental, vous êtes très tendre et passionné, ce qui fait de vous un partenaire idéal.

Opéra : même s'il n'est pas dans votre nature d'être généreux sur le plan sentimental, évitez d'être trop séraphin; alors, l'amour vous ouvrira ses portes.

Opération : bien que vous vous conformiez en apparence aux lois de la vie, parce qu'il vous est impossible d'agir autrement, vous ressentez une sensation d'irréalité, de détachement. Vous vous regardez vivre.

Or : côté professionnel, vous continuerez votre ascension et vous vous verrez offrir des postes de haute responsabilité. Vous serez avantagé sur les plans immobiliers et commerciaux. Cependant, méfiez-vous des conseils provenant de personnes plus ou moins bien intentionnées. Ne vous fiez qu'à vous-même et vous vous en sortirez mieux.

Orage : vous avez le choix entre, d'une part, l'exubérance, le plaisir de vivre, la joie de travailler parce que vous participez au bien-être d'une communauté et, d'autre part, la déprime en étant mécontent de tout ce qui vous arrive.

Orange : ne cherchez pas à vous maintenir en forme avec des régimes non appropriés. Votre organisme réclame une nourriture encore plus équilibrée que d'habitude, sans aucun excès.

Orchestre : *entendre un orchestre :* en amour, surveillez votre comportement plus que d'habitude. Vous serez moins tolérant. Le destin placera sur votre chemin des gens compatibles avec votre personnalité et qui vous apporteront de grandes joies ;

faire partie d'un orchestre : vous êtes disposé à prendre une décision sur une question qui vous paraît simple et claire.

Ordre : *y obéir :* vous avez un comportement rationnel. Adapté au monde extérieur, vous acceptez avec philosophie les limitations, la discipline, les obligations et les devoirs issus du milieu. Vous réprimez votre égoïsme biologique et les tendances qui porteraient atteinte à la liberté d'autrui ;

donner des ordres : il y a contradiction entre votre désir de vous insérer harmonieusement dans votre milieu et votre répugnance à coopérer, qui vous pousse à vous rebeller. À cette répugnance s'ajoutent des sentiments de vengeance refoulés, d'où la tension que vous éprouvez.

Ordure : vous avez le foie fragile, alors évitez la nourriture lourde. Votre digestion est plus lente qu'à l'habitude.

Oreille : vous vous contentez de perpétuer passivement les traditions et les usages. Porté à voir le côté négatif des choses nouvelles, vous répugnez à perturber des habitudes de vie sécurisantes. Avant d'agir, vous tenez à savoir si votre intérêt est dans l'action ou l'inertie ;

oreille douloureuse : vous êtes tendu et anxieux parce que vous refoulez le besoin de vous faire valoir, n'osant mettre vos capacités à l'épreuve. Vous acceptez une situation de loin inférieure à vos possibilités pour éviter des conflits ;

oreille percée : vous cachez, sous un air détaché et une assurance factice, la peur de la vie, de la réalité ;

boucles d'oreilles : soucieux de vous intégrer à votre milieu, vous avez tendance à exalter le plaisir que vous éprouvez dans la soumission et la dépendance aux autres.

Oreiller : vous devrez faire un sérieux effort au foyer afin de rétablir un certain équilibre. Vous devrez faire en sorte qu'il y ait plus de dialogue que de disputes. Vous pourriez perdre l'être cher si vous ne changez pas d'attitude.

Orgelet : la perte de quelque chose ou un conflit amoureux qui traîne en longueur et auquel vous refusez de faire face peut vous causer un désarroi.

Orgue : *jouer de l'orgue :* vous êtes fort et indépendant. Vivre à deux ne vous paraît pas vital puisque vous vous assumez très bien tout seul.

Par contre, au lit, vous êtes fougueux et surprenant. Vous voulez tout connaître et expérimenter.

Orignal : vous auriez peut-être avantage à vous montrer un peu plus à l'écoute des besoins de l'autre. Sinon, la situation pourrait se détériorer pendant que vous êtes en train de vaquer à vos activités. Derrière cette attitude se cache une certaine peur de l'intimité ou même une forme de dépendance affective.

Ornement : *personnel :* faisant fi de la sentimentalité, vous trouvez un dérivatif à la tendresse qui vous manque dans une activité artistique ou culturelle qui canalise vos émotions ;

ornement de la maison : vous vous efforcez de vous intégrer au milieu, mais vous sentez bien que ceux qui vous entourent ne sont pas sur la même longueur d'onde que vous ;

ornement brisé : pour compenser le sentiment de diminution, vous vous lancez dans une activité régulière avec l'espoir que l'avenir vous apportera une vie plus intéressante, plus gaie et de nombreuses satisfactions, particulièrement dans le domaine sexuel.

Orteil : sur le plan sexuel, vous n'êtes pas très aventurier : vous faites l'amour de façon conventionnelle. Trop timide, vous avez besoin d'un partenaire qui réveille votre côté sauvage.

Os : la prudence est de rigueur. Faites attention aux activités et aux sports violents ! Les excès, les risques inutiles, l'abus de vos forces et le surmenage vous épuiseront si vous ne réduisez pas vos activités.

Ouragan : vous avez le choix entre, d'une part, l'exubérance, le plaisir de vivre, la joie de travailler parce que vous participez au bien-être d'une communauté et, d'autre part, la déprime en étant mécontent de tout ce qui vous arrive.

Ours : *être attaqué par un ours :* évitez à tout prix les excès. Il y a des risques pour le foie et la vésicule biliaire. Attention à votre alimentation ! Réduisez votre consommation de sel, de gras et de sucre.

Outil : du point de vue sentimental, l'être aimé vous parlera de ses projets d'avenir. Vous serez enthousiaste et la bonne entente régnera.

Ouvrier : vous faites preuve de plus de tolérance et d'indulgence, et vous pardonnerez facilement les petits manquements de la personne qui vous aime.

Ovation: *être ovationné:* on ne trouve pas le bonheur à déplaire à ses proches. Un peu de bonne volonté vous est recommandé;

ovationner quelqu'un d'autre: l'amour n'est pas si loin qu'on pense. Une personne prend beaucoup d'importance dans votre vie.

Ovni: *objet volant non identifié:* en amour, vous savez exactement ce que vous voulez de votre partenaire et la façon de l'obtenir.

P

Paille: *boire avec une paille:* en amour, vous n'aimez pas trop flirter même si vous vous entendez bien avec l'autre sexe. La plupart de vos histoires d'amour ont commencé comme des histoires d'amitié.

Pain: essayez d'envisager vos rapports affectifs d'une manière beaucoup moins cérébrale, car c'est votre principal défaut. Socialement, vous serez recherché et vous saurez vous entourer d'amis sincères et fidèles.

Palais: *en bon état:* sûr de votre bon droit, déterminé à demeurer sur vos positions, vous vous fermez à toute suggestion pour préserver une situation où vous appréciez la considération qui vous est témoignée. Car le sentiment d'importance qu'elle vous procure vous aide à dépasser le découragement et la solitude;

palais en ruine: tantôt conciliant, tendre et sensuel, tantôt autoritaire et froid, vous entretenez autour de vous une atmosphère passionnelle peu reposante pour vos proches et pour vous.

Palmier: vous ne devriez pas douter autant de vous-même, car vous avez de nombreuses qualités. Ainsi, votre entourage apprécie votre conduite et il est possible que l'on vous félicite pour votre persévérance.

Pamplemousse: il règne une certaine paix, une certaine plénitude dans votre couple. Ne pensez pas que c'est un signe de faiblesse ou d'inconscience que de vous y abandonner, d'espérer ou d'avoir confiance en l'avenir.

Panier: vous aurez envie de rassembler votre famille autour de vous ou d'aller rendre visite à l'un des vôtres.

Pansement: au travail, vous avez de la compétition, mais vous êtes rapide et avez réponse à tout. Vous avez un fort désir de réussir. Retirez-vous lorsque viendra le moment de vous opposer à l'autorité.

Pantalon: vous avez un grand besoin d'amour, mais comme vous êtes du genre à comprendre lentement, vous pourriez bien mettre des années avant de capter le message que vous envoie l'être aimé.

Pantoufle: vous êtes sur le point de passer à une autre étape de votre vie, de quitter mentalement et émotivement votre passé pour faire peau neuve. Également, vous pourriez rencontrer une personne que vous n'avez pas vue depuis longtemps et constater qu'elle s'est transformée.

Pape: dans votre entourage, une histoire d'amour fait jaser. Ne vous en mêlez pas, à moins que vous ne soyez impliqué indirectement. Il faudra alors prendre l'intéressé à part et lui expliquer que l'amour, c'est personnel et non à être claironné à tout le monde.

Papier: sous une docilité apparente, une humilité excessive, se dissimule un orgueil gigantesque, mais réprimé. Vous avez tendance à vous sentir offensé, humilié sans raison et sans le montrer. Vous accusez quelqu'un de tous les torts, le jugeant responsable de vos échecs. En général, il s'agit d'une personne qui a mieux réussi sa vie professionnelle ou sociale.

Papillon: sur le plan sentimental, une mise en garde s'impose. Soyez raisonnable: ne demandez pas à ceux qui vous aiment plus qu'ils ne peuvent vous donner. Si vous réussissez à vous corriger, vous en sortirez gagnant

Parachute: *se voir en parachute*: traduit le manque de vigueur, l'ennui, la froideur et le besoin de tranquillité;

   voir des parachutistes: tendance à manifester un comportement réfléchi et un besoin de sérénité.

Parade: sur le plan sentimental, un peu trop de méfiance, de froideur et de calcul. Dans une union solide où vous avez su développer une relation harmonieuse, les enfants meublent vos conversations. Également, il sera question de faire un voyage en amoureux.

Paradis: idéaliste, vous cherchez la perfection dans à peu près tout. Des parents proches se manifesteront en cherchant à vous ouvrir les yeux sur vos problèmes. En plus, ils sont susceptibles de vous faire découvrir de nouvelles avenues dans le domaine où vous œuvrez.

Paralyser : conflit interne, manque de confiance en soi. Vous n'êtes pas vraiment jaloux, mais vous pourriez le devenir. Vous ne pouvez pas vous empêcher, de temps en temps, de passer une remarque désagréable ou d'envier tel ou tel élément chez vos amis. Essayez donc de taire vos mauvais instincts, d'autant plus que vous êtes jaloux à l'occasion. Tentez de rejeter ces questions qui vous hantent parfois et sachez que ces petits pincements d'amour-propre que vous ressentez sont fugitifs.

Parapluie : vous espérez trouver la sérénité, la paix de l'esprit en méritant la confiance de vos proches. Vous pensez que des relations paisibles et harmonieuses vous feront oublier les déceptions cuisantes résultant de l'échec de vos ambitions ;

parapluie brisé : vous refoulez volontairement le souvenir de la défaite de vos projets. Vous vous réfugiez en vous-même, formant l'espoir de recréer un paradis perdu, fait de joies, de plaisirs et de caprices procurés par une vie facile et protégée. Ce comportement de fuite devant la réalité n'apporte aucun soulagement à votre anxiété; vous êtes toujours sur le qui-vive, prêt à toutes les extrémités pour défendre une situation dont la précarité ne vous échappe cependant pas ;

parapluie retourné : vous n'abandonnez pas l'espoir de vous valoriser à vos yeux et à ceux des autres, de mériter leur estime et la reconnaissance de vos talents.

Parc : vous espérez réaliser de grandes choses, des exploits qui vous distingueraient de la majorité de vos semblables. Cette ambition de grandeur ou de pouvoir a pour but de compenser le sentiment de faiblesse, d'humilité et d'impuissance qui vous tourmente et que vous oubliez en multipliant les projets sans en mener aucun à bien.

Parchemin : baisse de vitalité. Baisse également sur le plan économique. Cela pourrait vous inquiéter. Contentez-vous de la routine plutôt que d'innover. Si vous avez une tendance à la dépression, ne vous laissez pas aller.

Parent : *père et mère :* vous avez une volonté de fer et vous ne vous laissez pas facilement influencer par les autres, car vous savez ce que vous voulez. Il vous suffit de croire que vous avez raison pour mener à bien vos projets, car vous savez vous imposer et vous faire respecter ;

devenir parent : votre volonté n'est pas très affirmée. Toutefois, dans la plupart des cas, elle ne vous fait pas défaut et une fois que vous avez décidé quelque chose, rien ne vous fait revenir sur vos pas. Il vous manque juste un peu de confiance en vous.

Parfum : *utilisé par une femme :* vous tentez de panser les plaies infligées à votre amour-propre en vous identifiant à quelqu'un, dans l'espoir qu'une ambiance de tendresse voluptueuse et de douceur apportera un soulagement à l'angoisse dont vous souffrez ;

utilisé par un homme : pour combler le sentiment d'être un raté qui découle de l'échec de vos ambitions, vous axez votre vie sur la réussite matérielle, l'acquisition de valeurs sécurisantes. Vous vous efforcez d'être réaliste, de vous organiser de manière rationnelle pour réaliser une action cohérente. Vous vous fixez des buts précis, bien délimités, et faites preuve de logique dans votre conduite.

Party : *prendre part à une fête :* vous maîtrisez mieux les situations. Vous vous contrôlez, vos paroles ont du poids. Vous attirez l'attention, que ce soit pour travailler ou tout simplement pour plaire. Si, jusqu'à maintenant, vous avez eu une attitude de serviteur, vous n'accepterez plus qu'on vous marche sur les pieds.

Parure : *de valeur :* vous vous trouvez en face de difficultés imprévues. Recherchant d'abord votre bien-être et votre agrément, vous souhaiteriez mener une existence tranquille dans une atmosphère douillette et intime, au sein d'un groupe social ou auprès d'une personne dont vous vous sentiriez aimé et qui vous protégerait ;

parure de fantaisie : vous voudriez vous libérer des contraintes qui pèsent sur vous, donner libre cours à votre fantaisie ;

offrir ou recevoir des parures : vous manquez de dynamisme pour affronter la vie, vous n'avez pas le goût du risque et vous hésitez à quitter le connu pour le mystère.

Passage : on peut vous complimenter, car vous êtes de ces personnes qui savent respecter leurs engagements. La confiance est un élément important pour vous.

Passerelle : période de transition. Vous êtes secret, peu conformiste mais susceptible, et votre masque de froideur dissimule une grande timidité. C'est en vous adonnant à une activité professionnelle productive, dont les motivations inconscientes vous échappent d'ailleurs, que vous tentez de satisfaire votre désir de puissance.

Pastèque : en amour, vous détestez la médiocrité, la vulgarité et les demi-mesures, et vous raffolez des belles mises en scène, des paroles douces et tendres.

Pâte : vous avez l'esprit vif et êtes un peu cynique. Ne dites pas tout ce que vous pensez aux gens qui travaillent avec vous. On pourrait vous répondre sèchement.

Patiner: une reconnaissance vous est acquise; vous récoltez des bénéfices inattendus.

Pâtisserie: représente l'absence du désir d'acquérir des objets nouveaux.

Patron: vos relations visent à assurer votre prestige. Vous cherchez à paraître, mais vous demeurez impénétrable, fermé à toute influence, n'éprouvant pas le besoin de vous ouvrir à autrui.

Pauvreté: votre confusion intérieure se reflète dans votre façon de vivre. Votre entourage ne sait plus comment vous aborder. Les gens craignent votre désaccord avant même d'avoir pu vous expliquer leurs propos.

Pêcher: *aller à la pêche*: faites attention de ne pas dépenser à tort et à travers votre argent. Méfiez-vous de vos erreurs de jugement, des investissements hâtifs et des spéculations à la légère.

Peigne: *se peigner*: ne laissez pas les problèmes et les tracas reliés à votre vie professionnelle ronger votre quiétude ni détruire votre santé. Vous avez tendance à être nerveux. Évitez les abus alimentaires, car ils se traduiront par des troubles digestifs importants et un gain de poids néfaste.

Peindre: *une maison*: ayant perdu confiance en vos propres forces, enfermé dans une solitude déprimante, vous recherchez l'encouragement de votre entourage. Vous espérez vous faire accepter en dominant votre nervosité et l'hostilité que vous éprouvez à l'égard de la société tout entière. Vous réprimez votre penchant à la critique dédaigneuse souvent injustifiée;
   peindre un tableau: à votre philosophie pessimiste, vous essayez de substituer l'espoir de vous faire valoir, d'être apprécié favorablement, de retrouver un peu de confiance en la vie et de renouveler votre vitalité déficiente.

Peine: *avoir de la peine*: vous aimez les honneurs et la gloire, et vous avez besoin qu'on reconnaisse vos exploits;
   voir quelqu'un avoir de la peine: on peut compter sur vous, car vous possédez cette rare qualité qu'est la loyauté.

Pelle: du point de vue sentimental, l'être aimé vous fait part de ses projets d'avenir. Vous serez enthousiaste et la bonne entente régnera.

Pelouse: la certitude et les doutes vous tiraillent. Un jour, vous êtes certain d'aimer; le lendemain, vous êtes prêt à croire que vous n'aimez personne. Tout ou rien, comme une constante question qui se pose à votre esprit.

Pendaison: vous avez tendance à être moraliste avec vos proches. Toutefois, on n'a pas envie de vous écouter et on ne suit pas vos conseils.

Pendule: changements inattendus. Vous espérez rencontrer un partenaire bienveillant, complaisant, plein de prévenances qui vous redonnerait confiance en vos forces et en vos capacités sexuelles, surtout si vous avez la certitude de ne pas courir le risque de devoir vous engager définitivement.

Pénis: le message est évidemment sexuel: soit un manque affectif ou sexuel compensé par des déviations sexuelles, soit des préoccupations tout à fait légitimes de satisfactions sexuelles.

Perdre: *si vous êtes perdu:* méfiez-vous des actions inconsidérées. Vous espérez surmonter votre tendance à esquiver les responsabilités en vous fixant un objectif, une activité concrète nécessitant la mobilisation de vos facultés et de vos moyens. Vous adoptez un comportement réaliste où domine la logique formelle;
si un objet est perdu: vous ne tentez pas de réagir activement contre vos tendances dépressives et l'impression de faiblesse qui vous accable. Au contraire, vous vous enfoncez dans la mélancolie en ruminant des échecs plus ou moins prémédités ou en vous posant en victime. Vous vous abandonnez au rêve, au laisser-aller dans une indifférence totale, et c'est par votre obstination passive et votre inertie que vous vous opposez aux autres.

Père Noël: vous devrez mettre le pied à terre une fois pour toutes. Une situation familiale compromet votre santé et vous ne devriez plus la tolérer. Vous détestez prendre des mesures radicales, mais cette fois, vous n'avez plus le choix. Pensez un peu à vous.

Perle: on ne pourra plus vous mener par le bout du nez ni jouer avec vos émotions. Vous avez changé votre façon de voir la réalité. Ceux qui vous aiment vraiment ajusteront leur conduite à votre égard et vous traiteront davantage avec considération. Quant aux autres, ils auront le sort qu'ils méritent.

Perroquet: restez en dehors des discussions si vous n'êtes pas directement impliqué. En voulant aider, il est possible que vous mêliez davantage les cartes, surtout si vous ne savez pas ce qui se passe.

Pétrole: l'heure est aux restrictions. Heureusement, comme vous appartenez à la catégorie des optimistes, vous n'irez pas crier tout haut que cela va durer une éternité. Bien au contraire, vous serez très encourageant pour ceux qui traversent une période difficile.

Peur: *avoir peur*: momentanément, votre sensibilité est mise à rude épreuve. Vous risquez même de vous montrer quelque peu susceptible. Prenez votre courage à deux mains et sachez patienter, un renouveau spirituel s'introduira dans votre vie.

Phoque: quand quelqu'un vous plaît, vous savez être perspicace et vous trouvez toujours la façon de lui mettre la main dessus. Par contre, votre personnalité autoritaire attire le sexe opposé mais peut aussi en effrayer quelques-uns.

Photographie: le refus de s'adapter à autrui est lié à l'impossibilité de contrôler les réactions émotionnelles. L'accumulation de tendances agressives trop puissantes entretient un état de forte tension nerveuse qui se décharge en impatience, en susceptibilité. Les personnes qui présentent ces réactions sont toujours mécontentes de tout, prêtes à bondir, à exploser. Elles ont tendance à se montrer exclusives, tyranniques.

Piano: même si on vous dit qu'on vous aime, vous êtes envahi par un sentiment de solitude, comme si vous étiez incapable de communiquer ce que vous ressentez vraiment.

Pied: *en avoir un de malade*: pour remédier aux difficultés éprouvées dans le milieu et chasser le malaise qui s'est installé en vous, vous voudriez prouver votre supériorité en assurant votre prestige social. Anxieux de ne pouvoir y parvenir, vous êtes sous tension, impatient, incapable de juguler votre ambition, même lorsque vous obtenez des réussites éclatantes;

avoir les pieds sales: vous espérez affirmer votre autorité en tout temps et en tout lieu, commander, diriger pour vous venger de votre entourage incompréhensif. Pour y parvenir, vous vous jetez à corps perdu dans le travail, vous efforçant de profiter de la vie;

avoir les pieds coupés: l'estime que vos proches ne vous accordent pas spontanément, vous espérez l'obtenir en assurant votre autonomie personnelle grâce aux réalisations qui vous procureront aussi leur appréciation et peut-être leur admiration.

Piège: vous êtes plus émotif que vous le voudriez. Il y a des jeux de coulisses dans votre entourage et vous vous sentez mal à l'aise.

Pierre: votre vie professionnelle vous offre la possibilité d'exercer vos aptitudes pratiques, votre force, votre vitalité dans l'action, la compétition, la lutte et la dépense physique.

Pierres précieuses: vous vous trouvez face à des difficultés imprévues. Recherchant d'abord votre bien-être et votre agrément, vous souhaiteriez mener une existence tranquille dans une atmosphère douillette et intime, au sein d'un groupe social ou auprès d'une personne dont vous vous sentiriez aimé et qui vous protégerait;

pierre de fantaisie: vous voudriez vous libérer des contraintes qui pèsent sur vous, donner libre cours à votre fantaisie;

offrir ou recevoir des pierres précieuses: vous manquez de dynamisme pour affronter la vie. Vous n'avez pas le goût du risque et vous hésitez à quitter le connu pour le mystère.

Pieuvre: vous êtes très sensuel et vous trouvez que le plaisir partagé est une des choses les plus simples du monde. Passer toute une nuit avec l'être aimé est un de vos passe-temps favoris.

Pigeon: votre vie sentimentale est excitante et pleine d'aventures. Vous ne savez pas vraiment ce que vous attendez de l'amour. Sur le plan sexuel, vous êtes très physique et cela tient un rôle important dans votre vie.

Piment: *en manger:* de nature soumise, vous ne cherchez pas à dominer votre entourage ni à vous imposer. Au contraire, vous manquez souvent de courage pour affirmer ou défendre vos droits. Vous préférez la tranquillité et l'anonymat. Cependant, vous aimeriez avoir un caractère plus ferme, une forte volonté.

Pin: vous tenez à acquérir le sens des relations, mais votre vitalité débordante et votre témérité vous poussent parfois à la rudesse.

Pinceau: du point de vue sentimental, l'être aimé vous fait part de ses projets d'avenir. Vous serez enthousiaste et la bonne entente régnera.

Pipe: d'une nature généreuse, vous donnez beaucoup d'amour et de tendresse sans rien attendre en retour. Vous avez le don de rendre votre partenaire heureux et d'oublier vos propres désirs.

Pique-nique: sur le plan sentimental, le partenaire idéal doit être votre meilleur ami en même temps que votre amant. Sexuellement, vous avez les idées larges et vous aimez que votre partenaire soit aussi tolérant et curieux que vous.

Piqûre : *être piqué* : vous êtes à l'aise au jeu de la séduction et vous obtenez ce que vous voulez. Vous recherchez avant tout un partenaire responsable.

Piscine : *se baigner dans une piscine* : votre vie sentimentale ne peut se permettre d'être banale et routinière. Après avoir traversé maintes péripéties et à la suite d'une longue analyse et de profondes réflexions, vous avez décidé de ne plus sombrer dans un terne quotidien. Vous vous efforcerez de renouveler vos sentiments et de connaître de nouvelles émotions.

Pisser : provoqué par un besoin physiologique; représentation de la propriété.

Plage : vous n'êtes pas très réaliste et vous aimez vous évader dans un monde où vous vous bercez de douces illusions.

Plaisanterie : vous avez la tête dans les nuages. Concentrez-vous sur une méthode organisée de travail. La concentration devra être votre principale préoccupation.

Plaisir : *sexuel* : les messages sont évidemment sexuels: soit des états de manque affectif ou sexuel compensés par des déviations sexuelles, soit des préoccupations tout à fait légitimes de satisfactions sexuelles.

Plancher : *sans plancher sous les pieds* : sur le plan sentimental, vous êtes du genre à trouver qu'il est dommage de se limiter à une seule personne et de ne pas tout partager. Au lit aussi, vous êtes pour l'amour libre. La possessivité, très peu pour vous !

Planète : vous avez l'art de jouer avec les mots et de vous faire plaisir tout en taquinant.

Plante : vous voulez vraiment et à tout prix réaliser vos désirs. Il vous est nécessaire de faire des choix judicieux, de prendre de sages décisions, d'agir après mûre réflexion pour éviter les excès ou les imprudences.

Plat : *plein* : vous pensez trouver la consolation et l'oubli dans la chaleur d'une affection partagée et recevoir des marques de tendresse qui vous rendront le sentiment d'importance que vous avez perdu;
vide : l'espoir de la réussite est un dérivatif à l'échec de votre vie sociale. Dans ce but, vous vous êtes fixé une ligne de conduite et des règles strictes de travail desquelles vous êtes décidé de ne pas dévier;

brisé: profondément blessé par l'attitude des autres à votre égard, par leurs accusations que vous jugez injustifiées, vous vous enfermez dans votre rancune, refusant d'envisager la possibilité de vous adapter ailleurs.

Pleurer: *à chaudes larmes*: votre cœur palpite d'amour pour une personne qui, au départ, ne répond pas rapidement à vos avances sentimentales. Patientez quelque peu, vous comprendrez le pourquoi de ce retard dans ses élans amoureux;

voir quelqu'un pleurer: comme vous n'êtes pas parfait, vous avez tendance à oublier ceux qui rôdent dans votre entourage. Vous filez droit devant sans regarder autour de vous les gens qui vous veulent du bien. Si vous êtes aux prises avec une propension à l'égoïsme, prenez-en vite conscience, sinon, vous aurez éventuellement de graves problèmes affectifs.

Plonger: *soi-même*: une rivalité vous force à jouer serré. Vous êtes peureux au suprême degré. L'extrême prudence dont vous faites preuve face à la vie peut ressembler à un ennui chronique. Il faut absolument soigner cette angoisse et apprendre à mieux vous connaître. Cessez d'avoir peur et vous verrez combien la vie peut être facile et belle;

voir quelqu'un plonger: vous voudriez vous imposer à ceux qui refusent de comprendre vos griefs et les reproches que vous vous estimez en droit de leur adresser. Et vous vous montrez dur, implacable envers eux.

Pluie: *qui tombe très fort*: vous surmontez des ennuis, des difficultés et des soucis. L'impossibilité de se faire respecter, apprécier pour ses capacités, de se sentir important et utile est cause de frustration, d'anxiété et d'angoisse;

pluie fine: blessé dans votre amour-propre, mécontent de vous et des autres, vous ne parvenez pas à stabiliser votre vie sur les plans sentimental et financier. Surestimant vos forces et vos capacités vitales et pratiques, vous manquez de modération. Vous entreprenez plusieurs affaires à la fois, courant à la poursuite d'une réussite chimérique, et vous vous lancez dans la chasse éperdue aux divertissements. Ces excès risquent de provoquer la fatigue ou l'épuisement psychique;

pluie avec du soleil: l'échec vous a endurci. Vous trouvez dans l'action le remède à votre sentiment d'incompétence. Vous ne recherchez que la productivité et, les moyens important peu, vous n'hésitez pas à vous montrer dur, impatient et coléreux.

Plume: vos multiples activités pourraient rendre votre système nerveux plus fragile. Si vous perdez du poids rapidement, consultez votre médecin sans tarder. Votre foie et vos intestins sont vulnérables.

Poignard : l'opinion des autres vous importe peu ; les compromis ne sont pas votre fort ; votre entêtement et votre certitude de réussir vous font vous surpasser.

Poignet : *avoir des poignets larges* : vous aimez contrôler votre vie privée, mais les gens du sexe opposé que vous choisissez ont tendance à vous quitter. Vous devriez essayer un partenaire qui est plus proche de vous ;

être attaché par les poignets : vous êtes timide au lit. Vous laisserez éclater votre sensualité quand vous aurez rencontré un être qui vous redonnera confiance en vous.

Poil : *personne poilue* : vous avez tellement travaillé que vous ne vous êtes pas rendu compte à quel point vous êtes épuisé. Il est temps de prendre soin de vous, de voir un médecin ou de suivre une cure, un traitement qui vous permettra de récupérer rapidement.

Poing : *recevoir un coup de poing* : vous détestez l'idée que votre conjoint pourrait coucher avec quelqu'un d'autre, donc vous faites tout pour le rendre heureux au lit ;

donner un coup de poing : vous considérez vos histoires d'amour comme des expériences enrichissantes et comme des moyens d'apprendre. Vous en ressortez toujours plus mûr.

Poire : vous avez tendance à décider, à juger trop vite d'une situation et, malheureusement, à accepter une idée contraire à la réalité.

Poison : *s'empoisonner* : à vouloir tout faire en même temps, vous accumulerez une bonne dose de stress et de fatigue. Prenez-en conscience et permettez-vous des vacances avant que le tout dégénère en problèmes graves.

Poisson : *en pêcher* : le peu qui vous appartient mérite d'être préservé. Prenez les précautions qui s'imposent, y compris une assurance ;

poisson mort : vous espérez participer à la vie d'autrui, vous rendre sympathique en vous montrant loyal, sincère et fidèle, avoir une conduite équilibrée, bref, vous intégrer au groupe dont vous faites partie. Ce sentiment d'appartenance rétablirait l'estime personnelle que vous avez perdue ;

poisson tropical : vos espoirs de guérison reposent sur la tendresse d'un partenaire compréhensif dont les témoignages d'affection vous rassureraient sur votre valeur et restaureraient le sentiment de votre importance, diminué par vos échecs.

Poitrine : représentation de la mère ; rappel de la nécessité de se séparer définitivement du monde douillet de l'enfance afin d'affronter ses responsabilités d'adulte.

Poivre : *poivrer ses aliments* : selon vous, le sexe et l'amour n'ont rien à voir et vous ne prenez pas forcément de plaisir avec les gens du sexe opposé dont vous êtes amoureux.

Poivron : *en manger* : de nature soumise, vous ne cherchez pas à dominer votre entourage, à vous imposer. Au contraire, vous manquez souvent de courage pour affirmer ou défendre vos droits. Vous préférez la tranquillité et l'anonymat. Cependant, vous aimeriez avoir un caractère plus ferme, une forte volonté.

Police : vous dites ce que vous pensez, sans détour. Vous êtes aussi porté aux bavardages. Vous révélerez peut-être même un secret qu'on vous avait confié. Attention, tout se sait et vous pourriez en payer le prix !

Pomme : votre degré de sensualité se classe dans la moyenne. Vous vous contentez d'assumer votre sensualité de la manière que vous croyez la plus honnête, celle qui vous donne le plus de plaisir sur le plan émotif. Et il faut dire que votre volonté domine le pouvoir de vos sens.

Pomme de terre : votre amourette peut se transformer en amour, mais elle n'en est pas encore là. Votre amour est futile, sans grande portée, et ne vous mènera pas très loin. En plus, vous n'êtes pas assez romantique. Vous manquez d'audace et de confiance en vous-même. Vous êtes peu intéressé par les autres, étant uniquement préoccupé par votre personne, et l'amour que vous vivez en ce moment vous satisfait.

Pompe : plus introspectif, vous vous posez des questions sur votre avenir, même si tout semble très ordonné pour l'instant. Vous savez que rien n'est jamais définitif, que tout est appelé vers le mouvement.

Pompier : si vous avez décidé de vous plaindre de votre vie, on vous écoutera, mais rien ne sera encore résolu. Personne ne peut mener votre vie à votre place.

Pont : vous êtes trop tolérant envers votre entourage. Sachez prendre votre place et faire comprendre à tous que vous avez droit au bonheur.

Porc : vous êtes totalement dépourvu de volonté, vous êtes obstiné. Vous avez du mal à vous conformer à certains principes, car vous manquez d'assurance. Vous êtes incapable d'entreprendre quoi que ce soit par vous-même. Si vous ne faites pas d'effort pour améliorer votre situation, cela va certainement entraver votre avancement dans la vie.

Porc-épic: à moins de trouver quelqu'un qui vous fasse vraiment confiance, vous préférez rester seul. En amour, vous pouvez être possessif parce que vous avez tendance à penser que votre conjoint va se lasser de vous.

Port: difficultés pour soi ou pour les autres; cela représente les forces farouches et créatrices de la nature.

Porte: vous serez tourmenté par diverses peurs qui pourraient vous empêcher de vous lancer dans des aventures financières qui vous tentent depuis longtemps. N'hésitez pas et n'attendez surtout pas l'approbation de votre entourage. Le succès viendra plus rapidement que vous ne l'espériez.

Portefeuille: *le perdre*: vous avez tendance à être solitaire. Attention, vous risquez de tomber dans la déprime! Vous devez réagir, soit pratiquer un sport, soit visiter la famille, soit appeler un ami pour vous confier;

avoir un portefeuille plein: il n'est pas facile de retenir votre langue face au mécontentement. Vous serez porté à la critique en accusant subtilement la personne la plus proche de ce qui ne va pas dans votre vie.

Pot: *plein*: vous souhaitez acquérir des valeurs, des biens dont la possession compenserait votre désespoir; vous appliquez toute votre énergie et votre résistance à cette lutte acharnée;

pot vide: même si votre comportement demeure extérieurement harmonieux, même si vous semblez participer à ce qui se passe autour de vous, prétendant même diriger et prendre les responsabilités des autres, vous gardez toujours une attitude distante, qui dissimule une forte susceptibilité;

pot renversé: révolté contre l'injustice du sort, vous aspirez cependant à échapper à la tension nerveuse qui se fait sentir de façon insupportable en sortant de vous-même, en vous lançant dans des projets originaux.

Poteau: vous bénéficierez d'une grande énergie créatrice et manifestez un bon sens de l'organisation. Vous saurez faire rire ceux qui ne voient que le pire. Vous obtiendrez des résultats qui dépasseront vos espérances.

Potence : abandon des vieux concepts, des idées, des schèmes émotionnels qui ne conviennent plus ; l'horizon familier s'élargit.

Poterie : vous connaissez très bien votre partenaire, ses goûts, ses habitudes, ses défauts et ses qualités. Vous êtes très attentif et vous avez une grande confiance l'un envers l'autre. Il suffit de continuer sur cette voie ;

poterie brisée : vous ignorez beaucoup de choses de votre partenaire. Ou bien vous ne vous connaissez que depuis peu, ou bien vous ne vous êtes guère ouverts l'un à l'autre. Autrement, c'est impardonnable.

Potion : avertissement contre des décisions peu sages. Vous êtes dans l'impossibilité de concilier les tensions contradictoires qui vous oppressent. Vous ressentez de violentes émotions prêtes à se décharger, à exploser, mais votre conscience les réprouve et les refoule. Il en résulte une pénible sensation d'anxiété proche de la panique à laquelle vous ne trouvez pas d'issue ou de dérivatif.

Pou : *trouver des poux sur soi :* pour vous, le travail est un mot qui fait peur et vous serez vraiment malheureux si vous continuez dans cette voie. Votre seul remède est de cultiver votre volonté si vous voulez réussir dans la vie. Essayez de faire un effort pour vous améliorer ;

enlever ses poux : vous êtes paresseux. Vous prenez la vie comme elle vient en vous accordant un peu de bon temps ;

se réveiller avec le souvenir de ne pas s'être débarrassé des poux : vous êtes plein d'énergie, vous ne pouvez pas rester à ne rien faire. Les journées sont trop courtes pour tout ce que vous voulez faire. Vous avez une volonté inébranlable, ce qui vous aide à réussir dans la vie.

Pouce : *voir* Auto-stop.

Poudre : les émotions valsent. Il vous est difficile de vous concentrer. Vous subissez parfois une baisse de vitalité.

Poule/poulet : votre système nerveux est fragile. Attention au stress ! Sachez vous détendre et connaissez les limites de votre organisme. Profitez des fins de semaine pour vous reposer et vous changer les idées. Surveillez votre pression et voyez votre médecin au moindre symptôme anormal.

Poupée : vous êtes sociable, populaire même, et vous cherchez toutes les occasions de vous faire des amis. On apprécie beaucoup votre tact, votre respect d'autrui et votre tolérance. Vous êtes à l'aise partout et nullement intimidé par des étrangers.

Pourboire: *le donner*: vous aurez des choix à faire. Suivez la route qui correspond le mieux à vos idéaux et vous ne vous tromperez pas. Évitez de sélectionner en fonction du pouvoir, car c'est un petit jeu au cours duquel vous pourriez perdre des plumes;

recevoir un pourboire: pas de problème à l'horizon, mais gardez l'œil ouvert. Beaucoup de succès vous attend au travail et l'on reconnaîtra enfin votre mérite. Même si vous en êtes tenté, ne changez pas d'emploi pour le moment. Des occasions favorables se présenteront plus tard.

Pourchasser: on se lassera de vos négligences en matière de travail. Soyez sur vos gardes, car il y a de la nervosité chez un supérieur ou le conjoint.

Poussière: vous êtes plus dynamique. Vous influencez les autres plus que vous ne le croyez. On se modèle sur vous. On vous suit. Vous exprimez clairement vos idées. Attention, autour de vous, il y a des mécontents; ils sont probablement jaloux !

Poussin: indépendant et un peu égoïste, vous n'êtes pas capable de vous consacrer entièrement à quelqu'un. Les gens sentimentaux et collants vous fatiguent très vite.

Prêt: *demander un prêt*: votre grande résistance physique pourrait s'estomper si vous ne faites pas attention à votre santé. Sachez qu'il n'y a pas que le travail dans la vie pour trouver le bonheur. Pour être bien dans sa peau, cherchez les occasions de rire et d'oublier vos préoccupations.

Prêtre: dans votre entourage, une histoire d'amour fait jaser. Ne vous en mêlez pas, à moins que vous ne soyez impliqué indirectement. Il faudra alors prendre l'intéressé à part et lui expliquer que l'amour, c'est personnel et non à être claironné à tout le monde.

Prière: on écoute vos idées avec beaucoup d'attention. Par ailleurs, on vous demande conseil là où il faut faire un choix ou prendre une décision importante.

Prince/princesse: *être un prince ou une princesse*: vous oubliez parfois que, pour se réaliser en affaires, il faut donner le maximum et, autant que possible, se passionner pour ce que l'on fait;

voir un prince ou une princesse: vous aurez tendance à négliger votre travail et cela pourrait bien vous créer des problèmes sur le plan professionnel. Votre emploi n'est pas un jeu, mais vous devez réagir pour que les choses ne s'enveniment pas.

Prison : votre insouciance professionnelle a des répercussions sur votre vie amoureuse. Vous trouverez toujours des raisons pour ne pas aller au devant des désirs des autres, comme si vous deviez expérimenter ce qu'est l'égoïsme. Vous ne retirerez aucun bienfait de ce petit jeu.

Prix : vous êtes d'une parfaite honnêteté et vous ne supportez pas les gens qui ne sont pas honnêtes et qui mentent. C'est pour votre sincérité qu'on vous respecte et qu'on vous admire.

Procès : vous êtes une personne très susceptible et irritable. Vous vous emportez facilement et vous êtes fort irascible. Vous devrez donc essayer de corriger ce grand défaut qui peut vous causer des ennuis inutiles.

Procession : sur le plan sentimental, un peu trop de méfiance, de froideur et de calcul. Dans une union solide où vous avez su développer une relation harmonieuse, les enfants meublent vos conversations.

Profil : *voir quelqu'un de profil :* vous prendrez vraiment plaisir aux parties de jambes en l'air lorsque vous aurez appris à vous estimer physiquement, lorsque vous aurez cessé de vous faire des complexes.

Profond : *voir quelque chose de profond :* vous êtes un peu plus nerveux que d'habitude et vous êtes craintif pour votre entourage. Un bruit autour de la maison pourrait vous agacer plus qu'à l'accoutumée. Il temps de vous reposer, de vous faire plaisir.

Projecteur : *allumé :* il se trouve au fond de vous certaines tendances, certains besoins cachés dont vous n'avez pas conscience. En effet, il existe en chacun de nous une sorte de gardien dont le rôle est d'assurer l'ordre intérieur, une force qui refoule dans la partie inconsciente du psychisme les souvenirs d'événements, les pensées dont l'évocation est cause d'angoisse ainsi que les désirs que la conscience n'approuve pas, ne permet pas de satisfaire parce qu'elle les juge néfastes. Ces tendances enfouies, refoulées, entrent en conflit avec d'autres tendances souvent opposées, substituées par la morale ou la vie sociale ;
si vous allumez un projecteur : craignant de vous faire remarquer par un excès d'originalité, vous vous conformez aux coutumes de votre milieu ;
si vous éteignez un projecteur : simple et modeste, vous vous pliez devant autrui pour obtenir ce que vous désirez, subissant parfois en silence des injustices flagrantes, par timidité.

Promenade : *avoir de la difficulté à marcher :* on peut y voir l'expression de la peur de l'abandon, souvent accompagnée de la peur de la vie et du désespoir ;

se promener : représente la régénération, la pulsion sexuelle et le désir amoureux.

Prostitué/prostituée : symbolise une période défavorable, impliquant des soucis. Ce n'est pas le moment d'entreprendre des choses importantes dans le domaine affectif.

Protéger : il peut vous arriver de vouloir aider une personne qui ne tient nullement à transformer sa situation. Au fond, elle préfère se plaindre plutôt que d'être forte et autonome. La meilleure leçon à donner, c'est de vous éloigner.

Protester : *essayer de protester* : manque de confiance en soi ; on a l'impression que vous êtes bien intégré à votre milieu, mais votre vie sociale n'est que superficielle. Au fond, vous demeurez distant et indifférent, peu désireux de vous attacher à quelqu'un ;
protester fort : problèmes insolubles, urgent besoin d'aide ; les gens de votre entourage sont peut-être une cause de mécontentement pour vous. Mais vous vous sentez épuisé mentalement et privé de courage ou de force pour affronter l'inconnu ;
entendre protester : avoir à apporter son aide à quelqu'un dans son entourage.

Provoquer : votre partenaire traverse une période difficile et vous devez lui injecter une bonne dose d'optimisme.

Prudence : vous êtes trop attaché à votre famille et vous en oubliez de vivre. Le moment d'une prise de conscience est arrivé.

Prune : vous avez tendance à décider, à juger trop vite d'une situation et, malheureusement, à accepter une idée contraire à la réalité.

Publicité : *annoncer quelque chose dans un média* : vous êtes sûrement faits l'un pour l'autre, il n'y a pas de doute. Vous avez les mêmes goûts et quand ce n'est pas le cas, vous essayez de vous faire plaisir réciproquement ;
lire ou voir un message publicitaire : vous avez trop tendance à être le *boss* à cause de votre caractère autoritaire. Vous manquez aussi d'habileté vis-à-vis de l'être aimé. Montrez-vous donc un peu plus doux et conciliant, et sachez que l'amour se fabrique autant qu'il naît spontanément.

Puce : *trouver des puces sur soi* : pour vous, le travail est un mot qui fait peur et vous serez vraiment malheureux si vous continuez dans cette voie. Votre seul remède est de cultiver votre volonté si vous voulez réussir dans la vie. Essayez de faire un effort pour vous améliorer ;

enlever ses puces : vous êtes paresseux à temps partiel. Vous prenez la vie comme elle vient en vous accordant un peu de bon temps. D'habitude, vous faites ce que vous devez faire même si parfois vous y mettez un léger retard ;

se réveiller avec le souvenir de ne pas s'être débarrassé des puces : la paresse est un mot inconnu pour vous. Vous êtes plein d'énergie, vous ne pouvez pas rester à ne rien faire. Les journées sont trop courtes pour tout ce que vous voulez faire. Vous avez une volonté inébranlable, ce qui vous aide à réussir dans la vie.

Puits : vous êtes agressif, envieux et méfiant. Vos attitudes vous feront perdre des occasions de rencontrer des gens. Pourtant, ceux-ci pourraient se lier d'amitié avec vous et vous aider à atteindre vos objectifs.

Punaise : *trouver des punaises sur soi* : pour vous, le travail est un mot qui fait peur et vous serez vraiment malheureux si vous continuez dans cette voie. Votre seul remède est de cultiver votre volonté si vous voulez réussir dans la vie. Essayez de faire un effort pour vous améliorer ;

enlever des punaises : vous êtes paresseux à temps partiel. Vous prenez la vie comme elle vient en vous accordant un peu de bon temps. D'habitude, vous faites ce que vous devez faire même si parfois vous y mettez un léger retard ;

se réveiller avec le souvenir de ne pas s'être débarrassé des punaises : la paresse est un mot inconnu pour vous. Vous êtes plein d'énergie, vous ne pouvez pas rester à ne rien faire. Les journées sont trop courtes pour tout ce que vous voulez faire. Vous avez une volonté inébranlable, ce qui vous aide à réussir dans la vie.

Punir : vous avez tendance à vous réfugier dans votre routine quotidienne. Vous aspirez à la solitude, mais il ne sera guère facile d'y accéder pour différentes raisons.

Purifier : vous voilà maître de votre destin. Vos qualités sont magnifiées ou vous vous laissez aller à vos pires défauts. Il se produit un renouveau dans votre esprit.

Pus : difficultés pour soi ou pour les autres ; cela représente les forces farouches et créatrices de la nature.

Pyramide : la vie vous donnera la preuve que l'amour est plus fort que tout. Si votre vie de couple chancelle, il vous faudra travailler fort pour que l'harmonie regagne le terrain perdu. Ne vous découragez pas.

Pyromane : malgré une situation confuse ou difficile, de soudains changements renverseront la situation à votre avantage. Vos problèmes ne sont pas insurmontables.

Q

Quai : votre santé est fragile et votre corps vous lancera des S.O.S. Soyez vigilant et écoutez-le. Le moindre signe de surmenage pourrait vous causer des problèmes. Ce sont vos membres inférieurs qui sonneront l'alarme. Consultez votre médecin et commencez rapidement un programme de conditionnement physique.

Quenouille : attention, ne tombez pas dans le piège des querelles idiotes que l'on regrette amèrement le lendemain ! Ne vous acharnez pas pour avoir le dernier mot.

Querelle : vous vous accrochez à la sécurité douillette procurée par votre vie affective pour oublier votre incapacité à vous mettre en valeur, à vous faire respecter et estimer de vos semblables.

Quêter : évitez les intrigues, les phrases à demi formulées, les suppositions. On interpréterait mal vos paroles. Votre réputation pourrait en être affectée.

Queue : sûr de votre droit, vous vous contraignez à une activité assidue, montrant un souci méticuleux de logique et de réalisme afin de prouver vos capacités et votre valeur. Vous êtes décidé à combattre tout ce qui se mettrait en travers de votre chemin.

Quilles : *y jouer :* n'ayant pu trouver le bonheur dans l'intimité de la vie amoureuse, vous ne souhaitez pas former des liens durables afin de préserver votre indépendance. Vous recherchez la détente dans les plaisirs, les distractions, les liaisons ou les relations qui demeurent superficiels. Vous ne tenez pas particulièrement à vous montrer bienveillant ni à vous plier aux circonstances ;

ramasser et placer les quilles : refusant de faire du sentiment, vous concentrez vos forces et votre énergie au profit d'une action précise et efficace. Votre goût des initiatives vous incite à rechercher des postes ou des situations de responsabilités, où vous pouvez exercer votre besoin de domination. C'est une compensation probablement efficace au vide intérieur que vous ressentez de temps en temps.

Quitter : *être quitté* : esprit de grandeur, d'éclat, de supériorité et de succès, vous souhaitez être une personnalité brillante, influente, qui éveille le respect, l'admiration ;

quitter quelqu'un : votre esprit d'indépendance est piqué au vif lorsqu'on s'oppose à vos idées ou aux nombreux projets que vous concevez et entreprenez sans les mener toujours à bonne fin.

R

Raccommoder : vos relations amoureuses seront plus compliquées. Vous aurez encore plus envie que votre conjoint vous soit complètement dévoué. Ce besoin de possession, vous l'exprimerez surtout à travers votre sexualité.

Racine : risque de conflits conjugaux. Les relations sont difficiles, même si tout le monde essaie d'y mettre du sien. Le mieux serait encore de prendre un certain recul pour réfléchir chacun de votre côté. Ne prenez pas de décision à la légère, vous pourriez le regretter.

Racler : vous êtes lucide, logique et en harmonie avec les événements extérieurs qui modifient légèrement et subtilement votre être intérieur. Une sensation de bien-être vous envahit.

Radeau : *naviguer sur un radeau* : ne faites pas semblant d'être heureux si vous ne l'êtes pas vraiment. Entrez en vous-même pour voir ce qui ne va pas et prenez les bons moyens pour que les choses se rétablissent ;

construire un radeau : chacun vit de son propre excès. Les uns craignent de ne jamais avoir assez d'argent et travaillent sans relâche au risque de mettre leur santé en danger. D'autres ne comptent pas et dépensent allégrement tout l'argent qui leur tombe sous la main. Tâcher de trouver le juste équilibre.

Radio : *faire une émission de radio* : dégagez-vous de l'emprise de la passion et analysez la situation à froid. Évitez les histoires amoureuses sans queue ni tête, vous le regretteriez amèrement.

Radioscopie : vous avez un magnifique sens de l'humour et c'est l'une des raisons pour lesquelles votre compagnie est si recherchée. Une situation qui pourrait sembler ridicule aux yeux des autres vous paraît drôle. Continuez sur cette voie, car après l'amour, c'est la seule chose qui rende la vie plus douce.

Rafler : tout ce que vous ferez, direz, aura des répercussions pour votre avenir. Agissez prudemment et consciencieusement dans tout ce que vous faites.

Rail : *symbolise le chemin :* on peut vous complimenter, car vous êtes de ces personnes qui savent respecter leurs engagements. La confiance est un élément important pour vous.

Raisin : vous avez tendance à décider, à juger trop vite d'une situation et, malheureusement, à accepter une idée contraire à la réalité.

Rajeunir : *se voir rajeunir :* vous avez pris une grande résolution. N'imposez pas à tout moment votre point de vue, mais laissez la personne qui vous intéresse exprimer ses idées, ses projets sans la contrer systématiquement.

Ralentir : votre qualité dominante plaît à tous. Par contre, méfiez-vous des amis frivoles ; ne soyez pas aveugle et sourd.

Ramasser : il serait peut-être bon d'entrer en contact avec des membres de votre famille qui ne demanderaient pas mieux que de partager vos goûts et vos envies.

Rameau : vous obtiendrez la réponse tant attendue, mais elle ne correspondra pas à vos espoirs. Ménagez vos amis ; ne les blessez pas par réaction d'amour-propre.

Ramer : *se voir ramer :* vous prenez les choses en main ; une idée vous conduira loin ; vous avez plus de vitalité et votre foi en vous vous permettra de puiser des forces nouvelles.

Rampe : vous vous découvrez une capacité de récupération qui vous étonnera. La vie vous semblera plus belle et vous vous mettrez à faire des projets de toutes sortes.

Rancœur : l'impatience vous guette. Vous aurez tendance à tout vouloir bouleverser. Vous êtes également un peu trop intransigeant, ce qui peut vous causer des ennuis et vous empêcher d'agir efficacement, même si vos intentions sont louables et honnêtes.

Ranger : vous vous sentez paresseux et vous négligerez votre travail. Au contraire, il serait utile de trouver des solutions pratiques pour vous secouer un peu.

Rapetisser : *se voir rapetisser* : soyez très prudent dans tous vos déplacements. Si vous conduisez, ce n'est pas du tout le moment de vous montrer distrait.

Raser : votre humour varie selon votre humeur. Pour vous, il y a des choses drôles et d'autres qui ne le sont pas. Donc, il vous manque un certain sens des nuances et un peu d'imagination, que vous feriez bien d'acquérir. Essayez de vous corriger en gardant toujours le sourire aux lèvres, quoi qu'il arrive.

Rassurer : vous avez d'heureuses intuitions, tant sur le plan financier que sentimental. Soyez donc à l'écoute de vos idées, car cela vous permettra de réaliser certains projets.

Rat : que la vie doit être triste en votre compagnie, tant vous êtes sérieux ! Mais pourquoi considérer l'existence comme un grand drame que rien ne peut égayer ? Allons, prenez donc la vie moins au sérieux. Ayez un peu plus d'humour et, très vite, vous verrez comme vous vous sentirez mieux. N'ayez pas peur de rire, c'est bon pour la santé, car le rire est le meilleur des médicaments et il ne coûte rien.

Ravin : votre travail, votre carrière et votre manque de temps pour l'autre peuvent être l'objet de reproches.

Rayon X : extrémiste et enflammé, vous détestez recevoir des ordres, mais vous n'hésitez pas à bousculer les membres de votre entourage afin de les convaincre de se rallier à vos idées.

Réception : *prendre part à une réception* : une personne s'intéresse à vous tout particulièrement et vous en êtes ravi.

Réchauffer : vous devrez peut-être faire un choix entre une vie professionnelle plus intéressante ou votre vie personnelle qui souffrirait de ce surplus de responsabilités. Prenez le temps de réfléchir à ce que vous désirez et ne laissez personne vous influencer.

Récif : il faudra savoir négocier serré ou abandonner quelque chose au profit d'une nouvelle réalisation.

Récompense : de solides règles de moralité dirigent votre conduite. Vous vous conformez totalement à l'image voulue par votre milieu. Direct, absolu, vous vous efforcez de contrôler vos émotions en maîtrisant vos réactions. Et vous maîtrisez vos réactions pour ne porter préjudice à personne. Cette attitude contraignante vise à endiguer un sentiment inconscient de culpabilité dû aux envies de révolte que vous contrôlez fermement.

Réconcilier : heureusement que votre moral est très bon parce que vous ferez de gros efforts pour surmonter certaines difficultés financières ou administratives.

Réduire : une affaire exige du doigté, alors calculez bien vos chances. Adaptez-vous à votre milieu. Ne cherchez pas toujours la petite bête noire. Il faut avoir plus de flair que d'habitude. Il faut consentir à divers sacrifices pour que tout aille mieux avec votre partenaire. Vous ne vous en sentirez que mieux.

Réfléchir : vous avez des problèmes financiers et vous ne savez plus comment vous en sortir.

Réflecteur : *qui renvoie de la lumière :* il se trouve au fond de vous certaines tendances, certains besoins cachés dont vous n'avez pas conscience. En effet, il existe en chacun de nous une sorte de gardien dont le rôle est d'assurer l'ordre intérieur, une force qui refoule dans la partie inconsciente du psychisme les souvenirs d'événements, les pensées dont l'évocation est cause d'angoisse, ainsi que les désirs que la conscience n'approuve pas, ne permet pas de satisfaire, parce qu'elle les juge néfastes. Ces tendances enfouies et refoulées entrent en conflit avec d'autres souvent opposées, substituées par la morale ou la vie sociale ;

si vous envoyez de la lumière à un réflecteur : craignant de vous faire remarquer par un excès d'originalité, vous vous conformez aux coutumes de votre milieu ;

si vous éteignez la lumière qui se reflète sur un réflecteur : simple et modeste, vous vous pliez devant autrui pour obtenir ce que vous désirez, subissant parfois en silence des injustices flagrantes, par timidité.

Réfrigérateur : votre santé mentale et physique est à son paroxysme. Pas de problèmes en perspective, car vous consacrez beaucoup de temps à vous faire du bien. Continuez dans cette voie : faites de l'exercice, évitez le travail stressant et prenez soin de votre corps.

Règle(s) : *instrument de mesure :* si vous vous attaquez à un domaine nouveau, ne jouez pas au connaisseur ; demandez conseil à un spécialiste de la question ;

menstruations : vous ne pourrez pas vous offrir dans l'immédiat ce que vous souhaitiez. Patience. Revoyez le fonctionnement de votre budget.

Regret : l'incertitude, côté travail, vous fera douter de vos aptitudes. Votre temps libre sera perturbé par une surprise désagréable. Ne vous culpabilisez pas.

Rein: du nouveau côté sentimental: une rencontre va rapidement faire battre votre cœur au rythme de l'amour. Période faste sur tous les plans.

Remède: avertissement contre des décisions peu sages. Vous êtes dans l'impossibilité de concilier les tensions contradictoires qui vous oppressent. Vous ressentez de violentes émotions prêtes à se décharger, à exploser, mais votre conscience les réprouve et les refoule. Il en résulte une pénible sensation d'anxiété proche de la panique à laquelle vous ne trouvez pas d'issue ou de dérivatif.

Remiser: vous vous sentez paresseux et vous négligerez votre travail. Au contraire, il serait utile de trouver des solutions pratiques pour vous secouer un peu.

Rempart: vif et espiègle, vous avez plus d'un tour dans votre sac pour séduire ceux que vous aimez. Vous avez le rire facile même dans les moments difficiles. Malgré les difficultés de la vie, vous continuerez de prôner une attitude positive.

Renard: vous êtes fatigué au plus haut degré et vous perdez facilement le contrôle de vous-même. De plus, vous examinez dans les moindres détails tous vos actes, ce qui a pour effet de vous rendre extrêmement nerveux. Vous manquez totalement de confiance en vous-même. Vous devez donc éviter tous les excès qui seraient néfastes dans votre cas. Apprenez à vous relaxer, sinon vous finirez par exploser.

Réparer: vous êtes porté à croire que les choses se font plus facilement, que vous réussissez mieux ce que vous entreprenez et que c'est plus facile de travailler qu'avant.

Repas: *manger un repas*: de grandes questions se posent, comme: Dois-je m'engager amoureusement pour le reste de mes jours parce que l'autre le veut ainsi? Si votre couple a de l'usure, si l'habitude a éteint les étincelles du début, il faut vous efforcer de faire renaître votre amour;
faire le repas: bien-être matériel; pouvoir matériel; tout vous est indifférent, sauf la réussite du projet que vous avez conçu, que vous entendez mener à bien quoi qu'il vous en coûte, en dépit de l'opposition de votre entourage.

Repasser: vos relations amoureuses seront plus compliquées. Vous aurez encore plus envie que votre conjoint vous soit complètement dévoué. Ce besoin de possession, vous l'exprimerez surtout à travers votre sexualité.

Repos: *se reposer:* ce n'est pas le moment de faire cavalier seul. Si vous souhaitez réussir un projet, faites des concessions à vos collaborateurs.

Réprimander: *être réprimandé:* vous êtes émotif et vous avez la larme à l'œil pour une joie, une déception, un souvenir ou une surprise;
réprimander quelqu'un: dérangement; c'est comme si les gens ne voulaient plus être là où ils doivent et qu'ils s'accordaient une autorité qu'ils n'ont pas.

Reptile: manifestation d'une énergie psychique dormante, prête à devenir agissante, en positif ou en négatif, et capable du pire (effroi, angoisse) ou du meilleur (propriétés curatives et salvatrices).

Requin: vos espoirs de guérison reposent sur la tendresse d'un partenaire compréhensif dont les témoignages d'affection vous rassureraient sur votre valeur et restaureraient le sentiment de votre importance, diminué par vos échecs.

Résister: n'engendrez aucune discussion, car cela ne pourrait que dégénérer en drame. Conservez votre calme. Dans peu de temps, vous vous rendrez compte que toute cette tempête n'en valait pas la peine.

Restaurant: *à service rapide:* les sentiments vous laissent indifférent. Vous ne recherchez pas la tendresse et vous ne vous engagez pas profondément. Vous compensez le vide par la poursuite de la réussite qui vous obtiendra l'estime et l'approbation d'autrui. Vous employez votre charme et votre ironie pour séduire un auditoire que vos mots d'esprit éblouissent;
restaurant ordinaire: vous ne croyez qu'aux valeurs sûres et solides. Vous considérez les complications sentimentales comme secondaires ou superflues;
restaurant haut de gamme: vous refusez l'intimité amoureuse et ne souhaitez pas non plus collaborer avec autrui. Ne vous intéressant à personne d'autre qu'à vous-même, vous vous enfermez dans un cocon qui vous isole de la réalité et vous protège des heurts. Vous avez l'intention secrète de vous maintenir solidement ancré dans ce havre paisible.

Retarder: vous avez tendance à passer par des périodes de stress plus ou moins aiguës, mais sachez qu'aucun être humain n'est totalement exempt de stress. Même si vous êtes en mesure d'y faire face, vous pouvez parfois éprouver des difficultés dans une situation difficile.

Retour : *sur des événements du passé :* vous tendez vers une réalisation de taille. Si vous donnez aux autres l'impression d'une plus grande confiance en vous, les portes s'ouvriront très rapidement.

Retraite : *prendre sa retraite :* c'est votre bon jugement et non votre volonté qui fera que vous pourrez finalement contrôler cette nervosité qui vous ronge actuellement. Faites la part des choses et vous verrez que le ciel ne vous semblera plus aussi noir.

Réveille-matin : excellent moment pour prendre de la distance par rapport à vos soucis. Prenez du large, faites-vous plaisir.

entendre le réveille-matin qui sonne : ces jours-ci, vous avez l'esprit pratique. Vous pensez vite, mais vous n'avez pas à dire aux gens ce qu'ils doivent faire de leur vie ;

voir le réveille-matin arrêté : vous avez tendance à rationaliser votre vie de couple ; ou vous trouvez des explications sur les agissements de votre partenaire, ou vous l'excusez pour des petites manies qui vous dérangent, mais dont vous n'osez pas lui parler.

Révolter : *se révolter :* vous arrivez à résoudre une situation embrouillée et vous êtes bien implanté dans la réalité. Vous exercez sérieusement dans un domaine qui vous est familier et vous obtenez des résultats tangibles ;

voir quelqu'un se révolter : vous ne vous laissez pas tromper par les apparences ni influencer par des opinions dont vous n'avez pas expérimenté la justesse. Cependant, vous estimez vos occupations trop absorbantes et souhaiteriez un peu plus de temps pour vous détendre.

Revolver : vous souhaitez ardemment vous adapter aux autres mais, estimant que la vie vous a maltraité en vous refusant les satisfactions auxquelles vous aviez droit, vous entretenez des griefs et des regrets qui engendrent en vous un climat de mélancolie et de rancœur que vous infligez à votre entourage.

Ricanement : ignorant la douceur, vous manifestez votre volonté sans ménagement et avec impatience. Vous annihilez votre partenaire sans vous soucier de ses sentiments.

Richesse : soucieux d'acquérir le sens des relations, vous misez sur les sentiments pour établir des contacts utiles et vous employez la séduction pour faire prévaloir votre point de vue.

Rideau : vos relations visent à assurer votre prestige. Vous cherchez à paraître, mais vous demeurez impénétrable, fermé à toute influence, n'éprouvant pas le besoin de vous ouvrir à autrui.

Rider: vous devez discuter avec votre conjoint, alors faites-le avec diplomatie. Vos propos devront toujours être empreints de douceur et de patience, même si cela n'est pas dans votre caractère. Une discussion trop sévère pourrait avoir de très lourdes conséquences. L'être aimé lance des messages, mais vous ne semblez pas les comprendre.

Ridiculiser: *être ridiculisé* : vous ne savez pas adoucir votre idéal et le ramener à de nouvelles proportions plus réalistes. Vous risquez de détruire des sentiments qui pourront être longs à renaître. Découvrez ce que vous voulez vraiment et faites la différence entre un projet irréaliste et un idéal tout à fait naturel.

Rire: vous ménagez vos forces pour les utiliser dans l'action et le travail, dans l'espoir de préserver ce que vous avez acquis ou qui vous a été légué.

Rivière: votre force est certainement votre sens du leadership ; votre faiblesse, cette tendance à tout diriger sans consulter. Surtout qu'en amour, il vous faudra élargir votre esprit et accepter l'autre tel qu'il est.

Riz: *en manger* : de nature soumise, vous ne cherchez pas à dominer votre entourage, à vous imposer. Au contraire, vous manquez souvent de courage pour affirmer ou défendre vos droits. Vous préférez la tranquillité et l'anonymat. Cependant, vous aimeriez avoir un caractère plus ferme, une forte volonté.

Robe: une magnifique histoire d'amour fera irruption dans votre vie. Vous serez amené à faire preuve de beaucoup de compréhension vis-à-vis d'un ami.

Robinet: *qui coule* : force féminine ; représentation de la pureté ; régénération ; purification physique et spirituelle.

Robineux: vous tenez à votre dignité personnelle et, pour l'assurer, vous vous êtes fixé un but, vous organisant avec méthode pour ne rien perdre de ce que vous aviez investi : argent, temps et énergie.

Robot: affirmez-vous. Vous aurez l'occasion de faire entendre votre opinion, et dans des circonstances très heureuses pour votre avenir. Par conséquent, soyez sans cesse en éveil et ne manquez aucune des conversations importantes qui se déroulent autour de vous.

Roche: votre vie professionnelle vous offre la possibilité d'exercer vos aptitudes pratiques, votre force et votre vitalité dans l'action, la compétition, la lutte et la dépense physique.

Ronfler : surveillez votre santé. Vous avez tendance à ne pas prendre au sérieux les conseils qu'on vous donne à ce sujet. S'ils viennent de personnes compétentes, vous auriez tort de les prendre à la légère.

Rongeur : que la vie doit être triste en votre compagnie tant vous êtes sérieux ! Mais pourquoi considérer l'existence comme un grand drame que rien ne peut égayer ? Allons, prenez donc la vie moins au sérieux ! Ayez un peu plus d'humour et, très vite, vous verrez comme vous vous sentirez mieux. N'ayez pas peur de rire, c'est bon pour la santé, car le rire est le meilleur des médicaments et il ne coûte rien.

Rosaire : *le réciter :* on écoute vos idées avec beaucoup d'attention. Par ailleurs, on vous demande conseil là où il faut faire un choix ou prendre une décision importante.

Rose : représente la fidélité, l'amour, la pureté et la séduction ;
fleur pâle : vous vous demandez si vous n'avez pas construit votre vie sentimentale sur de fausses bases ;
fleur vive : ardeur exaltée, violente, audacieuse ; réalisation des possibilités latentes.

Rosée : votre santé est stable et une nervosité bien canalisée vous apportera un bien-être apprécié. Si vous savez diriger ce regain d'énergie, il se produira à votre travail une performance que vous recherchiez depuis longtemps.

Roue : vous recevrez plus que ce que vous donnerez. La perception que vous avez de vous-même n'est pas celle qu'on a de vous. Soyez sélectif dans le choix des personnes que vous fréquentez. On aura tendance, autour de vous, à vouloir exploiter votre naïveté.

Roulotte : de nature timide et réservée, vous n'aimez pas attirer l'attention, agir par ostentation. L'exploit personnel ne vous intéresse pas ;
roulotte à l'abandon : désorienté lorsque vous vous trouvez hors de votre milieu habituel ou en présence d'étrangers, vous êtes fidèle à vos habitudes, respectueux des règlements extérieurs, car vous ne voudriez pas mériter des reproches ou entrer en conflit avec vos proches. Toutefois, vous souhaitez secrètement vous libérer du carcan des lois morales et avoir une plus grande liberté d'allure et d'expression ;
acheter une roulotte : vous êtes vraisemblablement amoureux et vous êtes de ceux qui laissent l'amour prendre toute la place dans leur vie. Vous êtes chaleureux, sensible, tendre et attentif aux autres, et vous essayez à tout prix de rendre l'autre heureux, car vous savez accepter aussi bien les joies que les peines de l'amour ;

vendre sa roulotte : vous manquez de courage pour réclamer ce qui vous est dû, vous laissant bafouer et exploiter. Cette sorte de démission devant la vie et les obstacles entraîne des difficultés dans votre vie sexuelle et vous rend hypersensible aux insultes, réelles ou imaginaires. Cela peut conduire à des troubles dépressifs ;

grande roulotte : vous refusez de vous laisser entraîner dans les plaisirs vulgaires ;

petite roulotte : vous ne cherchez pas à plaire, à être admiré. Votre intérêt est tourné vers les activités culturelles et intellectuelles.

Route : on peut vous complimenter, car vous êtes de ces personnes qui savent respecter leurs engagements. La confiance est un élément important pour vous.

Ruban : *gommé* : une invitation pour une sortie pleine de promesses. De nouvelles amitiés feront irruption dans votre vie. Votre rythme de vie changera pour le mieux.

Rue : on peut vous complimenter, car vous êtes de ces personnes qui savent respecter leurs engagements. La confiance est un élément important pour vous.

Ruiner : se sentir découragé devant les tâches à venir. Vous êtes très nerveux et votre personnalité s'adapte très mal à la vie que vous menez et à votre entourage. Essayez d'être calme et ne réagissez pas si vite ni si mal, car vous courez le risque de sombrer dans la dépression nerveuse.

Ruisseau : votre force est certainement votre sens du leadership ; votre faiblesse, cette tendance à tout diriger sans consulter. Surtout qu'en amour, il vous faudra élargir votre esprit et accepter l'autre tel qu'il est.

Rupture : *dans votre vie* : l'état actuel des choses exige une intervention de votre part. Mais, désespéré, vous n'êtes pas à même de porter un jugement rationnel sur les faits et vous refusez catégoriquement d'en discuter. La tension et l'anxiété s'intensifiant, vous risquez de prendre une décision brusque, de vous jeter à l'aveuglette dans une action inappropriée ;

dans la vie des autres : votre souci actuel est de maintenir l'ambiance détendue qui vous est nécessaire. Vous vous efforcez de vous montrer sociable et compréhensif, d'être moins taciturne, pour mettre fin au sentiment d'isolement qui vous fait souffrir.

Ruse : vous avez des problèmes financiers et vous ne savez plus comment vous en sortir.

S

Sable : vous êtes superstitieux. L'avenir vous fait peur et vous le redoutez anormalement. On dirait que toute votre vie est axée sur ces faits qui n'ont plus vraiment de raison d'être aujourd'hui. Sachez que l'on fait soi-même sa chance ou sa malchance et évitez de courir après des oracles. Servez-vous de votre logique et de votre bon sens.

Sablier : ce n'est pas le moment de jouer à quitte ou double, vous n'en sortiriez pas vainqueur. Évitez également de vous compromettre en pariant sur l'improbable.

Sabot : c'est le moment de vous montrer objectif et loyal. Une discussion à cœur ouvert avec votre conjoint sera franchement salutaire pour vous deux.

Sabre : vous aurez la sensation d'être isolé, mal aimé, incompris. Vous vous questionnerez sur votre véritable raison de vivre. Vous ressentirez une sorte de poussée intérieure vous signifiant qu'il est maintenant temps de changer votre orientation, d'aller plus loin, de relever un autre défi.

Sac : s'il vous est facile de séduire, il vous sera plus difficile de préserver l'amour, de le cultiver et de le faire grandir. N'essayez pas d'imposer votre façon de voir les choses, mais ayez plutôt l'esprit ouvert.

Sacoche/sac à main : *perdre sa sacoche :* vous avez tendance à être solitaire. Attention, vous risquez de tomber dans la déprime ! Vous devez réagir : soit pratiquer un sport, soit visiter la famille, soit appeler un ami pour vous confier ;

avoir une sacoche pleine : il n'est pas facile de retenir votre langue face au mécontentement. Vous serez porté à la critique en accusant subtilement la personne la plus proche de ce qui ne va pas dans votre vie.

Sacrifier : *se sacrifier :* votre potentiel intellectuel est actuellement à son plus haut niveau et votre pouvoir de décision est à son maximum. Vous êtes à même de réfléchir à ce qui est bon pour vous.

Sage-femme : vous allez vivre une période de votre vie où tout semblera vous réussir. Mais le facteur chance y sera également pour beaucoup.

Salade : c'est le moment de refaire votre garde-robe. Une invitation en voyage ou un petit déplacement donneront un souffle nouveau à votre existence.

Saleté : vous aurez plus d'appétit, mais il faudra faire attention aux excès. Surveillez votre poids de près et n'hésitez pas à entreprendre un régime si vous avez quelques kilos en trop. Soyez prudent toutefois, car un régime trop strict pourra être la cause de faiblesses.

Saliver : vous devriez vous mettre au régime. Vous appréciez les bonnes choses et, à cause de cela, vous avez dépassé un poids raisonnable. Faites de l'exercice physique et astreignez-vous à un léger régime.

Sandale : plein de changements heureux dans le domaine sentimental : nouvelles rencontres ; proposition de voyage en amoureux.

Sang : *le vôtre* : orienté vers des activités extérieures et dynamiques, vous ne recherchez pas l'approbation des autres qui n'a pour vous aucune importance. Au contraire, vous faites preuve d'originalité et n'hésitez pas à montrer votre horreur de la routine ;
le sang des autres : indifférent à ce qu'on pense de vous et supportant mal la contrainte sociale, vous recherchez une activité indépendante où se satisferait votre appétit de domination.

Sangsue : préparez-vous, car des choses positives découleront d'une initiative ou d'une invitation. Une proposition étonnante mobilisera toutes vos pensées.

Saoul : la vie de l'esprit vous est essentielle, car vous êtes un philosophe dans l'âme. Vous souffrez de devoir accepter une situation inférieure à celle que vous méritez. Vous êtes profondément atteint dans le sentiment de votre dignité personnelle.

Sapin : votre disponibilité est bien connue. Mais on a tendance à prendre avantage de votre bonne nature. Avant d'accepter de rendre service, demandez-vous si cela est nécessaire.

Sarcasme : la vie de l'esprit vous est essentielle, car vous êtes un philosophe dans l'âme. Vous souffrez de devoir accepter une situation inférieure à celle que vous méritez. Vous êtes profondément touché dans le sentiment de votre dignité personnelle.

Satan : vous êtes vulnérable, sensible et parfois même susceptible. Ne prenez pas à la lettre les sous-entendus, les mots vides de sens qui ne servent qu'à meubler une conversation.

Sauce : en cas de problème difficile, demandez conseil à votre famille ou à vos amis. Ils vous seront d'un grand secours, surtout s'il s'agit d'un problème au travail.

Saucisse: vous faites trop confiance à l'être aimé. Il n'est pas là pour prendre les décisions à votre place, mais pour partager avec vous les joies de la vie. Vous aussi avez droit à vos opinions. Apprenez à vous estimer.

Saumon: *en manger*: une période de grand changement vous attend. Au travail, de nouvelles perspectives vous apporteront une situation plus avantageuse qu'auparavant.

Sauter: *de haut*: vous vous préparez à un événement et les confidences ne manquent pas;

tomber en effectuant un saut: vous n'attendez pas trop de joie de vos relations nouvelles;

être craintif de sauter: vous mettez certaines choses au point et vous connaissez maintenant l'orientation à suivre.

Sauterelle: période de grande chance côté sentimental. Super-rencontre à l'horizon. Vous vivrez sur un petit nuage.

Savon: la chance à l'état pur. Tout vous réussit. Quel que soit votre projet, vous êtes sûr d'obtenir un franc succès. Amour, santé, finances, travail seront protégés.

Savourer: de grandes questions se posent comme: Dois-je m'engager amoureusement pour le reste de mes jours parce que l'autre le veut ainsi? Si votre couple a de l'usure, si l'habitude a éteint les étincelles du début, il faut vous efforcer de faire renaître votre amour.

Scandale: vous êtes attentif à certaines superstitions sans vous compliquer la vie. La répétition de certains événements vous intrigue et vous rend un peu craintif. Vous êtes sensible à ce qui se passe, mais vous ne confierez pas complètement votre vie à la superstition.

Scier: ces dernières années, vous avez mis beaucoup d'énergie à réussir sur le plan professionnel. Vous y êtes arrivé, alors il est temps de cesser de regarder vers le haut et de vous intéresser plutôt à ce qui se passe autour de vous.

Scintiller: vous pouvez agir en toute confiance pour imposer et satisfaire vos volontés, et ainsi voir tous vos efforts largement récompensés.

Sculpter: vous êtes intense, passionné, mais aussi vulnérable. Vous ne pouvez pas tout réussir parfaitement même si c'est là votre objectif. Il faut choisir parmi vos talents et en exploiter un seulement. Il vous permettra de vous épanouir pleinement.

Sécher : *s'essuyer avec une serviette* : il se pourrait que vous ayez de fréquentes baisses de vitalité. Faites attention à votre alimentation, surveillez la quantité de vitamines que vous consommez et voyez votre médecin si la situation dure trop longtemps ;

sécher des vêtements : n'allez pas au-delà de vos forces. Évitez de commettre des imprudences. Si le sport n'est pas votre fort, vous devriez commencer à vous y intéresser pour vous remettre en forme.

Secourir : vous vous sentez faible, sans énergie, et vous n'avez aucun goût pour quoi que ce soit. Tout vous semble ennuyant. Mais, rassurez-vous, ce n'est que passager.

Secret : difficile à vivre, vous avez tendance à considérer les autres comme des pions sur l'échiquier de vos désirs, les maniant à votre gré, avec dureté et sécheresse.

Séduire : crainte et angoisse injustifiées. Votre santé n'est pas aussi mauvaise que vous le croyez, mais vos nerfs sont définitivement en mauvais état. Consultez votre médecin, vous reviendrez très vite en forme.

Sein : représentation de la mère ; rappel de la nécessité de se séparer définitivement du monde douillet de l'enfance afin d'affronter ses responsabilités d'adulte.

Sel : plus que jamais, vous aurez envie de relever des défis et vous êtes décidé à aller jusqu'au bout. La peur que vous entreteniez semble vous avoir quitté et le succès se manifeste dans tous vos projets.

Semer : demeurez sourd aux belles paroles d'un soi-disant ami qui, en réalité, n'en veut qu'à votre réputation. N'y attachez aucune importance.

Senteur : *sentir une bonne odeur* : grande sensibilité face à votre entourage : vous êtes facilement influençable ;

sentir une mauvaise odeur : vous avez tendance à vous éparpiller et à disperser vos énergies dans trop de projets à la fois.

Sentier : on peut vous complimenter, car vous êtes de ces personnes qui savent respecter leurs engagements. La confiance est un élément important pour vous.

Séparation : vous démontrerez une grande capacité d'organisation et de décision. Votre efficacité sera reconnue et on vous en félicitera. Il ne serait pas étonnant que l'on vous fasse même une proposition intéressante.

Sermon: *que vous faites:* votre penchant paternaliste vous incite à dire aux autres comment ils devraient se comporter;

que vous écoutez: vous avez un cœur d'or et vous savez mieux que quiconque protéger les plus démunis que vous.

Serpent: représente l'énergie psychique dormante, prête à devenir agissante, en positif ou en négatif, et capable du pire (effroi, angoisse) ou du meilleur (propriétés curatives et salvatrices).

Serrure: prenez très au sérieux vos problèmes de tension artérielle et de circulation sanguine. Vous devrez vous reposer, car vous êtes fatigué et cela est dû à trop d'activités;

verrouillée: vos raisonnements sont parfois aveuglés par vos besoins affectifs. Ces jours-ci, vous entrerez dans un monde où vous saurez faire la différence entre l'émotion et la raison. Vous serez émotif et intelligent, et vous découvrirez où se situe la marge entre ces deux composantes.

Serviette: ne vous laissez pas distraire par mille et un détails sans importance dans la situation présente. Une demande que vous faites pourrait être refusée, ou acceptée plus tard.

Seul: *être seul:* votre chemin vers le succès est parsemé d'embûches, mais votre légendaire ambition vous aidera à tenir bon jusqu'au dénouement de toutes les situations difficiles.

Sexe: le message est évidemment sexuel: soit un manque affectif ou sexuel compensé par des déviations sexuelles, soit des préoccupations tout à fait légitimes de satisfactions sexuelles.

Siège: votre situation actuelle vous procure la considération et l'estime de votre entourage. Vous exercez vos talents, vous exprimez vos opinions et vous organisez votre temps à votre gré dans le cadre de votre profession ou d'un passe-temps;

siège rembourré: cordial, indulgent, vous êtes de fréquentation agréable et c'est sans brusquerie que vous obtenez ce que vous voulez.

Siffler: dans votre vie amoureuse, essayez de vous détacher de ceux qui vous veulent du bien et trouvez ce qui vous ferait vraiment plaisir. Il vous faut sourire à la vie et vous découvrirez comme cela peut être merveilleux;

entendre siffler: si vous êtes encore libre, vous serez un excellent amoureux, mais il faudra réfléchir avant de franchir le seuil qui conduit au mariage.

Signal : des reproches, et parfois des menaces, se font pour des riens. Un lourd silence, une phrase faisant sentir à ses proches qu'on n'est pas bien traité, qu'on mérite mieux, mais que personne ne décèle.

Signature : décidé à réussir, vous ne tolérez aucune entrave à votre liberté d'action et défendez votre indépendance par toutes sortes d'astuces et de stratagèmes.

Silence : votre vie sentimentale sera assez capricieuse et un peu de chagrin se pointe à l'horizon.

Simuler : vos énergies sont épuisées. Vous êtes trop généreux de votre personne. Vous en faites trop, vous devez refaire vos forces. Prenez le temps de respirer.

Singe : vous êtes vraiment timide et vous avez de la difficulté à contrôler votre timidité. Autrement dit, vous êtes très replié sur vous-même et vous vous sentez désemparé en présence de personnes inconnues. Vous avez peur de vous, des autres, de la vie. Mais les timides possèdent un cœur d'or et se dévouent beaucoup pour les autres.

Sirop : certains changements dans le milieu professionnel vous apporteront la chance que vous espérez pour améliorer vos conditions de travail.

Ski : *faire du ski :* un projet n'attend pas l'autre et tout se bouscule dans votre tête. Vous voulez tout réaliser avec efficacité et en arriver à des résultats tangibles et rentables. Accrochez-vous bien et la perspective d'avenir pourrait être alléchante.

Soie : sur le plan sentimental, il y a une certaine instabilité dans vos rapports, mais ne paniquez surtout pas. Laissez les événements suivre leur cours.

Soif : l'être aimé aura mille et une attentions pour vous faire plaisir et, malgré cela, il lui sera difficile de vous prouver qu'il est sincère. Ayez l'esprit ouvert et reconnaissez sa bonne foi. Soyez attentif à ses attentes, ne péchez pas par excès d'égoïsme.

Soigner : côté sentimental, ne gâchez pas les moments de complicité avec l'être aimé en vous montrant trop méfiant ni trop ironique. Donnez libre cours à votre fantaisie et ne laissez pas étouffer votre imagination par vos idées conservatrices.

Soldat : vous dites ce que vous pensez, sans détour. Vous serez aussi porté aux bavardages et parlerez des uns et des autres. Vous révélerez peut-être même un secret qu'on vous avait confié. Attention, tout se sait et vous pourriez en payer le prix !

Soleil : fraternité, harmonie, bonheur retrouvé, honneurs. Vous parvenez à résister aux chocs de la vie parce que vous vous adaptez aux circonstances, évitant adroitement les écueils, acceptant les compromis afin de conserver l'estime des autres.

Solitude : *être seul :* votre chemin vers le succès est parsemé d'embûches, mais votre légendaire ambition vous aidera à tenir bon jusqu'au dénouement de toutes les situations difficiles.

Solliciter : évitez les intrigues, les phrases à demi formulées, les suppositions. On interpréterait mal vos paroles. Votre réputation pourrait en être affectée.

Songer : vous avez des problèmes financiers et vous ne savez plus comment vous en sortir.

Sonnette : vous voudriez vous insérer dans le groupe social par nécessité. Mais vous vous défendez d'en être solidaire parce qu'au fond, vous entretenez un sentiment de révolte, estimant que vous n'êtes pas traité comme vous le méritez.

Sorcière : ne vous précipitez pas tête baissée ; un peu de réflexion dans vos démarches vous permettra d'obtenir du succès. Votre créativité et votre *punch* seront appréciés à leur juste valeur.

Sortir : *faire une sortie pour s'amuser :* sur le plan sentimental, des complications sont à craindre. Soyez objectif dans votre approche au sujet d'anciens problèmes. Prenez le temps d'examiner les questions qui n'ont jamais vraiment été résolues.

Souffrir : le remède à votre désenchantement, vous tentez de le trouver dans une relation sentimentale exclusive, basée sur votre satisfaction personnelle. Vous estimez que l'on doit se soumettre avec amour à vos exigences et subir votre jalousie ;

douleur au côté : préoccupation sur son état de santé ; vous ne ménagez ni votre peine ni votre patience pour améliorer votre situation matérielle ainsi que pour assurer votre confort et votre sécurité ;

soigner ses douleurs : secret, indifférent au milieu, vous agissez à votre guise, sans souci des convenances, ne vous fiant qu'à vos principes.

Derrière votre masque dur et fermé, vous cachez une âme inquiète et meurtrie;

douleur à la tête : vous n'êtes pas parvenu à établir des relations affectives harmonieuses et stables avec l'entourage. Vous vous en voulez d'avoir manqué de tolérance et de souplesse. Vous reprochez également aux autres d'avoir contribué à cet échec.

Souhaiter : *quelque chose* : votre cœur chante, vous tentez une innovation, mais il ne faut jamais se désintéresser des choses importantes.

Soulager : vous êtes créatif et original ; votre magnétisme retient l'attention et vous séduisez. Mais attention, on retient ce que vous dites !

Soulier : représente un désir sexuel. On peut vous taxer de possessif à tel point que votre partenaire doit quelquefois en avoir plus qu'assez. Vous vous rendez malade et empoisonnez la vie de votre partenaire par cette attitude.

Soupçonner : au travail, évitez les discussions trop animées, exposez calmement vos idées et vos opinions, et vous obtiendrez non seulement l'appui de ceux qui vous entourent mais aussi leur estime et leur collaboration.

Soupe : il y a beaucoup de superflu qui vous entoure. Par contre, vous trouverez bientôt la solution à l'une de vos principales inquiétudes.

Source : vous ne faites pas attention à vos limites et vous serez atteint par les virus qui circulent. Vous travaillez trop, il faut faire attention. Surveillez votre alimentation, qui est trop riche en calories. S'il le faut, suivez un régime et faites de l'exercice.

Sourd : *être sourd* : vous réévaluerez votre vie de couple, ou bien vous rencontrerez quelqu'un avec qui vous voudrez partager votre vie. Soyez prudent et attentif. Faites preuve d'ouverture d'esprit. Sachez écouter tout autant que parler ;

voir quelqu'un de sourd : vous avez de légers problèmes de santé, vous devez faire attention à votre alimentation et vous imposer une discipline pour faire de l'exercice régulièrement. Ne laissez pas le travail vous envahir et mettre en péril votre bien-être. S'il le faut, offrez-vous des vacances pour vous reposer pleinement.

Souris : que la vie doit être triste en votre compagnie tant vous êtes sérieux ! Mais pourquoi considérer l'existence comme un grand drame que rien ne peut égayer ? Allons, prenez donc la vie moins au sérieux ! Ayez un peu plus d'humour et, très vite, vous verrez comme vous vous sentirez mieux. N'ayez pas peur de rire, c'est bon pour la santé, car le rire est le meilleur des médicaments et il ne coûte rien.

Spectacle: vous êtes passionné et rusé. Vous affichez une nature énergique, audacieuse et charmeuse afin de conquérir l'attention d'autrui avec les plus beaux apparats.

Sperme: le message est évidemment sexuel: soit un manque affectif ou sexuel compensé par des déviations sexuelles, soit des préoccupations tout à fait légitimes de satisfactions sexuelles.

Sphère: ça repart! Avec un peu de doigté et de compréhension, vous passerez des moments savoureux avec l'être aimé.

Sport: *pratiquer un sport:* votre besoin de bien paraître et votre goût de l'esthétisme vous feront faire des dépenses pour améliorer votre image. Vous êtes conscient de l'influence qu'une belle apparence peut avoir sur les autres.

Squelette: vous savez exprimer des sentiments bienveillants et démonstratifs tout en demeurant calme et réservé. Votre franchise est votre seule arme capable d'éliminer les éléments malveillants.

Stationner: vous vous sentez rêveur et vous négligerez votre travail. Au contraire, il serait utile de trouver des solutions pratiques pour vous secouer un peu.

Statue: vous vous sentez seul et cela vous pèse plus qu'à l'accoutumée. Vous retirer complètement ne vous rendra certainement pas plus heureux. Efforcez-vous d'aller vers les autres. On sera enchanté de vous connaître.

Steak: *voir* Bifteck.

Stimuler: malgré vos changements d'humeur, les gens qui vous entourent continuent de vous estimer. Ne perdez pas votre temps à réfléchir. Agissez dès maintenant. Il est beaucoup plus facile de se persuader qu'on a raison que de se convaincre du contraire.

Succès: *avoir du succès:* vous cherchez à garder une éternelle jeunesse, vous affichez un tempérament exubérant et démonstratif, assaisonné d'originalité dans le but d'élargir votre cercle d'amis et de vous faire apprécier par votre conjoint.

Sucre : vous avez le sens du détail, rien ne vous échappe. Vous ne laisserez passer aucune erreur. Vous êtes la personne-ressource sur laquelle on peut se fier pour un travail que d'autres refusent d'effectuer.

Sud : *être en voyage dans le Sud* : ne paniquez pas, vous avez aussi le droit à l'erreur. D'accord, en ce moment ce n'est pas si facile. Mais si vous prenez les problèmes un à un, vous trouverez la solution.

Suer : la recherche du plaisir pourrait vous conduire vers des dépenses extravagantes. Réagissez, car vous pourriez regretter de vous être endetté.

Suicide : *le vôtre* : désireux de goûter à toutes les joies de la vie, vous saisissez avidement les objets de plaisir qui se présentent sans vous y accrocher de façon durable dans le but d'éviter les problèmes affectifs. Votre attitude ne favorise pas une réelle intégration au milieu et vous vous sentez isolé. Vous avez tendance à ruminer ces insatisfactions ;
le suicide d'un inconnu : votre recherche de relations est en contradiction avec la timidité qui vous paralyse. Par ailleurs, votre manque d'agressivité vous porte à vous laisser exploiter par autrui ;
le suicide d'une personne connue : indique le détachement mystique vis-à-vis de cette personne, la fin d'une relation ou d'un amour.

Supplice : le remède à votre désenchantement, vous tentez de le trouver dans une relation sentimentale exclusive, basée sur votre satisfaction personnelle. Vous estimez que l'on doit se soumettre avec amour à vos exigences et subir votre jalousie.

Supplier : on écoute vos idées avec beaucoup d'attention. Par ailleurs, on vous demande conseil là où il faut faire un choix ou prendre une décision importante.

Surprise : *que l'on reçoit* : vous souciant peu des convenances, des habitudes de vie de votre milieu, vous agissez à votre guise, satisfaisant votre goût du risque, exerçant vos capacités et votre intelligence dans une activité qui vous plaît ;
cadeau que l'on donne : sensible, délicat, amoureux de la beauté, vous vous laissez souvent entraîner dans des aventures sexuelles qui satisfont votre besoin de fantaisie, d'aventure et de changement.

Synagogue : *en voir une* : vous cherchez la sécurité ;
entrer dans une synagogue : vous retrouvez votre confiance ;
prier dans une synagogue : vous êtes en quête de spiritualité profonde ;
voir brûler une synagogue : vous avez de mauvaises intentions.

Synthétique : sur le plan sentimental, vous avez de la peine à vous concentrer. Des idées d'aller voir ailleurs, de sentir le fruit défendu vous travaillent. De multiples invitations vous permettront de retrouver un équilibre.

T

Tabac : vous vivrez des changements avec beaucoup d'intensité, mais également avec beaucoup de sagesse. Vous vivrez peut-être une rupture qui fera apparaître de nouvelles perspectives d'avenir.

Table : totalement indifférent à l'opinion des autres, vous poursuivez ardemment la recherche de biens concrets, y consacrant votre temps et votre énergie ;

table de cuisine : ignorant volontairement les réactions des autres, vous les subordonnez à votre volonté tout en préservant votre indépendance personnelle.

Tableau : n'essayez pas d'aller plus vite que la musique, car vous risqueriez de perdre les pédales. Il serait temps de vous concentrer sur votre objectif désiré.

Tablier : vous croyez à vos chances d'améliorer votre situation financière. Conscient des difficultés qui s'opposent à la réalisation de votre idéal, vous jugez bon d'adapter votre conduite sans perdre de vue vos ambitions.

Tabouret : sur le plan sentimental, une métamorphose s'opère depuis un certain temps. Vous êtes comme un papillon qui s'épanouit au fur et à mesure qu'il grandit.

Tache : votre timidité n'est pas un handicap, ce qui vous permet de vous contrôler devant les autres et dans toutes les situations sans vous affoler outre mesure. Quoique vous n'ayez pas vraiment le sens des décisions et que vous n'aimiez pas faire le premier pas, on recherche souvent votre compagnie.

Tailler : des malaises vous inquiètent. Consultez votre médecin. Mieux vaut prévenir que guérir. Accordez-vous le repos dont vous avez besoin.

Tambour : vous avez soudainement besoin de dépenser et de vous payer toutes sortes de choses nouvelles. Attention, vous avez quelques épargnes, il ne faudrait pas les perdre ! On ne sait jamais ce que l'avenir nous réserve.

Taper : évitez les fréquentations douteuses et, surtout, au cours d'une conversation emballante, ne faites pas de promesses que vous ne tiendrez pas.

Tapis : ces jours-ci, il est possible que vous ne parliez que d'argent : comment en faire plus, comment l'économiser davantage. Ou vous pourriez vous plaindre que vous êtes le seul à avoir des difficultés financières. Vous êtes très émotif.

Taquiner : votre partenaire traverse une période difficile et vous devez lui injecter une bonne dose d'optimisme.

Tarte : *en manger :* vous avez la possibilité d'exprimer votre talent et de démontrer vos compétences ;
cuisiner une tarte : vous avez un travail à compléter alors que vous étiez certain d'avoir terminé.

Tasse : vous tentez de satisfaire votre appétit de tendresse en recherchant un amour partagé et réconfortant. Mais vous évitez de scandaliser autrui par une coquetterie outrée ;
tasse vide : vous travaillez à affirmer votre sécurité en recherchant ce qui vaut la peine d'être acquis afin d'utiliser vos biens à votre guise. Mais vous vous conformez aux normes sociales et vous veillez à ne pas éveiller trop de critiques ;
tasse renversée : vous veillez à assurer votre confort, à satisfaire vos désirs sans devoir vous restreindre. Vous évitez autant que possible les contraintes et les contrariétés, et vous ne perdez jamais de vue votre intérêt. Mais, anxieux de mériter l'approbation des autres, vous tâchez de donner de vous l'image d'un adulte bien adapté.

Tatouage : vous avez besoin de clarifier votre esprit sur certains points obscurs, tant par rapport au travail qu'en ce qui concerne votre vie personnelle.

Taureau : votre imagination et votre esprit créatif seront mis en évidence. Vous surprendrez vos collaborateurs par votre vision nouvelle des choses et ils ne pourront qu'approuver vos idées.

Taxe : tout et rien vous insécurise. Vous passez votre temps à imaginer que tout le monde vous en veut. Vous avez sans cesse besoin qu'on vous rassure, qu'on vous explique le pourquoi des choses.

Taxi : *prendre un taxi :* sur le plan sentimental, acceptez de faire certaines nuances ; au bout du compte, vous ne serez pas perdant. Bien sûr, cela vous demandera de faire le point, mais l'effort en vaut la chandelle.

Teindre : *les cheveux :* vous aurez du mal à participer et, parfois, à avoir du plaisir avec des gens qu'habituellement vous appréciez. Vous êtes très émotif et ne pouvez le cacher à ceux qui vous connaissent.

Téléphone : vous êtes à l'aise avec les autres. Vous êtes plein de dynamisme et vos amis doivent adorer votre bonne humeur quasi permanente et votre joie de vivre. Vous n'aimez pas la solitude et vous cherchez constamment la compagnie des autres.

Télévision : vous avez tendance à juger les gens sur leurs apparences, à être radical et à rejeter ce qui pourrait vous être éventuellement d'un grand secours pour vos affaires. L'union fait la force.

Tempête : vous avez le choix entre, d'une part, l'exubérance, le plaisir de vivre, la joie de travailler parce que vous participez au bien-être d'une communauté et, d'autre part, la déprime en étant mécontent de tout ce qui vous arrive.

Temple : *en voir un :* vous cherchez la sécurité ;
entrer dans un temple : vous retrouvez votre confiance ;
prier dans un temple : vous êtes en quête de spiritualité profonde ;
voir brûler un temple : vous avez de mauvaises intentions.

Tennis : *jouer au tennis :* votre besoin de bien paraître et votre goût de l'esthétisme vous feront faire des dépenses pour améliorer votre image. Vous êtes conscient de l'influence qu'une belle apparence peut avoir sur les autres.

Tente : de nature timide et réservée, vous n'aimez pas attirer l'attention ni agir par ostentation. L'exploit personnel ne vous intéresse pas ;
tente en mauvais état : désorienté lorsque vous vous trouvez hors de votre milieu habituel ou en présence d'étrangers, vous êtes fidèle à vos habitudes et respectueux des règlements extérieurs, car vous ne voudriez pas mériter des reproches ou entrer en conflit avec vos proches. Mais vous souhaitez secrètement vous libérer du carcan des lois morales, avoir une plus grande liberté d'allure et d'expression ;

acheter une tente : vous êtes vraisemblablement amoureux et vous êtes de ceux qui laissent l'amour prendre toute la place dans leur vie. Vous êtes chaleureux, sensible, tendre et attentif aux autres, et vous essayez à tout prix de rendre votre partenaire heureux, car vous savez accepter aussi bien les joies que les peines de l'amour;

vendre sa tente : vous manquez de courage pour réclamer ce qui vous est dû, vous laissant bafouer et exploiter. Cette sorte de démission devant la vie et les obstacles entraîne des difficultés dans votre vie sexuelle et vous rend hypersensible aux insultes, réelles ou imaginaires. Cela peut conduire à des troubles dépressifs;

grande tente : vous refusez de vous laisser entraîner dans les plaisirs vulgaires;

petite tente : vous ne cherchez pas à plaire, à être admiré. Votre intérêt est tourné vers les activités culturelles et intellectuelles.

Terrasse: *être sur une terrasse* : vous êtes à la recherche de vous-même, à la recherche de votre jeunesse intérieure, probablement de votre âme profonde.

Terre: les circonstances ne vous permettent pas d'exercer votre activité et votre autorité autant que vous le souhaiteriez. Vous vous efforcez de vous rendre utile tout en demeurant objectif et réaliste dans votre conduite et en maîtrisant votre impatience.

Testament: nécessité de se montrer réceptif; réussite par le travail et non pas par la chance. Efficace, sérieux dans votre profession, vous vous montrez indécis, timoré, hésitant dans la vie courante, où les contrariétés et les difficultés vous déroutent facilement.

Tête de mort: sur le plan sentimental, un instant de déprime ne signifie pas que le monde s'arrête. Un de perdu, dix de retrouvés! Sortez avec vos amis pour vous changer les idées.

Thé: êtes-vous prêt à donner bénévolement de votre temps? On pourrait vous le demander. Un ami peut avoir besoin de votre aide. Vous serez tenté de lui dire que vous aviez prévu autre chose. Vous ne voudrez pas changer votre programme. La terre est ronde: un jour, c'est vous qui aurez besoin d'aide.

Théâtre: soyez prêt à changer votre manière de vivre et à penser d'une manière différente. De cette façon, vous parviendrez à trouver un équilibre.

Thermomètre: risque de conflits entre l'argent et les sentiments. Vous devrez faire face à un dilemme qui sera peut-être déchirant. Ne perdez pas de vue vos priorités et faites des sacrifices s'il le faut.

Tigre : vous détestez la violence. Vous vous sentez incapable de lutter contre les abus d'autorité. Préférant être dépendant des autres, vous n'aimez pas diriger, commander, prendre des décisions et des initiatives.

Timbre : survoltage et excitation. Vous êtes une personne optimiste, vous serez stimulé et créatif. Aimant et généreux, vous recevrez plus que vous n'avez donné.

Tirelire : sur le plan sentimental, un rien vous émeut. Abordez avec calme la tempête qui se prépare. Vous verrez que les éclaircies suivront rapidement. On vous reproche votre indécision, alors qu'attendez-vous pour vous décider ?

Tisane : vous aurez des éclairs de génie. Vous serez original, vous étonnerez votre entourage. Votre audace pourrait même choquer des gens.

Tisser : vous avez la bougeotte, tout va très vite, vous ne maîtrisez plus rien. Vous aimez les événements cocasses et vous serez servi. Improvisez et suivez votre instinct, vous éviterez les ratés.

Toit : *se tenir debout sur un toit :* vous dominez la situation. Vous tentez d'éviter les conflits en vous montrant souple et moins maladroit dans vos rapports avec autrui, en vous efforçant de maîtriser votre franchise ;

tomber d'un toit : vous avez tendance à vous considérer comme le centre du monde, à n'admettre que vos propres idées, sentiments, décisions, à exiger que tout le monde se soumette à vos désirs. Mais il vous arrive de vous faire remettre à votre place.

Tomate : très érotique à cause de sa forme et de sa couleur.

Tombe : *sur laquelle on se recueille :* tout est complexe ces jours-ci. De plus, vous êtes physiquement moins résistant. Nourrissez-vous bien ;

tombe sur laquelle on voit son nom écrit : vous avez tendance à soupçonner des collègues de ne pas être honnêtes. Vous tenez parfois rancune à l'un d'eux pour une erreur que vous-même avez déjà faite et pour laquelle on n'a pas pris de gants blancs pour vous réprimander.

Tomber : *de haut :* vous vous préparez à un événement et les confidences ne manquent pas ;

craindre de tomber : vous mettez certaines choses au point et vous connaissez maintenant l'orientation à suivre.

Tondre : vous démontrerez une grande capacité d'organisation et de décision. Votre efficacité sera reconnue et on vous en félicitera. Il ne serait pas étonnant que l'on vous fasse même une proposition intéressante.

Tonneau : vous êtes un amoureux un peu jaloux. Vous observez votre partenaire et vous êtes porté à lui prêter des intentions qu'il n'a pas envers un inconnu.

Tonnelle : sur le plan sentimental, vous n'avez plus la tête à penser à votre conjoint, car le coup de foudre frappe à votre porte. Agréable, mais ce n'est pas sans danger.

Tonnerre : il n'y a aucun mal à avoir de grandes ambitions. Ce qui est moins bien, c'est de profiter de la faiblesse de certaines gens pour vous faire servir, sans pour autant dire merci ou les rémunérer comme il se doit.

Torchon : *propre :* vous êtes débordant d'optimisme. Chaque échec est pour vous une expérience positive. Vous êtes un vrai soleil pour vos amis et vous savez surmonter toutes les défaites amères. Les personnes comme vous sont acceptées dans tous les milieux ;
torchon humide : votre optimisme est sûrement prudent, mais il fait de vous une personne agréable et fort appréciée en société. On se sent bien avec vous ;
torchon sale : votre pessimisme fait peur. Rien ne vous rend heureux. Arrêtez donc de vous lamenter sur votre sort et sachez que la vie est loin d'être si triste et qu'elle vaut vraiment la peine d'être vécue.

Toréador : prenez des initiatives, car attendre n'apportera pas de solution à votre problème. Vous pouvez montrer que vous êtes doué, lorsque vous l'avez décidé.

Tortue : vous manifestez une énergie psychique dormante, prête à devenir agissante, en positif ou en négatif, et capable du pire (effroi, angoisse) ou du meilleur (propriétés curatives et salvatrices).

Torture : *être torturé par un inconnu :* votre vivacité d'esprit et votre bonne humeur sont appréciées dans votre entourage. C'est dans votre imagination que vous concrétiserez vos fantasmes. Vous ne manquerez pas d'aventures ;
être torturé par quelqu'un de votre entourage : de l'amour à l'amitié, il n'y a qu'un pas que vous allez franchir allègrement d'ici peu de temps ;
torturer vous-même quelqu'un : l'amour que vous éprouviez pour votre conjoint prend de plus en plus de place dans votre cœur et dans votre vie.

Totem: les perspectives sentimentales sont incertaines, mais la joie d'être entre amis vous fera oublier vos ennuis.

Toupie: sur le plan sentimental, il y aura des tiraillements légers que vous ne devrez pas pousser trop loin. Oubliez la taquinerie ou les mots qui portent à confusion.

Tourbillon: *être pris dans un tourbillon* : on ne peut pas toujours contrôler ses pensées. Vous êtes à un tournant, alors concentrez vos efforts sur une seule besogne.

Tourmenter: votre partenaire traverse une période difficile et vous devez lui injecter une bonne dose d'optimisme.

Toux: *tousser* : vous donnez tout un élan au travail. Ne flanchez pas, il est temps de vous affirmer;

voir les autres tousser : beaucoup d'égoïsme, de cruauté autour de vous. Il se passe des choses étranges, mais il faut conserver votre optimisme. Voyez si vous n'avez pas commis une erreur en refusant la coopération de votre entourage pour la réalisation du projet qui vous est cher.

Trace: *de pas* : si vous recevez, évitez toute critique, même contre une personne absente; vous vous sentiriez mal à la fin de votre soirée. La culpabilité est semblable à un réflexe de l'être; elle agit inconsciemment jusqu'au jour où vous tombez malade de toutes vos rancunes.

Tracteur: le tracteur est l'image du moi;

tracteur conduit par un autre : trahit la difficulté de mener sa vie comme on l'entend ou l'existence d'un complexe;

mauvais conducteur : manque de maîtrise de soi;

manquer d'essence : on présume de ses forces ou on ne les emploie pas à fond.

Trafic: au travail, vous craignez de ne pas donner le maximum. Vous vous torturez. Vous vous dirigez ainsi vers un isolement. La communication sur le plan intellectuel est plus difficile. Une recette facile pourrait corriger beaucoup de choses: souriez!

Trahir: *être trahi* : esprit de grandeur, d'éclat, de supériorité et de succès, vous souhaitez être une personnalité brillante, influente, qui éveille le respect, l'admiration;

trahir quelqu'un : votre esprit d'indépendance est piqué au vif lorsqu'on s'oppose à vos idées ou aux nombreux projets que vous concevez et entreprenez sans les mener toujours à bonne fin.

Train : les énergies sont basses. Vous tentez le maximum pour paraître en forme. Au travail, le ciel est sombre. N'alimentez pas l'agressivité. Quand vous discutez, le calme est requis pour maintenir l'harmonie.

Transpirer : la recherche du plaisir pourrait vous conduire vers des dépenses extravagantes. Réagissez, car vous pourriez regretter de vous être endetté.

Traquenard : vous êtes plus émotif que vous le voudriez. Il y a des jeux de coulisses dans votre entourage et vous vous sentez mal à l'aise.

Travail : vous êtes une personne introvertie et secrète : il n'y a en vous aucun désir d'épater les autres, rien non plus de frivole ni de superficiel. Vous ne tombez pas amoureux facilement et ne faites pas non plus étalage de vos sentiments, mais lorsque vous aimez, c'est pour de bon.

Trèfle : *à quatre feuilles :* représente la chance et le bonheur ;
tout genre de trèfle : vous êtes nerveux. Vous réussissez à faire croire à bien des gens que vous êtes impassible. Par contre, la peur de vous tromper vous fait rougir. Vous êtes un émotif.

Trembler : un cœur souffre en silence et finira par se décourager. Il y a du mystère dans certaines insinuations ; en restant sur vos gardes, vous échapperez à certaines complications.

Tremper : *quelque chose :* souhaitez-vous surprendre votre entourage par le succès que vous escomptez ? Ou est-ce plutôt une nécessité de rétablir votre estime personnelle, en réaction au sentiment pénible de vous être livré, dans le passé, à un certain gaspillage de vos qualités ? ;
être trempé : vous croisez des gens logiques pas très intéressants, mais qui apportent avec eux une sorte de sérénité, l'assurance que tout sera fait comme prévu.

Tremplin : on peut vous complimenter, car vous êtes de ces personnes qui savent respecter leurs engagements. La confiance est un élément important pour vous.

Trésor : c'est une période très heureuse. Vous vous sentez de plus en plus en harmonie avec votre conjoint et votre amour se consolide et se renforce.

Tresse : sur le plan sentimental, vous êtes pour les relations haute tension, les amours passionnées. Mais cela ne vous empêche pas de penser que la stabilité est une valeur essentielle en amour.

Tribunal : vous avez besoin de vous sentir important, supérieur, de conquérir les honneurs, la gloire, de vous extérioriser en ambition, en orgueil, en vanité, et vous avez le désir de recevoir des louanges.

Tricher : vous êtes autonome, fiable et vous aimeriez qu'on soit reconnaissant envers vous. Le moral n'est pas fort. Vous n'êtes pas en très bonne forme physique non plus.

Tricoter : représentation de la propriété. Vous avez besoin d'une vie facile et d'un grand confort. Vous avez tendance à acquérir, à conserver des richesses.

Triompher : vous cherchez à garder une éternelle jeunesse, vous affichez un tempérament exubérant et démonstratif, assaisonné d'originalité dans le but d'élargir votre cercle d'amis et de vous faire apprécier par votre conjoint.

Tromper : vous êtes autonome, fiable, et vous aimeriez qu'on soit reconnaissant envers vous. Le moral n'est pas fort. Vous n'êtes pas en très bonne forme physique non plus.

Trompette : vous n'êtes pas un être indifférent et vous ne pouvez pas l'être. Quand vous faites semblant de ne pas être touché par des faits, ceux qui vous connaissent savent à quel point vous êtes troublé.

Trophée : *gagner un trophée :* tout ce que vous ferez et direz aura des répercussions pour votre avenir. Agissez prudemment, consciencieusement dans tout ce que vous faites.

Trou : *sortir d'un trou :* le soleil est de retour dans votre cœur. L'amour vous redonne des ailes ;

tomber dans un trou : entre vous et votre conjoint, il y aura quelques nuages. Mais il en faudrait bien plus pour vous décourager ; vous maintenez le cap vers le bonheur ;

voir un trou : vous vivez cette fois un grand amour. C'est une relation forte et tendre, qui éclaire toute votre vie.

Troupeau : *de bêtes :* vous vivez de l'angoisse parce que vous évoluez dans un milieu nouveau. Faites preuve de bon sens en choisissant des relations pouvant vous être utiles.

Tuer : *assassiner quelqu'un :* vous prenez de plus en plus conscience de la personne que vous êtes. Dirigez vos énergies vers un seul but à la fois plutôt que de vous éparpiller ;

être tué : ne plus être capable de prendre ses responsabilités. Votre tendance à l'angoisse vous rend nerveux et indécis ; vous avez de la difficulté à faire des choix, surtout en ce qui concerne votre carrière.

Tumeur : difficultés pour soi ou pour les autres ; représente les forces farouches et créatrices de la nature.

Tunnel : vous n'avez pas froid aux yeux, vous avancez dans la vie d'un pas déterminé. Vous êtes lucide, vous appelez les choses par leur nom. Personne ne réussit vraiment à vous mettre des bâtons dans les roues. Vous ne faites pas de concessions et vous savez vous défendre avec habileté.

Turban : *mettre un turban* : vous vous activez avec persévérance dans le but d'augmenter votre autorité et votre influence sur votre entourage. Si votre amour de l'indépendance vous inspire les moyens d'échapper aux jougs les plus caressants, vous possédez l'art de subjuguer ;

enlever un turban : bien que vous soyez peu tendre, vous avez besoin d'affection, de caresses, de considération. Aussi adoptez-vous un comportement séduisant en surface, sans pour autant sacrifier vos ambitions ou votre liberté. Car, en réalité, vous êtes plutôt égoïste et indifférent au bonheur des autres ;

perdre son turban : angoissé à la pensée de voir s'écrouler la situation à laquelle vous êtes parvenu et qui vous apporte estime et considération, vous feignez l'indifférence et manifestez une certaine sécheresse à l'égard des autres afin de ne pas laisser paraître votre intention de défendre jusqu'au bout vos positions.

Tutu : une magnifique histoire amoureuse fera irruption dans votre vie. Vous serez amené à faire preuve de beaucoup de compréhension vis-à-vis d'un ami.

U

Ulcérer : votre partenaire traverse une période difficile et vous devez lui injecter une bonne dose d'optimisme.

Uniforme : si on vous accrochait à un croissant de lune, vous seriez sur votre planète favorite. Il vous arrive de tomber des nues et de revenir sur terre, où vous faites alors des heureux avec votre tendresse et votre affection.

Uriner : provoqué par un besoin physiologique ; représentation de la propriété.

User : sur le plan sentimental, vous êtes susceptible. Vous interprétez les paroles de l'autre avec tant d'émotivité que vous en perdez le sens réel. Ne laissez pas votre imagination glisser vers la déprime et les inquiétudes.

Usine : vous êtes sûr de vous et conscient de votre valeur. Vous n'avez pas votre pareil pour analyser lucidement des problèmes épineux et trouver la solution idéale. Moralisateur et doté d'un esprit fort critique, vous aimez conseiller les autres et les diriger. Votre ténacité et votre exigence envers vous-même vous assurent le succès.

Ustensile : *perdu ou volé :* vous ne manifestez pas un grand souci d'améliorer votre condition matérielle, soit que vous la jugiez satisfaisante, soit que les contingences extérieures ne vous intéressent pas ;

utiliser un ustensile : élévation vers une position de pouvoir ; grâce à votre sens inné de la justice, vous équilibrez le jugement sévère que vous seriez tenté de porter sur vos semblables. Ainsi, vous évitez de froisser ou d'offenser les personnes qui vous entourent.

V

Vacances : vous avez un grand besoin de l'autre. Vous êtes ravi d'avoir trouvé quelqu'un qui vous comprend et peut vous réconforter dans vos moments d'angoisse. La confiance mutuelle règne et l'amour est toujours au rendez-vous.

Vacarme : votre personnalité, que vous assumez, est souvent dictée par les circonstances. Elle représente un compromis, un visage d'emprunt qui assure l'intérim jusqu'à ce que votre véritable moi puisse se manifester au grand jour, c'est-à-dire lorsque vous aurez réalisé votre idéal.

Vaccin : le passé vous inspire. Vous êtes en mesure de comprendre bien des choses. Vous cédez à une impulsion, vous devriez plutôt vous abstenir de toute innovation.

Vache: vous êtes à la croisée des chemins. Vous manifestez une volonté merveilleuse d'être heureux et vous souhaiteriez qu'elle déteigne sur la personne mélancolique qui vous est chère.

Vagabond: vous tenez à votre dignité personnelle et, pour l'assurer, vous vous êtes fixé un but, vous organisant avec méthode pour ne rien perdre de ce que vous aviez investi: argent, temps et énergie.

Vague: vous êtes timide, réservé de nature, mais vous surprendrez votre entourage en affirmant vouloir transformer votre façon de penser.

Vaisselle: votre grande force réside dans votre polyvalence. On dit que l'on a les forces de nos faiblesses, mais cela est aussi vrai en sens inverse. Vous vous emballez vite, ce qui peut vous obliger à revenir sur vos pas.

Valise: *transporter une valise*: votre opinion est faussée; vous n'êtes plus le même; vous êtes soumis à une épreuve. Il faut vous ouvrir aux sentiments;
faire sa valise: vous savez prendre vos responsabilités et vous comptez surtout sur vous-même. Vous avez besoin de vous sentir fort, puissant, d'être capable de réaliser de grandes choses, de dominer les autres.

Vampire: vivant pleinement, vous êtes incapable de contrôler vos ardeurs et vos passions; vous êtes constamment préoccupé par de nouvelles conquêtes.

Vanter: *être vanté par les autres*: on ne trouve pas le bonheur à déplaire à ses proches; un peu de bonne volonté vous est recommandée;
se vanter nous-même: l'amour n'est pas si loin qu'on pense: une personne prend beaucoup d'importance dans votre vie.

Vase: *plein*: vous souhaitez acquérir des valeurs, des biens dont la possession compenserait votre désespoir, et vous appliquez toute votre énergie et votre résistance à cette lutte acharnée;
vase vide: même si votre comportement demeure extérieurement harmonieux, même si vous semblez participer à ce qui se passe autour de vous, prétendant même diriger et prendre les responsabilités des autres, vous gardez toujours une attitude distante, qui dissimule une forte susceptibilité;
vase renversé: révolté contre l'injustice du sort, vous aspirez cependant à échapper à la tension nerveuse qui se fait sentir de façon insupportable en sortant de vous-même, en vous lançant dans des projets originaux.

Véhicule : c'est l'image du moi ;

véhicule conduit par un autre : trahit la difficulté de mener sa vie comme on l'entend ou l'existence d'un complexe ;

mauvais conducteur : manque de maîtrise de soi.

Vélo : aide inattendue ;

pédaler : bénéfices faciles ;

difficulté à avancer : invitation à descendre au fond de soi pour retrouver une immense source de vie et de vitalité.

Vent : le passé revient sur le tapis. Il faut savoir prendre les choses du bon côté. La curiosité n'est pas recommandable. Soyez plus discret dans vos conversations, il pourrait y avoir de la jalousie dans l'air.

Ventre : *douleurs abdominales* : votre vie n'est pas axée sur la réussite matérielle. Vous vous contentez du sort qui vous a été dévolu, de ce que votre situation actuelle vous apporte ;

ventre nu : traditionaliste, persévérant, vous êtes fidèle à vos attachements, à vos souvenirs, heureux ou malheureux. Cependant, vous vous inquiétez de l'avenir et aimeriez plus de confort, une plus grande sécurité financière, mais vous redoutez les perturbations qu'apporterait un changement.

Verre : *plein* : vous êtes très courageux, vous pouvez ainsi affronter les vicissitudes de la vie d'une façon positive. À la fois audacieux et prudent, vous savez éviter les faux pas. Vous débordez d'énergie et vous avez besoin, autant dans votre vie professionnelle que dans votre vie personnelle, qu'on vous laisse une grande liberté de mouvement ;

verre vide : sombre et pessimiste, vous ressassez le passé avec amertume et vous vous apitoyez non seulement sur vous-même, mais aussi sur le sort de l'humanité tout entière. Vous êtes si prudent dans vos projets que vous n'en finissez plus d'hésiter avant d'agir, mais vous êtes un tendre et un être profondément attachant sous vos airs de chien battu ;

verre renversé : extrémiste et enflammé, vous détestez recevoir des ordres, mais vous n'hésitez pas à bousculer les membres de votre entourage afin de les convaincre de se rallier à vos idées. Vous êtes impulsif et impatient en tout ;

verre de vin : vous êtes rusé et vous considérez que tous les moyens sont bons pour atteindre vos objectifs. Les scrupules ne vous étouffent pas et votre morale est parfois élastique. Vous avez tendance à vous apitoyer sur votre sort ;

verre de lait : profondément attachant, mais tourmenté, vous craignez la solitude et recherchez des amis réconfortants sur qui vous pouvez compter et qui vous approuvent dans vos décisions. Votre idéal de vie est de servir pour une cause humanitaire. Vous avez une sensibilité à fleur de peau.

Ver : *de terre vivant :* vous êtes un authentique extraverti, car vous avez tendance à extérioriser vos sentiments et vos réactions. Vous êtes sociable, expansif, et vous n'aimez pas la solitude ou la vie d'intérieur. Vous savez imposer votre présence ; votre facilité à vous exprimer permet aux gens de vous connaître rapidement ;

tuer un ver ou l'utiliser comme appât : signe de puissance sexuelle et d'activités érotiques. L'autre sexe devine facilement, inutile de vous soustraire.

Verrue : vous êtes plus nerveux qu'à l'habitude. Vous êtes confus, susceptible, et vous avez tendance à être distrait. Vous vivez probablement une période d'instabilité, de questionnement. Pour vous détendre, essayez d'occuper votre temps à un loisir que vous aimez particulièrement.

Vertige : vous avez l'impression d'émerger d'un long sommeil. Le travail est dominant. L'ambition est grande. Mais attention, les jeux de coulisses ne rapportent rien ! Si vous faites des pressions et que vous insistez avec colère, on vous tournera le dos.

Vidange : beaucoup d'irritabilité. Vous aurez du mal à vous comprendre vous-même. Mais que cela ne vous inquiète pas trop. Le sachant à l'avance, vous saurez mieux vous contrôler et comprendre que ce n'est pas trop sérieux.

Vider : raffermissez les liens familiaux qui vous sont nécessaires pour votre équilibre. On vous aime et on veut vous aider à tous les niveaux. Ne prenez pas pour de la mauvaise volonté une absence qui vous semble plus longue que prévue.

Vieux : *vous-même :* il y a contradiction entre, d'une part, votre besoin de prestige et votre imagination surexcitée et, d'autre part, votre désintéressement à l'égard des contingences ;

d'autres personnes vieilles : vous avez des idées et des objectifs romanesques peu réalisables, et vous vivez un état de tension et d'exaltation difficilement supportable ; ce sont des réactions inattendues et inadaptées aux circonstances.

Vin : *boire avec modération :* affable, séduisant, attachant, vous vous entourez de choses et de gens plaisants qui conviennent à votre délicatesse et à votre amour de la beauté. Vous vous laissez griser par les sensations amoureuses, vous identifiant totalement à l'être de votre choix. Vous entretenez des relations affectives à travers lesquelles s'exprime votre goût des confidences et de l'échange. Vous pouvez être un compagnon idéal et que l'on gratifie d'un amour réciproque ;

boire du vin en quantité excessive : avide de succès personnels, vous vous livrez à toutes les coquetteries, à toutes les fantaisies pour retenir l'attention, mériter les hommages, augmenter votre prestige. Vous manifestez une grande curiosité envers les personnes avec lesquelles vous pourriez établir des relations amoureuses. Il vous arrive de vous fier aux apparences et de préférer le brillant au solide.

Violence : situation intérieure conflictuelle et difficile, résultant de la lutte entre des forces vitales opposées ; peut aussi révéler un différend avec un proche.

Violon : vous n'êtes pas un être indifférent et vous ne pouvez pas l'être. Quand vous faites semblant de ne pas être touché par des faits, ceux qui vous connaissent savent à quel point vous êtes troublé.

Vipère : représente l'énergie psychique dormante, prête à devenir agissante, en positif ou en négatif, et capable du pire (effroi, angoisse) ou du meilleur (propriétés curatives et salvatrices).

Visage : on abuse peut-être de votre confiance. Votre bonne nature vous incite souvent à laisser passer des choses et des gestes qui devraient être surveillés de près.

Visqueux : côté sentimental, le froid vous habite et vous grelottez. Si vous continuez à rester seul avec votre imagination, vous développerez de nombreux fantasmes érotiques.

Vitamine : *prendre des vitamines* : de grandes questions se posent comme : Dois-je m'engager amoureusement pour le reste de mes jours parce que l'autre le veut ainsi ? Si votre couple a de l'usure, si l'habitude a éteint les étincelles du début, il faut vous efforcer de faire renaître votre amour.

Voilier : représentation de votre vie. Le présage est lié à l'action du voilier ; s'il navigue sur des eaux calmes : tranquillité, etc.

Voiture : c'est l'image du moi ;

voiture conduite par un autre : trahit la difficulté de mener sa vie comme on l'entend ou l'existence d'un complexe ;

mauvais conducteur : manque de maîtrise de soi ;

manquer d'essence : on présume de ses forces ou on ne les emploie pas à fond.

Volcan : vie sociale intense. Vous aurez également un certain succès dans vos amours, bien que rien de précis n'indique une relation à long terme.

Voler : *s'envoler :* insatisfaction, désir de dominer ses difficultés. Votre personnalité est introvertie, car vous aimez être seul et préférez travailler seul. Il est vrai que la solitude favorise la réflexion, mais elle favorise aussi le pessimisme. Votre goût de la solitude est un indice de timidité, et c'est pour cela que vous êtes discret, effacé et presque absent. Vous vous sentez sûrement bien ainsi, mais votre vie sociale doit être très restreinte. Il reste donc à souhaiter que la solitude que vous vivez ne vous soit pas trop lourde ;
   voler autrui : vous n'avez pratiquement aucune sensibilité, car votre vie est conditionnée par le refus du contact avec les autres. Un complexe d'infériorité est probablement à l'origine de vos refus. Essayez de vous oublier et de penser aux autres, car il ne dépend que de vous d'avoir une belle existence.

Voleur : *attraper un voleur ou voir un voleur :* vous souffrez d'une grande insécurité et de solitude, et vous êtes incapable de vous en sortir. N'étant pas très sensible à ce qu'éprouvent les autres, qu'ils soient étrangers ou proches, vous êtes exclusif dans le choix de vos affections et exigez la plupart du temps une fidélité parfaite.

Vomir : certaines difficultés surgiront dans votre milieu de travail. Mais votre patience et votre persévérance en viendront facilement à bout.

Voyage : vous adorez le romanesque ; n'oubliez pas que l'amitié engendre l'affection. Il faut voir les choses sous leur vrai jour.

Voyou : vous souffrez d'une grande insécurité et de solitude, et vous êtes incapable de vous en sortir. N'étant pas très sensible à ce qu'éprouvent les autres, qu'ils soient étrangers ou proches, vous êtes exclusif dans le choix de vos affections et exigez la plupart du temps une fidélité parfaite.

W

Wagon : les énergies sont basses. Vous tentez le maximum pour paraître en forme. Au travail, le ciel est sombre. N'alimentez pas l'agressivité. Quand vous discutez, le calme est requis pour maintenir l'harmonie.

Whisky : *boire avec modération :* affable, séduisant, attachant, vous vous entourez de choses et de gens plaisants qui conviennent à votre délicatesse et à votre amour de la beauté. Vous vous laissez griser par les sensations amoureuses, vous identifiant totalement à l'être de votre choix. Vous entretenez des relations affectives à travers lesquelles s'exprime votre goût des confidences et de l'échange. Vous pouvez être un compagnon idéal et que l'on gratifie d'un amour réciproque ;

boire du whisky en quantité excessive : avide de succès personnels, vous vous livrez à toutes les coquetteries, à toutes les fantaisies pour retenir l'attention, mériter les hommages, augmenter votre prestige. Vous manifestez une grande curiosité envers les personnes avec lesquelles vous pourriez établir des relations amoureuses. Il vous arrive de vous fier aux apparences et de préférer le brillant au solide.

X

X (rayon) : *voir* Rayon X.

Xylophone : vous n'êtes pas un être indifférent et vous ne pouvez pas l'être. Quand vous faites semblant de ne pas être touché par des faits, ceux qui vous connaissent savent à quel point vous êtes troublé.

Y

Yacht : représentation de votre vie. Le présage est lié à l'action du yacht ; s'il navigue sur des eaux calmes : tranquillité, etc.

Yeux : *ne pas arriver à les ouvrir :* amour passionnel. Vous êtes sensuel, romantique et émotionnel. Votre sensualité vous dévore. Vous donnez priorité à la sexualité, sans pour cela négliger les joies de l'amour et de l'esprit ;

avoir les yeux malades : les circonstances vous obligent à faire face à la réalité et surtout à accepter les autres tels qu'ils sont au lieu de leur imposer votre point de vue. Vous vous faites une raison tout en regrettant l'abandon de votre fierté.

Yo-yo : une certaine instabilité dans votre milieu de travail vous empêchera de jouir de cette période comme vous l'auriez mérité. Il ne faut cependant pas trop vous en faire.

Z

Zapper : même si vous avez besoin de moments de solitude, ne négligez pas les autres qui vous apporteront beaucoup. Faites confiance à la vie et ouvrez les yeux, car de nombreuses propositions vous arriveront bientôt.

Zèbre : *qui se cabre, renâcle, se déchaîne, fuit :* dérèglement psychique dans la vie érotique.

Zoo : représente l'immobilité, le refus du changement, la tension des forces vers le maintien d'un état, d'une position jugée sécurisante. Représente également le refus de l'engagement, des responsabilités. Reflète le désir normal de se rendre autonome, indépendant par rapport à une personne, un sentiment, un groupe, etc. Traduit le comportement de celui qui s'assume, se fait une raison devant l'inévitable.

Zoom : *dans le sens d'agrandir :* vous foncez tête première sur tout ce qui bouge et votre entourage en prend pour son rhume. Au travail, vous faites preuve de beaucoup d'autorité et gare à ceux qui ne vous suivent pas !

Zozoter : faites preuve de constance, n'essayez pas d'aller trop rapidement. Le temps travaille pour vous, et votre impatience dresserait des obstacles.

Zyeuter : *dans le sens de flirter :* c'est en prouvant votre valeur, par la réussite sociale ou professionnelle, que vous espérez vous faire respecter, régner en maître sur votre entourage. Vous vivez actuellement dans un état de forte tension et vous êtes uniquement préoccupé par la réalisation de cet objectif.

IMPRIMERIE QUEBECOR
L'ÉCLAIREUR